Inhalt

William F. Nerin

Familienrekonstruktion in Aktion

Virginia Satirs Methode in der Praxis
Eine Tagesreise ans Licht

Mit einem Vorwort von Virginia Satir
Aus dem Amerikanischen übersetzt von Gabriele Kuby

Junfermann-Verlag · Paderborn
1992

© der deutschen Ausgabe: Junfermannsche Verlagsbuchhandlung,
Paderborn 1989
2. Auflage 1992
Copyright © 1986 by William F. Nerin
Originaltitel: Family Reconstruction. Long Day's Journey into Light
Erschienen bei: W. W. Norton & Company, New York 1986.
Übersetzung aus dem Amerikanischen: Gabriele Kuby
Alle Rechte vorbehalten.
Nachdruck oder Vervielfältigung des Buches oder von Teilen daraus
nur mit ausdrücklicher Genehmigung des Verlages.
Herstellung: PDC – Paderborner Druck Centrum

CIP-Kurztitelaufnahme der Deutschen Bibliothek:
Nerin, William F.:
Familienrekonstruktion in Aktion: Virginia Satirs Methode in der
Praxis; eine Tagesreise ans Licht / William F. Nerin. Mit e. Vorw. von
Virginia Satir. Aus d. Amerikan. übers. von Gabriele Kuby. – Pader-
born: Junfermann, 1989
(Reihe innovative Psychotherapie und Humanwissenschaften; Bd. 40) Einheitssacht.:
Family reconstruction <dt.>
ISBN 3-87387-297-8
NE: GT

ISBN 3-87387-297-8

Vorwort zur deutschen Ausgabe

Vor etwa zehn Jahren hörten wir von *Virginia Satir* zum ersten Mal, daß sie sich damit beschäftige, ein Buch über ihre bedeutendste Methode – die Familienrekonstruktion – zu schreiben. Den Titel wußte sie schon – „die dritte Geburt". Sie erklärte, was sie damit meinte: Die erste Geburt ist der Moment der Zeugung, der Augenblick also, in dem in geheimnisvoller Weise Mutter und Vater in ihrer Repräsentation als Ei und Samen ein drittes Wesen – ihr späteres Kind – schaffen. Die zweite Geburt ist der Zeitpunkt der Entbindung. Die dritte Geburt ist der Tag der Familienrekonstruktion; eine Reise, die Licht ins Dunkel der eigenen Familiengeschichte und des eigenen Heranwachsens bringt.

Viele Menschen entdecken immer wieder, daß sie in spezifischen Situationen, in bestimmten Konstellationen mit bestimmten Personen ähnlich reagieren und fühlen wie damals als Kind in ihrer Familie; die Dynamik ihres Familiensystems hat sie wieder erfaßt. Was in diesen Momenten geschieht, ist universell: Der Platz in der geschwisterlichen Rangreihe, die Beziehungen der Eltern, die ausgesprochenen und unausgesprochenen Familienregeln, die unsichtbaren Bindungen wirken sich ein Leben lang auf unser Selbstwertgefühl und unser Handeln aus und beeinflussen die Beziehungen zu unserem Partner, zu unseren Kindern und zu anderen uns wichtigen Menschen. Familienrekonstruktion stellt eine Chance dar, die Quelle unseres Lernens noch einmal aufzusuchen, um alte Situationen mit neuen Augen zu betrachten und Rückschlüsse für das jetzige Leben zu ziehen. Ziel einer Familienrekonstruktion ist es, diejenigen Teile, die uns als störende Überbleibsel vergangener Generationen und frühkindlicher Erfahrungen im Wege stehen, in lebendige und bereichernde Verbindungen mit unserem Ursprung zu transformieren. Auf diese Weise hilft die metaphorische Realität der Familienrekonstruktion, einen neuen Wahrnehmungsrahmen zu bilden und erweiterte Möglichkeiten für Wachstum und Entwicklung freizusetzen.

Leider hat sich *Virginia Satir* selbst keine Ruhe gegönnt, ihr geplantes Buch zu vollenden – nur Fragmente liegen vor. Wichtiger war es ihr, direkt mit Menschen zu arbeiten und unermüdlich von einem Land zum anderen zu reisen, um ihre Methoden und Ideen über die Entwicklung zum „humanen" Menschen zu lehren. So ist Bill Nerins Buch jetzt zur Brücke geworden zwischen der einmalig lebendigen und kreativen Art von Virginia, eine Familienrekonstruktion anzuleiten und der Darstellung der Methode an sich.

Wir sind sehr erfreut, daß das erste Buch über Familienrekonstruktion von unserem Freund und Kollegen Bill Nerin nun auch auf deutsch publiziert wird. Wir haben Bill durch unsere Mitgliedschaft in *Satirs* Avanta Network kennengelernt. Ziel von Avanta ist neben professioneller Weiterbildung vor allem die Weitergabe der Ideen, Methoden und Techniken von *Virginia Satir*.

Wir schätzen Bill als einen Menschen, der sowohl im privaten als auch im professionellen Bereich an den Dimensionen Verstehen, Verändern und Gestalten der Gegenwart und Zukunft sehr interessiert ist. Er befaßt sich seit vielen Jahren mit Theorie und Praxis der Familienrekonstruktion und lehrt diese Methode gemeinsam mit seiner Frau Anne Robertson-Nerin an ihrem Institut. Bill hat Virginias Ideen aufgegriffen, um einige Aspekte erweitert und vertieft, indem er Teile seiner eigenen Imagination, seines tiefen Glaubens und seiner Lebens- und Berufserfahrung hinzugefügt hat.

Seine beruflichen Interessen beschränken sich jedoch nicht nur auf Familienrekonstruktion; er hat sich daneben auf den Themenbereich Drogen und Familientherapie und gemeinsam mit seiner Frau auf die Arbeit mit Skulpturen und auf Scheidungsberatung spezialisiert. Seit 1982 leiteten beide zu diesen Themen mehrere sehr inspirierende Workshops am Münchner Familienkolleg. Wenn Bill mit Gruppen arbeitet, wirkt er äußerst lebendig und aktiv. Er nutzt seine Fähigkeit, sich rasch und intensiv in Problemsituationen hineindenken und -fühlen zu können. In der Umstrukturierung von schwierigen Situationen und im Aufzeigen von Handlungsalternativen ist er besonders kreativ. Alles geschieht spielerisch, mit viel Humor gewürzt, sehr warmherzig und einfühlend.

Rückblickend sind wir froh, daß wir den Mut hatten, Anne und Bill schon vor Jahren zu Seminaren einzuladen, obwohl ihr Name in Deutschland nicht bekannt war. Wir konnten uns – neben der großen Sympathie für beide – mit Virginias Wunsch und Traum verbinden: Mitglieder von Avanta Network sollen Brücken zwischen Kontinenten und Kulturen schlagen, menschliche, professionelle und politische Grenzen überwinden und Wege zum Frieden mit sich selbst und den anderen aufzeigen. In diesem Sinne ist Bills Buch zu wünschen, daß es großen Anklang und weite Verbreitung finden möge.

Im Januar 1989

Gerd F. Müller und Gaby Moskau
Münchner Familienkolleg

Vorwort

Hiermit wird zum ersten Mal die von mir entwickelte Methode der *Familienrekonstruktion* ausführlich der Öffentlichkeit vorgestellt, und zwar von jemand anderem als mir selbst. Ich möchte deswegen etwas zur Entstehungsgeschichte und zur Anwendung dieser Methode sagen.

Bill Nerin war früher ein Student von mir und ist jetzt ein Kollege. Er ist Ausbilder in der Avanta Network Process Community, einer gemeinnützigen Erziehungsorganisation, die ich 1977 gegründet habe. Das Ziel dieser Organisation ist es, Menschen zu helfen, ihr Potential voll zu entfalten. Familienrekonstruktion mit allem, was dazu gehört, ist sowohl die grundlegende Methode wie auch die Philosophie, die dahinter steht. Den Autor, der diese Methode hier vorstellt, schätze ich sehr als Mensch, als Erzieher und als Fachmann.

Dieses Buch wird nicht nur den Mitgliedern und Studenten von Avanta Network eine Hilfe sein und all denen, die meine Arbeit kennen, sondern auch jenen, die nach neuen Dimensionen in ihrem Leben suchen. Es ist ein wichtiger erster Schritt. Das Buch stellt die Methode, den Prozeß und das Ergebnis anhand von fünf Rekonstruktionen dar, die umfassend und authentisch dokumentiert werden, eine davon sehr detailliert. Ich hoffe, daß sich aus der Praxis der Familienrekonstruktion viele weitere Bücher ergeben werden.

Es freut und ehrt mich, daß ich bei der Entwicklung dieser Methode Hebamme war, denn diese Methode erweist sich als wichtiger Ansatz zur Entfaltung des gesamten menschlichen Potentials. 1965 habe ich die Grundzüge der Familienrekonstruktion entwickelt. Seitdem habe ich mehr als 400 Rekonstruktionen geleitet und bei vielen weiteren beratend mitgewirkt. Viele sehen in meiner Arbeit ein wichtiges Verbindungsglied zu einem neuen Bewußtsein. Familienrekonstruktion ist die Essenz davon. Ich habe mit dieser Methode in vielen Ländern und unterschiedlichen Kulturen mit wechselnden Symptombildern gearbeitet. Das Ergebnis ist fast immer das gleiche – eine merkliche Erhöhung des Selbstwertgefühls und Übernahme von Verantwortung für das eigene Leben.

Neben meiner therapeutischen Praxis lehrte ich auch. In diesen zwanzig Jahren waren viele Menschen zu längeren oder kürzeren Ausbildungskursen bei mir. Natürlich konnte ich nur das lehren, was ich zu einer bestimmten Zeit wußte, das allerdings hat sich immer mehr erweitert, ein Prozeß, der nicht aufhört. Familienrekonstruktion gibt auch dem Therapeuten die Möglichkeit, Neuland zu entdecken und immer weiter zu lernen.

Die Studenten konnten natürlich nur das aufnehmen, was ihnen zu einer bestimmten Zeit angeboten wurde. Im Rahmen ihrer eigenen Arbeit veränderten sie die grundlegenden Konzepte und fügten hinzu, was ihnen hilfreich zu sein schien. So nennt zum Beispiel *Sharon Wegsheider Kruze*, Autorin des Buches „Another Chance"*, die auf die Behandlung von Alkoholikerfamilien spezialisiert ist, ihre Abwandlung der Methode „Familienrestauration". William Nerin bleibt bei dem Begriff „Familienrekonstruktion", aber er hat den Namen der Hauptperson von „Stern" zu „Entdecker" verändert. Als ich den Begriff Star wählte, wollte ich der Person damit Unterstützung geben und ihr indirekt die Botschaft zukommen lassen, daß die Verantwortung für ihr Leben in ihren eigenen Händen liegt. Mit dem Wort „Entdecker" verbinde ich die Vorstellung von „sich öffnen für Neues" und „betrachten des eigenen Lebens". Die beiden Begriffe betonen verschiedene Aspekte, haben aber beide eine positive Funktion im therapeutischen Ablauf.

Familienrekonstruktion fiel mir nicht in einem Augenblick der Erleuchtung in den Schoß. Sie erwuchs sowohl aus glücklichen Zufallsentdeckungen wie auch aus bewußt gestalteten Ereignissen. Die erste Weichenstellung geschah, als ich fünf Jahre alt war. Ich erinnere mich, daß mich das Verhalten der Erwachsenen faszinierte, mir Rätsel aufgab und mich oft quälte. So vieles war so wenig einleuchtend. Ich weiß, daß ich den Entschluß faßte, später einmal „Detektiv der Kinder bei ihren Eltern" zu werden. Im Rückblick sehe ich, daß fast alles, was ich seitdem getan habe, meinem ursprünglichen Ziel diente, nämlich der Entfaltung des menschlichen Potentials. Familienrekonstruktion hat darin einen zentralen Platz.

---

* Science and Behavior Books, 1980.

Ich möchte aus diesem Vorwort keinen Lebenslauf machen, aber doch genügend von meinen Erfahrungen mitteilen, um deutlich zu machen, wie Familienrekonstruktion entstanden ist.

Als ich 1965 die Methode und Philosophie der Familienrekonstruktion entwickelte, stand ich seit 29 Jahren im Berufsleben; sechs Jahre davon war ich Schullehrer und Schulleiter und 23 Jahre Sozialarbeiter; dazu gehörten auch Lehraufträge an Fachhochschulen. Die begrifflichen Grundlagen der Familienrekonstruktion entstanden aus meiner Arbeit als Familientherapeutin. 1951 eröffnete ich eine private Praxis für Sozialarbeit in Chicago. Die einzigen Klienten, die ich damals bekommen konnte, waren solche, die kein anderer wollte, oder um die sich niemand kümmerte. Die gängigen therapeutischen Ansätze hatten bei ihnen versagt. Ich mußte mir also etwas Neues einfallen lassen. In den ersten Familien gab es Schizophrene, Kriminelle und Straffällige. Später kamen oft Familienmitglieder mit psychosomatischen Schwierigkeiten zu mir. Bis 1965 hatte ich 1 400 Familien gesehen und damit einen Überblick über die gesamte Bandbreite psychischer, psychiatrischer und sozialer Störungen gewonnen.

Ich fand neue Wege, um die Mehrzahl dieser Familien erfolgreich behandeln zu können. Diese Wege öffneten sich hauptsächlich* dadurch, daß ich die Verhaltensweisen der Familien im Kontext von Selbstwert, Kommunikation und Familiensystem betrachtete. Bei der Arbeit mit diesen 1400 Familien war mir klar geworden, daß sie ihre Vergangenheit dazu gebrauchten, ihre Gegenwart zu vergiften, woraus wiederum eine Zukunft entstand, in der sich die Vergangenheit wiederholte – ein hoffnungsloser Kreislauf, aus dem es oft keinen Ausweg gab. Diese Beobachtungen waren die Samen, aus denen Familienrekonstruktion erwuchs.

Meine Überlegung war folgende: Vergangenheit ist die Abfolge von Ereignissen, die bereits geschehen sind. Aus diesen Ereignissen hat man etwas gelernt, und das prägt die Art und Weise, wie man mit der Gegenwart umgeht. Um die Wahrnehmungen und die Er-

---

* Die Methode wird in meinen Büchern im einzelnen dargelegt: Familienbehandlung, Kommunikation und Beziehung in Theorie, Erleben und Therapie, Lambertus 1985; und Familientherapie in Aktion, Coautor Michele Baldwin, Junfermann Verlag 1988.

fahrung in der Gegenwart so zu verändern, daß sie zu einem Sprungbrett in eine gesündere Zukunft werden konnten, mußte ich irgendwie einen Weg finden, der neues Lernen möglich machte. Daß es möglich war, neu zu lernen, das wußte ich. Ein Mensch kann zwar kein Bein nachwachsen lassen, oder zu einer anderen Zeit geboren werden, aber er kann etwas Neues lernen.

Der nächste Schritt bestand darin, ein Mittel zu finden, um den Kontext wiederherzustellen, in dem das alte Lernen stattgefunden hatte; das sollte den Weg zu neuem Lernen frei machen – „Rückkehr zu alten Situationen mit neuen Augen". Das, was damals gelernt wurde, war eine Überlebensstrategie. Der therapeutische Prozeß mußte stark genug sein, um die damalige Verletzbarkeit wieder zutage treten zu lassen und die Entwicklung neuer Verhaltensweisen zu ermöglichen.

Das früh Gelernte übt deswegen solche Macht über uns aus, weil zur Zeit des Lernens die Verletzbarkeit am größten war; gleichzeitig war die Information minimal, anhand derer man die Nützlichkeit des Gelernten hätte beurteilen können. Das ist die Zeit der ersten fünf Lebensjahre. Wer verfügt in diesem Alter über Unterscheidungsfähigkeit? Da ein Kind sie nicht hat, werden die Schlußfolgerungen aus den Erfahrungen dieser Zeit wie letzte Wahrheiten in die Psyche integriert. Wenn ein Kind zum Beispiel das Verhalten seiner Umgebung als Zurückweisung interpretiert hat, dann wird es als Erwachsener Angst vor Zurückweisung haben; diese Angst kann sich gegen das eigene Selbst richten oder auf andere projiziert werden. Die Gründe und Umstände mögen sich verändert haben, aber die frühen Schlußfolgerungen sind immer noch wirksam, so sehr, daß sie wieder eine Realität schaffen, die als zurückweisend erfahren wird.

Glücklicherweise konnte ich in diesen 23 Jahren mein Leben so einrichten, daß ich in vielen Pilotprojekten tätig war, in denen ich immer wieder Neuland betreten und neue Entdeckungen machen konnte. Dieser Prozeß geht weiter. Ich habe mir die Erlaubnis gegeben, solange ich lebe, Neues zu erforschen. Ich glaube, daß das letzte Wort noch nicht gesprochen ist.

Ich habe schon über meine Erfahrungen mit Familien in meiner Privatpraxis von 1951 gesprochen. 1955 trat ich dem Lehrkörper des neu gebildeten psychiatrischen Ausbildungsprogramms des Illinois State Psychiatric Institute in Chicago bei. Dieses aufregende innovative Projekt beruhte weitgehend auf der Vision von *Dr. Kalmen Gyarfas*, einem Psychiater, der das Projekt auch leitete. *Dr. Gyarfas* glaubte erstens, daß geistig gestörte Patienten als Menschen behandelt werden sollten, und zweitens, daß ihr Verhalten aus ihrem Familiensystem verstanden werden müßte. Die Prämisse war, daß sich in dem Symptombild das widerspiegelt, was ein Mensch in seinem Familiensystem gelernt hat. Die Aufgabe bestand darin, herauszufinden, wie das geschehen war, und dann Wege zu finden, den Betroffenen daraus zu befreien, so daß sich die Tür in die Zukunft wieder öffnete.

In meiner dreijährigen Mitarbeit bei diesem Projekt lehrte ich das, was man Familiendynamik nannte. Die Lehrtätigkeit zwang mich, wirklich zu untersuchen, was ich tat und wie ich es tat. Aus dieser Erfahrung entstand die Chronologie der Familienereignisse. Das war einfach ein chronologischer Bericht über die Ereignisse im Leben einer Person im Kontext der Familie. Es war weder eine Anamnese noch eine Sozialgeschichte, eher eine biographische Chronik. Mit dieser Methode konnte ich die Verhaltensmuster mit bestimmten Ereignissen in Beziehung setzen.

1959 gründete ich mit den beiden Ärzten *Dr. Don D. Jackson* und *Jules Riskin* das Mental Research Institute in Palo Alto, Kalifornien. Der Zweck dieses Instituts war es, die Beziehung zwischen Familieninteraktion und Gesundheit oder Krankheit der Familienmitglieder zu untersuchen. Mein Beitrag war die Entwicklung eines Ausbildungsprogramms, das durch eine private Spende finanziert wurde. In dieser erneuten Lehrerfahrung erhärtete sich mein Glaube, daß sich Menschen in einem „therapeutisch orientierten Erziehungsprozeß" wirklich verändern konnten. Die Regeln, die ein Mensch in der frühen Kindheit gelernt hat, brauchte er damals zum Überleben. Wenn diese Regeln dem Wachstum im Wege stehen, dann tauchen sie in neuen Formen wieder auf und verwirren, lähmen und verzerren das gegenwärtige Leben eines Menschen.

Durch glückliche Umstände stieß ich 1964 auf das Esalen Institut und entdeckte dort die Welt des inneren Selbst – Dimensionen, von denen ich nicht einmal geträumt hatte: Veränderte Bewußtseinszustände, LSD, Hypnose, Biofeedback, viszerales Lernen, Zusammenhänge zwischen Geist, Körper und Gefühl etc. Nach und nach machte ich mich mit diesen Gebieten vertraut und integrierte sie. Ich lernte etwas ganz Wesentliches, daß nämlich der Körper oder das Selbst alles, was geschieht, von Anfang an speichert; und weiter, daß der Körper entscheidet, welche dieser Erfahrungen im Bewußtsein bleiben und welche im Unbewußten aufgehoben werden. Und ich lernte, daß es Möglichkeiten gibt, unbewußte Information wieder zugänglich zu machen, so daß ein Mensch Klarheit gewinnen und für neues Lernen frei werden kann.

Das war eine Schlüsselerkenntnis. Ich habe seitdem gelernt, den Zugang zu relevanten Informationen zu öffnen, indem ich eine vertrauensvolle und entspannte Atmosphäre schaffe – eine Grundvoraussetzung für eine wirksame Familienrekonstruktion. Genauso wichtig ist es, daß der Leiter einer Rekonstruktion den Zugang zu den verdrängten Informationen mit Vorsicht und Zartgefühl öffnet und sie mit Klarheit in das Neue integriert.

Die gegenwärtige Form der Familienrekonstruktion kristallisierte sich in den dreißig Marathons heraus, die ich in den Jahren 1964 und 1965 leitete.

Ich hoffe, daß ich etwas von der Atmosphäre und den wichtigsten Stationen auf dieser Entdeckungsreise vermitteln konnte, die zur Familienrekonstruktion in ihrer heutigen Gestalt führten. Die Prämissen dieser Methode sind, wie ich glaube, Grundtatsachen der menschlichen Realität:

1. Menschen besitzen von Natur aus die Fähigkeit, ein fruchtbares und freudiges Leben zu führen.
2. Die Art und Weise, wie Menschen mit den Ereignissen ihres Lebens umgehen, ist der Hauptfaktor, der die Wirkung dieser Ereignisse bestimmt.
3. Diese subjektiven Reaktionsmuster wurden zu einer Zeit gelernt, als die Person höchst verletzbar war (in den ersten fünf Jahren) und das Gelernte nicht relativieren konnte. Es ist deswegen beinahe mit Blut in das Buch der persönlichen Geschichte eingeschrieben.
4. Menschen sind in der Lage, die ihnen angeborenen Fähigkeiten zu verdrängen, zu unterdrücken, zu projizieren, zu leugnen oder zu entstellen, um sie dem anzupassen, was sie für die Erfordernisse des Überlebens halten.
5. In jedem Alter können Menschen lernen, von der Fülle ihrer Fähigkeiten Gebrauch zu machen.

16

6. Wir sind Manifestationen dessen, was wir gelernt haben.

Wenn man das menschliche Leben als heilig betrachtet – so wie ich das tue –, dann wird Familienrekonstruktion zu einer spirituellen Erfahrung und führt zu Erkenntnissen, die die menschliche Energie aus den Fesseln der Vergangenheit befreien und den Weg zur vollen menschlichen Entfaltung öffnen.

Eine Familienrekonstruktion funktioniert am besten, wenn sie jemand leitet, der an die Heiligkeit des Lebens glaubt und etwas davon widerspiegelt, der unsere Situation als „kosmischer Joker" erkennt, und der mit Herz und Seele, nicht nur mit Logik, bei der Sache ist. Wenn wir außer dem Kopf auch das Herz ins Spiel bringen, anstatt uns an starre Regeln zu halten, und wenn wir das Gelände erkunden, anstatt es als bekannt vorauszusetzen, dann folgen wir den Gesetzen des Universums und werden entdecken, was unser Menschsein wirklich ist.

Virginia Satir
September, 1985

Einführung

1975 nahm ich an einem vierwöchigen Ausbildungsseminar von *Virginia Satir* teil und machte dabei meine ersten Erfahrungen mit Familienrekonstruktion. Was damals eine Vermutung war, ist jetzt zur Überzeugung geworden: Familienrekonstruktion ist der schnellste und wirksamste therapeutische Prozeß, den ich kenne. Schnell insofern, als die eigentliche Rekonstruktion etwa einen Tag dauert. Auf diesen Tag hat sich der Klient, den ich „Entdecker" nenne (*Virginia Satir* nennt ihn „Star"), mit 10 bis 25 Stunden Arbeit vorbereitet.

Seit 1975 habe ich Familienrekonstruktionen geleitet und diese Therapiemethode gelehrt. In den Trainingsprogrammen und bei meinem Kurs über Familiensysteme und Familienrekonstruktion an der Universität von Oklahoma, merkte ich immer wieder, wie nützlich es wäre, ein Buch zu diesem Thema zu haben. Es ist bislang keine gründliche Darstellung der Theorie und Methode veröffentlicht worden. Jenen, die Familienrekonstruktionen leiten wollen, wird ein Handbuch, das den Prozeß Schritt für Schritt darlegt, sicherlich gute Dienste leisten.

Nirgendwo habe ich soviel über Familiensysteme gelernt wie in den Familienrekonstruktionen, die ich geleitet habe. Ich glaube deswegen, daß die Leser aus einem Buch zu diesem Thema hilfreiche Einsichten über Familiendynamik gewinnen können. Ich habe versucht, den Fachjargon zu vermeiden und auf einen wissenschaftlichen Apparat zu verzichten, damit auch ein breites Publikum aus dem Buch Nutzen ziehen kann.

Virginia Satir entwickelte die Familienrekonstruktion zwischen 1965 und 1970. Ich glaube, daß Familienrekonstruktion der Inbegriff ihrer Arbeit und ihres Beitrages zur Familientherapie ist. Virginia hat in diesem Prozeß Elemente der verschiedensten Methoden vereinigt: Gestalttherapie, Kommunikation, Psychodrama, Körperarbeit, Skulpturtechnik, Hypnotherapie, Zugang zum Unbewußten und Fantasiereisen; dabei ist der übergreifende theoretische Rahmen die Systemtheorie und die praktische Basis Zuwendung und bedingungslose Liebe. Für mich ist Familienrekonstruktion ein großartiger Ausdruck für *Virginia Satirs* Genius und ihre liebevolle Hinwendung zu anderen. Ich bin ihr dankbar für alles, was sie mir durch Lehre und Vorbild und in unserer persönlichen Freundschaft gegeben hat.

· Beim Schreiben dieser Worte spüre ich einen gewissen Stolz in mir aufsteigen, daß ich diese Methode von *Virginia Satir* und das, was ich daraus gemacht habe, mit anderen teilen kann. Ich bin von der Familienrekonstruktion so überzeugt, daß es mir ein Gefühl von Befriedigung gibt, an der Verbreitung der Methode mitzuwirken. Es freut mich besonders, daß jene, die das Manuskript vor der Veröffentlichung gelesen haben und die keine Therapeuten sind, viele praktische Einsichten gewinnen konnten, die ihrem eigenen Familienleben zugute kamen. Ich sehe daraus, daß das Buch nicht nur Therapeuten eine Hilfe sein wird, die Familienrekonstruktionen leiten wollen, sondern allen, die ihre Familienbeziehungen verbessern wollen.

Eine Bemerkung zur Sprache

Ich möchte noch etwas zu meinem Sprachgebrauch vorausschicken. Beim Schreiben dieses Buches wurde ich immer empfindlicher gegen die Ungerechtigkeit des männlichen Chauvinismus in der Sprache. Wenn ich für ein vorausgehendes Substantiv, das einen Mann oder eine Frau bezeichnen kann, (zum Beispiel „Klient" oder „Entdekker") ein Pronomen im Singular benutze, sollte ich dann „er" oder „sie" sagen oder „er/sie" oder „man" oder gar „frau"? Die maskuline Form ist so sehr in unserer Sprache verankert, daß mir Versuche, den Chauvinismus aus der Sprache zu tilgen, oft sperrig erscheinen und ich einen Satz noch einmal lesen muß.

Ich habe mein Möglichstes getan, den Sprachchauvinismus nicht weiter fortzusetzen, aber es ist mir nicht immer gelungen. Ich vertraue darauf, daß der Leser meine Absicht erkennt und mein Versagen mit mir trägt.

Danksagung

Ich möchte noch einmal meine Dankbarkeit, meine Zuneigung und meinen Respekt für Virginia Satir – Lehrerin und Freundin – zum Ausdruck bringen. Sie ist eine Pionierin der Familientherapie, die mit ihrem schöpferischen Genius vor Jahren die Methode der Familienrekonstruktion entwickelt hat. Ich danke Lorna Cunkle und Liz Jeep für ihre wertvollen redaktionellen Ratschläge und Susan Barrows, die eine sehr angenehme Lektorin war.

Ich möchte auch meine Dankesschuld gegenüber Gandhi und Martin Luther King ausdrücken; sie sind Menschen, die darum kämpften, sich der Bedrohung gewaltlos entgegenzustellen und kongruent darauf zu reagieren – so wie Jesus es vorgelebt hat. Sie exemplifizierten durch ihre paradoxe Interaktion mit der Umwelt, wie dem Leben gedient wird, anstatt es zu zerstören.

Ich danke auch meiner Familie und der erweiterten Familie meiner langen und bewährten Freunde. Im Zusammenleben mit ihnen habe ich Liebe und Vertrauen gelernt und erfahren und den Mut gewonnen, von mir selbst zu geben und dabei viel persönliche Angst zu überwinden. Zuletzt möchte ich meiner Frau Anne von Herzen danken, in deren Gegenwart all meine frühere Erfahrung von Liebe und Vertrauen Ausdruck findet und wachsen kann. Sie ermutigte und unterstützte mich beim Schreiben dieses Buches.

1 Vier Entdecker schildern ihre Reise

Im Sommer 1975 war ich einen Monat in Banff, Kanada, zu einem Ausbildungsseminar von *Virginia Satir* in Familientherapie. Gegen Ende dieses Monats sagte ich zu einer der Teilnehmerinnen: „Sandra, die ganze Zeit über bin ich immer wieder verblüfft, wie sehr du mich an meine Schwester Celeste erinnerst. Als ich ein Kind war, hat sie mich jeden Abend ins Bett gebracht (Celeste war 14 Jahre älter als ich). Das waren immer besonders schöne Augenblicke."

Sandra schlug vor, die Szene nachzuspielen, um einfach mal zu sehen, was passiert. Also taten wir es. Sie saß an meiner Bettkante und deckte mich zu, ganz ähnlich wie Celeste es getan hatte. Sofort kamen alte Erinnerungen hoch! In weniger als zehn Minuten war ich von dem Gefühl überwältigt, wieviel mir Celeste bedeutete, spürte, daß wir in den letzten acht Jahren keine Gelegenheit gefunden hatten, uns nah zu sein, und wie sehr ich wieder mit ihr in Verbindung treten wollte. Ich faßte den Entschluß, sie noch vor Ende des Jahres in Indiana zu besuchen. Gegen Ende des Jahres reiste ich zu ihr und verbrachte mehrere Tage mit ihr. Ich erzählte ihr alles, was für mich in den letzten zehn Jahren geschehen war. Ich verließ Indiana erfüllt von dem wohligen Gefühl, daß ich mich ihr gegenüber geöffnet hatte und von ihr verstanden und angenommen worden war. Sie war immer einer der verständnisvollsten Menschen gewesen, der mir je begegnet ist. Fünf Jahre später starb sie. Wie glücklich und dankbar war ich, daß ich unsere Verbindung erneuert hatte.

Die Mini-Rekonstruktion von fünf Minuten mit Sandra zeigte mir, welche Kraft in dieser Methode steckt. Es war ja nur eine von vielen Szenen, die jemand bei einer eintägigen Familienrekonstruktion wieder erlebt. Wenn zehn Minuten schon so viel brachten, was würde dann ein ganzer Tag bewirken!

Die Entwicklung dieser Methode ist eine erstaunliche Leistung. Schon 1964 schrieb *Virginia Satir* in „Conjoint Familiy Therapy": „Ich benutze Prinzipien und Vorstellungen aus den Bereichen des Tanzes, Dramas, der Religion, Medizin, Kommunikation, Erziehung, Sprache, der Verhaltenswissenschaft, sogar der Physik, aus der sich das ‚Systemkonzept' (worauf mein praktisches Arbeiten beruht) entwikkelt hat." Ihre Offenheit für die verschiedensten Ansätze der menschlichen Entwicklung erlaubte ihr, aus Gestalt, Psychodrama, Skulptur, Fantasiereisen und hypnotischen Techniken ein Ganzes zu schaffen, gegründet auf die Prinzipien der Familien-Systemtheorie.

Diese Theorie geht von der Tatsache aus, daß wir in einer Familie leben und deren Produkt sind. Das Individuum muß deswegen als Mitglied dieses Systems betrachtet werden, und die Therapie setzt nicht am einzelnen sondern am System an. Das klassische Beispiel für diesen Ansatz ist ein Junge, der zu einer stationären Therapie geschickt wurde, dort weitgehend in Ordnung kam, aber in Kürze wieder zu seinem aufsässigen Verhalten zurückkehrte, als er wieder zu Hause war. Das Familiensystem war der wesentliche Faktor, der Einfluß auf das Verhalten des Jungen ausübte. Hätte man die Familie als Ganzes behandelt und verändert, dann wäre der Junge in ein neues System zurückgekehrt, das seine positiven Veränderungen unterstützt hätte.

Das ist die Grundtatsache, von der Familientherapie ausgeht. Therapeuten dieser Richtung behandeln also die Familie als Ganzes, sei es faktisch oder symbolisch. Sie wenden sich nicht nur an den sogenannten „identifizierten Patienten", sondern an alle Familienmitglieder, die mit ihm in Beziehung stehen. Die Voraussetzung ihrer Therapie ist, daß im ganzen System etwas nicht stimmt, nicht nur bei einer Person. Familienrekonstruktion ist einer von vielen Ansätzen, die auf dieser Erkenntnis basieren.

Für mich hat Familientherapie zwei Aspekte. Zum einen die Mitglieder der gegenwärtigen Familie des Klienten: Mutter, Vater, Kinder und einflußreiche Verwandte. Zum anderen die Herkunftsfamilie des Klienten; dabei kann es notwendig sein, zwei bis drei Generationen zurückzugehen. In der gegenwärtigen Familie geht es darum, wie Mutter und Vater das anwenden, was sie in ihren eigenen Herkunftsfamilien gelernt haben. Die jetzige Familie ist ein direkter Ausdruck dessen, was die Eltern in ihren Familien gelernt und was sie daraus gemacht haben und wie sie es an ihre Kinder weitergeben.

Wenn ich mich mit der Herkunftsfamilie des Klienten beschäftige, dann geht es darum, die Regeln, Sinngehalte, Verhaltensweisen und Kommunikationsmuster zu erkennen, die von einer Generation an die andere weitergegeben wurden. Ich versuche den Punkt in der Vergangenheit zu finden, wo der Erwachsene, der jetzt vielleicht Mutter oder Vater ist, die dysfunktionalen Muster gelernt hat. Immer wieder stelle ich fest, daß ich zur Herkunftsfamilie zurückkehren muß, damit Menschen von Prägungen frei werden können, die ihre gegenwärtige Familie belasten.

Durch den Rekonstruktionsprozeß kann man die Herkunftsfamilie so erleben, daß man nach der Therapie das Gefühl hat, die alte Familie habe eine neue Struktur gewonnen. Das bedeutet nicht, daß sich die Herkunftsfamilie verändert hat, oder daß man durch irgendeine Art hypnotischer Regression von einer anderen Familie aufgezogen worden wäre. Vielmehr heißt es, daß man nun Realitäten der Herkunftsfamilie sehen, fühlen und erleben kann, die einem als Kind verschlossen waren! In diesem Sinne erlebt man die Familie tatsächlich neu, so als wäre man in einer anderen Familie aufgewachsen! Diese neue Erfahrung bringt die tief verankerte dysfunktionale Dynamik zur Explosion, so daß eine funktionale Dynamik an ihre Stelle treten kann. Familienrekonstruktion bricht die festgefahrenen Strukturen auf, so daß sie sich neu zu einer reichen Wirklichkeit verbinden und man am Leben wieder Geschmack finden kann. Um das zu erreichen, werden die entscheidenden Szenen der Herkunftsfamilien des Klienten und seiner Eltern durch Psychodrama wieder lebendig gemacht.

Bei der Familienrekonstruktion arbeiten wir jedoch nicht mit den wirklichen Familienmitgliedern. Wir behandeln das System und seine Mitglieder dadurch, daß die Rollen der Familienmitglieder von Teilnehmern der therapeutischen Gruppe gespielt werden. Das hat im Gegensatz zur Arbeit mit den wirklichen Familienmitgliedern bestimmte Vorzüge:

1. Die Person, die ihre Familie rekonstruiert – ich nenne sie Entdecker –, kann ihre Gefühle gegenüber einem Rollenspieler offener und direkter äußern als gegenüber den tatsächlichen Familienmitgliedern. Die Gegenwart von Vater und Mutter könnte vom Entdecker als so bedrohlich empfunden werden, daß seine Gedanken, seine Einsichten und sein Selbstausdruck erstarren. Zu Durchbrüchen kann es nur kommen, wenn der Entdecker die Freiheit hat, das, was da ist, anzuschauen und darauf zu reagieren – so wie es sich in seinem Wahrnehmungsfeld darstellt. Denn es ist ja die Wahrneh-

mung der Realität, die die Reaktionen eines Menschen bestimmt, und nicht so sehr die Realität selbst.

2. Rollenspieler sind nicht in den psychologischen Zustand der Person, die sie spielen, verstrickt, und deswegen besser in der Lage, ihre Gefühle, Gedanken, Bedürfnisse und Neigungen, die vor dem Entdecker verborgen wurden, zum Ausdruck zu bringen. Es ist entscheidend, daß der Klient diese verborgenen Aspekte seiner Familienmitglieder entdeckt, wenn er sich verändern soll.

3. Rollenspieler können Rollen von Menschen spielen, die nicht anwesend sind.

4. Mit Rollenspielern können wir die Herkunftsfamilie des Entdeckers wiedererstehen lassen wie auch die Familien, aus denen Vater und Mutter kommen. In diesen Familien haben die Eltern das Verhalten gelernt, das sie in ihre Ehe einbringen und das die Familie prägt, in die der Entdecker hineingeboren wurde und in der er aufgewachsen ist. Der Entdecker kann plötzlich erkennen, welche Muster von einer Generation an die andere weitergegeben wurden und wie das vonstatten ging. Das hat eine tiefgreifende Wirkung und motiviert den Entdecker, sich zu verändern.

Wenn ich jemanden durch eine Familienrekonstruktion führe, dann begebe ich mich an diesem Tag auf eine geheimnisvolle, abenteuerliche Reise. Diese Reise führt meistens ans Licht – ein Licht, das der Entdecker vorher nicht gesehen hat und das ihm die Möglichkeit gibt, neu zu sehen, zu fühlen, zu erfahren und zu sein. Er kommt in größeren Einklang mit sich selbst, seiner Familie und seinen Freunden. Ich hoffe, daß Sie beim Lesen dieses Buches an dem Abenteuer teilnehmen können. Die Namen der vorkommenden Personen sind erfunden. Ihre Worte sind echt und ihre Geschichten wahr.

Ich habe vier Personen, deren Rekonstruktionen ich angeleitet habe, gebeten, ihre Erfahrungen in und nach der Therapie aufzuschreiben. Ich stelle jedem Bericht einige Informationen voran, die zu seinem Verständnis erforderlich sind.

Chris

Der 28jährige Chris war ein Jahr lang mit Unterbrechungen zu mir in Therapie gekommen. Es ging um sein Bedürfnis, sich gegenüber

Frauen mehr zu behaupten, seine Gefühle der Einsamkeit und des Abgelehntwerdens, seine Angst, allein die Stadt zu verlassen und seine Furcht vor einem Magengeschwür, das ihm periodisch sehr zu schaffen machte. Chris war, was Therapie anging, eher zurückhaltend. Schmerzausbrüche brachten ihm schnelle Erleichterung, die ihn veranlaßte den Sitzungen fern zu bleiben, bis zu den nächsten Ausbrüchen. Schließlich bekam er Angst, als das Magengeschwür besonders schlimm wurde, und faßte den Entschluß, der Sache nun wirklich auf den Grund zu gehen. Ich empfahl ihm, in eine Gruppe zur Familienrekonstruktion zu gehen, die gerade gebildet wurde, und das tat er.

Chris wußte von seiner Mutter und ihrer Seite der Familie mehr als von seinem Vater und seiner Familie. Chris stand seiner Mutter sehr nahe und idealisierte sie über Gebühr. Er wußte, daß ihm die Mutter seiner Mutter, die schon tot war, sehr viel bedeutete, er liebte seine Großmutter sehr. Wie bei den meisten von uns waren die Bilder, die er sich von seiner Mutter und seinem Vater gemacht hatte, eher simpel, ohne die Feinheiten, die die menschliche Persönlichkeit ausmachen.

Im Laufe der Rekonstruktion begann Chris, seinen Vater Jack anders wahrzunehmen. Er sah, wie schüchtern er war und daß er seine verletzbaren Gefühle nicht zeigen konnte. Jack kam aus einer Bauernfamilie; sein Vater war ein harter Arbeiter, ein Stoiker, der weder Zuneigung noch verletzte Gefühle zum Ausdruck bringen konnte. Chris stellte die Familie seines Vaters auf: In dieser „Skulptur"* ging jeder seiner Arbeit nach und keiner berührte den anderen.

Chris' Mutter Irene war in der Großstadt aufgewachsen. Ihr Vater Charles war ein erfolgreicher und angesehener Finanzier. Irenes Mutter Gladys fand bei ihrem erfolgreichen Ehemann nicht die Nähe und Wärme, die sie sich wünschte; sie stürzte sich deswegen ins Gesellschaftsleben und suchte bei ihrer Tochter emotionale Unterstützung und Nähe.

---

* Wenn von „Skulptur" die Rede ist, so bedeutet das, daß der Entdecker fremde Personen, „Rollenspieler", in die körperliche Haltung bringt, in der er seine Familienangehörigen wahrnimmt – so als würde er sie aus Marmor herausmeißeln. Er kann damit entweder zum Ausdruck bringen, wie er die einzelnen Personen und deren Beziehung zueinander sieht, oder wie er sie sich wünscht.

Gladys war sich der Beziehung zu Irene so sicher, daß sie Irenes Heirat mit Jack nicht als Bedrohung empfand. Als Irene nun von ihrem schüchternen und unpassenden Ehemann keine Zuneigung bekam, suchte sie diese bei ihren Kindern, genauso wie es ihre Mutter Gladys getan hatte. Jack wurde ein erfolgreicher Geschäftsmann, genau wie Irenes Vater, und ihre Ehe glich der von Gladys und Charles.

Als jedoch Chris geboren wurde, trat Gladys auf den Plan, damit ihre Bedürfnisse von diesem entzückenden kleinen Enkel erfüllt würden. Die meiste Zeit verbrachte sie im Haus von Irene und Jack. Irene fühlte sich insgeheim in Konkurrenz mit Gladys um die Liebe und Zuneigung von Chris. Chris war das nie bewußt geworden, aber unbewußt richtete er sein Leben darauf aus, Irene und Gladys glücklich zu machen. Die Überlebensregel, die ihm diese beiden starken Frauen mitgegeben hatten, war: „Wenn du mich nicht glücklich machst, dann sterbe ich."

Chris genoß die Aufmerksamkeit und Verwöhnung, die ihm sowohl von Gladys wie von Irene zuteil wurde, und tat alles, was sie von ihm wollten. Das Ergebnis war, daß ihm der Kontakt zu seinen eigenen Bedürfnissen abhanden kam, und er nie lernte, sich zu behaupten, besonders nicht gegenüber Frauen. Seine Bedürfnisse und Wünsche stimmten mit denen von Irene und Gladys überein; er konnte sein eigenes Selbst nie deutlich umgrenzen. Während der Familienrekonstruktion sah Chris dies zum ersten Mal. Er bekam auch die Gelegenheit, bei Gladys' rekonstruierter Beerdigung zu trauern und zu weinen; später weinte er zu Hause noch einmal 45 Minuten über diesen Verlust. Der unbewältigte Tod von Gladys konnte nun von ihm abgeschlossen werden.

Während der Rekonstruktion zeigte Chris nicht viel Gefühl, außer die Tränen über Gladys Tod. Aber unter der stoischen Oberfläche wurden starke Gefühle frei. Als Chris nach Hause ging, war er so erschöpft, als hätten ihn den ganzen Tag Gefühle überwältigt. Was nun folgt, ist ein Tagebuchauszug von Chris, den ich gebeten hatte, seine Erfahrungen nach der Rekonstruktion aufzuschreiben.

3. 12., am Abend nach der Rekonstruktion
Einer der sonderbarsten Tage seit Jahren. Eingetaucht in eine Art Fantasie, aber doch in ein glaubhaftes Portrait meiner Familie. Erstaunlich, wie

wenig ich über meine Familie gewußt oder nachgedacht habe – wirklich erstaunlich!

Ich hatte ziemlich Angst davor. Ich bin immer noch nicht überzeugt, daß einem das Entschleiern der Vergangenheit bei den heutigen Problemen hilft. Meine Tendenz war eher, die Vergangenheit zu vergessen nach der Devise: Fang da an, wo du bist. Ich habe auch nicht geglaubt, daß mein Leben einen ganzen Tag füllen könnte. (So bedeutend bin ich doch gar nicht.) Ich fürchtete, daß ich die anderen Gruppenmitglieder langweilen würde und meinte deswegen, ich müßte mich mit meiner Geschichte beeilen. Nachdem wir angefangen hatten, schien es den anderen Spaß zu machen, und ich war so total absorbiert, daß es mir egal war, was sie dachten. Der Tag rauschte nur so vorbei.

Unglaublich, wie die Rollen genauso dargestellt wurden, wie ich sie mir vorgestellt hatte. Alles, was sie taten, stimmte, bis auf ein Mal, und da wollte ich es nicht. Ich wollte meine Mutter und ihre Mutter nicht negativ sehen. Diese Szene hat mich sehr traurig gemacht.

Es war gut zu weinen. Es war mir etwas peinlich – aber nicht zu sehr. Vielleicht hätte ich noch mehr weinen können.

Als die Sache vorüber war, fühlte ich mich gut, hatte aber Tausende von Fragen. Den ganzen Abend ging es mir gut. Um 4 Uhr früh wachte ich weinend auf – ich weinte 45 Minuten lang sehr stark. Ich dachte an Gladys und war bei dem Weinen eigentlich glücklich. Irgendwie beendete ich damit, was am Tag geschehen war.

13.3.

Es ging mir heute recht gut, ich habe mich ziemlich stark gefühlt, als wäre ich jemand ganz Wichtiges, aber ein bißchen einsam. Margie [seine frühere Freundin] kam gestern abend vorbei; ich hatte ein starkes Bedürfnis, sie heute zu sehen. Wir sprachen über uns und unsere Trennung. Ich bin nicht sicher, ob ich sie angerufen habe, weil ich mich allein fühlte, ober weil ich mit ihr ins Reine kommen wollte. Wahrscheinlich beides. Alle möglichen Gedanken gingen mir heute durch den Kopf, traurige und fröhliche. Ich hörte mir einiges von den Tonbändern an, bekam gewisse Zweifel (an der Familienrekonstruktion) – waren die Dinge wirklich so? Ich wollte nicht merken, daß vieles falsch war. Ich wollte von meiner Mutter nicht hören, daß ich gar nicht Gladys' Liebling gewesen bin, oder daß mein Vater in Wirklichkeit überhaupt keinen Spaß am Jagen und Fischen hatte. Ich war vielleicht zu analytisch, zu skeptisch, obwohl ich wußte, daß sie ihre Rollen wahrscheinlich korrekt spielten. Ich war unsicher, was das alles zu bedeuten hatte. Hatte ich jetzt ein neuer Mensch zu sein?

14.3.

Fühlte mich heute sehr allein und verwirrt, irgendwie traurig. Ich verstand meine eigenen Gedanken und Gefühle nicht. Was sollte ich jetzt mit der Erfahrung machen? Es war wirklich eine sehr starke Erfahrung; vielleicht habe ich erwartet, daß ich danach ein neuer Mensch wäre. Analysiere ich zu viel? Habe ich gedacht, alle meine Probleme wären mit einem Schlag gelöst? Ja, meine Mutter und meine Großmutter haben mich beschützt und bemuttert, aber jetzt erkenne ich, daß ich das heute immer noch von jedem will. Ich bin enttäuscht von mir. Ich hätte danach noch eine Sitzung gebraucht – das wäre sehr wichtig gewesen. Ich stehe einfach vor zu vielen Fragen, Rätseln, Verwirrung – und muß das mit jemandem klären. Was hat mir die Sache eigentlich gebracht? Ich brauche Hilfe, um mit meinen Gefühlen zurecht zu kom-men.

16.3.
Die letzten Tage war mir übel, als wäre mein Magen nicht in Ordnung. Ich ging durch eine Phase des Selbstmitleids, bedauerte mich, weil ich keine Freunde hatte, mich niemand anrief etc. Anstatt selbst etwas zu unternehmen, habe ich mich einfach bemitleidet.

20.3.
In letzter Zeit hat mir Margie gefehlt, ich glaube hauptsächlich auf einer freundschaftlichen Ebene. Ich glaube, sie war viel mit diesem anderen Typen zusammen. Das machte mir ziemlich zu schaffen. Ich rief sie ungefähr um sieben an – er ist gerade mit allerhand anderen Leuten bei ihr. Ich fühle mich einsam, als würde mir etwas entgehen, vielleicht bin ich eifersüchtig. Schließlich rufe ich sie spät abends wieder an, laß sie merken, daß es mir schlecht geht, rede über unsere Trennung. Das ist das erste Mal, daß ich das seit unserer Trennung getan habe – mich verlassen und depressiv fühlen und sie dann anrufen. Ich habe mir immer geschworen, daß ich sie in einer Depression nicht anrufen würde. Ich möchte sie nicht wieder an mich ziehen und ihr falsche Hoffnungen machen.

22.3.
Fühlte mich den Rest der Woche gut, stark und zuversichtlich.

25.3.
Ging zu meiner Friseuse, die ich sehr nett finde. Hab mich mit ihr verabredet und fühle mich gut.

27.3.
Tolle Tage.

28.3.
Tolle Tage.

1.4.
War heute bei Bill Nerin, er scheint sich über meinen Fortschritt zu freuen – das tat mir sehr gut. Wie ich schon sagte, weiß ich nicht, welche Verän-

derung ich in mir erwarten soll. Geht es mir jetzt besser? Woher soll ich das wissen? Was suche ich eigentlich? Ich glaube, daß ich nach der Rekonstruktion sofortigen Fortschritt oder Veränderung erwartet habe. Aber ich muß Geduld haben. Es passiert nicht über Nacht. Nach der Rekonstruktion hatte ich einige schlechte Tage und das enttäuschte mich sehr, aber zu meiner Überraschung enttäuschte es Bill nicht. Wie naiv und blind von mir, zu glauben, danach wäre alles in Butter. Ich merke, daß ich jetzt bereit bin, mir Zeit zur Veränderung zu geben. Es war wirklich eine Hilfe, Bills ermutigende Worte zu hören. Es gab in der letzten Woche Augenblicke, da dachte ich, die Rekonstruktion wäre schief gegangen – nicht daß ich gar so viel davon erwartet hätte –, aber ich hatte auch das Gefühl, es würde Bill enttäuschen, daß es mir nach der Rekonstruktion nicht so toll ging. Nun, er war der Meinung, daß ich es sehr gut mache und mich positiv verändert habe. Ich mußte das hören; ich brauche zwar nicht immer solche Unterstützung, aber in meiner ganzen Verwirrung war das wirklich wichtig.

[Chris schildert nun ausführlich seine letzten Magengeschwürattacken, seine Gesichtsverspannung, sein Zähneknirschen und seine Todesängste. Dann fährt er fort:]

10.4.
Im letzten Monat hatte ich wenig Probleme mit meinem Magen, in den letzten zwei Wochen überhaupt keine. Ich habe gut geschlafen, gut gegessen und bin mehr nach draußen gegangen. Die Verspannung in meinem Gesicht ist weg, und letzte Woche habe ich mich mit einem Mädchen getroffen. Vorher habe ich gar nicht versucht, mich mit jemandem zu verabreden, weil ich erstens Angst hatte, daß ich Magenschmerzen bekommen würde; zweitens, daß ich niemandem Spaß machen würde, weil ich so depressiv war; und daß es mich drittens zu sehr aufregen würde und dadurch wieder der Magen rebellisch würde. Also, ich war aufgeregt, mein Magen tat nicht weh, ich war gut drauf und wir hatten Spaß. Ich habe den ganzen Monat lang noch keine Medizin genommen. Ich weiß noch nicht, ob ich der neuen Situation wirklich trauen kann, es ist so, als wäre ich in Urlaub oder hätte eine neue Arbeit. Ich halte mich immer noch an eine ziemlich feste Struktur – tue nichts Außergewöhnliches. Aber ich fühle mich wie neugeboren, vielleicht ist das eine zweite Chance. Ich sehe der Zukunft sehr positiv entgegen, mein Magen macht mir allerdings noch Sorgen. Was, wenn das wieder los geht? Ich kann das nicht noch einmal durchmachen.

15.4.
Mein Gesicht hat sich heute wieder ein wenig verspannt. Ich habe Cary getroffen, eine gute Freundin von Margie und mir, die kürzlich geheira-

tet hat. Sie hat früher oft angerufen, ist oft vorbeigekommen – ich war ihr bester Freund. Wir brauchten einander. Jetzt braucht sie mich nicht mehr. Ich habe überhaupt nicht mehr mit ihr gesprochen und weiß, daß sich viele Gefühle angestaut haben. Das hat sicher etwas mit meiner Verspannung zu tun, aber ich weiß nicht, warum. Es war nett, sie zu sehen, vielleicht weil sie so sorglos war, jetzt wo sie das hat, was sie immer schon wollte – einen Mann.

Ich glaube, ich muß mir bald eine neue Arbeit suchen, bei der Firma gibt's wenig zu tun. Der Gedanke macht mir Angst, eine neue Situation. Wie werde ich körperlich darauf reagieren? Ich weiß nicht, ob ich schon bereit dazu bin, aber irgendwie freue ich mich auch darauf.

Chris macht weiterhin allmählich Fortschritte und bleibt von Geschwüren verschont.

Andrea

Vor acht Jahren leitete ich Andreas Familienrekonstruktion. Sie war damals 34 Jahre alt. Andrea, die sich von ihrer Mutter sehr abgelehnt fühlte, hatte Probleme mit ihrem Selbstbewußtsein, die offensichtlich in der Beziehung zu ihrer Mutter wurzelten. Andrea war darüber so unglücklich, daß sie bereit war, das Risiko einer Familienrekonstruktion auf sich zu nehmen, obwohl sie natürlich nicht wissen konnte, wie es ausgehen würde. Sie bat einige ihrer Freunde, an jenem Tag die Rekonstruktionsgruppe zu bilden. Das allein zeigt Andreas Stärke. Sie war bereit, ihr Leben vor ihren Freunden bloßzulegen. Es sprach auch für ihre Freunde, daß sie ihnen so sehr vertrauen konnte.

Hier nun Andreas Bericht:

1975 war ich 34 Jahre alt und lebte mit meinem Mann und zwei Kindern in der Stadt Oklahoma. Meine verwitwete Mutter und mein 39jähriger Bruder lebten im elterlichen Haus in Detroit, Michigan, wo ich aufgewachsen bin. Ein anderer Bruder, 30 Jahre alt und verheiratet, lebte in einem Vorort von Detroit.

Obwohl zwischen mir und meiner Mutter viele hundert Kilometer lagen, hing unsere negative Beziehung wie eine düstere Wolke über mir, die sich gelegentlich über meinem Leben entlud. In meinen Augen hatte meine Mutter nur Kritik für mich übrig und ich konnte nichts tun, um sie zufriedenzustellen.

Besonders schlimm war ein Ereignis im Frühling 1974. Meine Mutter erholte sich von einer Lungenentzündung und einem gebrochenen Arm. Meine Erinnerung daran ist, daß ich sie anrief (Ferngespräche werden in unserer Familie nur selten geführt) mit etwas schlechtem Gewissen, weil ich ihr länger nicht geschrieben hatte. Was dann folgte, war, daß sie mich eine geschlagene Stunde übers Telefon anbrüllte. Sie wäre mir offensichtlich „gleichgültig", sonst hätte ich „öfter geschrieben". Ich hörte jede Einzelheit von ihrer Krankheit und wie sie sich über die moralischen Ansichten empöre, die in unserer Kirchenzeitung geäußert würden (bis dahin hatte ich sie ihr regelmäßig geschickt). Während ihrer Ausfälle hielt ich zwar den Telefonhörer meist vom Ohr weg, aber es ist wohl bezeichnend, daß ich nicht einhängen konnte. Ich wollte ihr keinen einzigen Grund mehr liefern, mich zu kritisieren.

Seit dieser Zeit bis zur Rekonstruktion war ich eine kalte, grollende, aber dennoch pflichttreue Tochter. Unsere Beziehung lastete wie ein Joch auf meinen Schultern. Muttertag war eine bittere Angelegenheit. Ich war böse auf sie, daß sie mich nicht so annahm, wie ich war, und gab ihr teilweise die Schuld daran, daß ich mich selbst so schwer annehmen konnte. Mein Wille, eine Familienrekonstruktion durchzuführen, entstand aus dem Bedürfnis, dieses Joch endlich abzuschütteln.

Die fünfstündige Rekonstruktion hat mich nicht nur sofort von dem Joch befreit, sondern hat auch dazu geführt, daß in diesen acht Jahren eine positive, warme Beziehung zwischen mir und meiner Mutter gewachsen ist.

Im Prozeß der Rekonstruktion erkannte ich unzweideutig, daß die Handlungen meiner Mutter (und meines Vaters), die ich als destruktiv wahrgenommen hatte, nicht mit der Absicht geschehen waren, mir weh zu tun. Vielmehr waren es Handlungen von Menschen, die einfach nur das taten, was sie für das Beste hielten, wenn auch dieses „Beste" in Zeiten von Streß negative Wirkungen auf mich hatte.

Die Fluchttendenz meines Vater (er ging immer mal für ein bis zwei Tage weg und als ich zwölf war, verließ er die Familie ganz) und die Neigung meiner Mutter zu kritisieren oder psychisch oder körperlich krank zu wer-den, waren für sie die einzige Möglichkeit, Krisen zu überstehen. Diese Erkenntnis bemächtigte sich meiner und machte es mir möglich, ihnen zu vergeben und die ganze Last an Bitterkeit und Ärger abzuwerfen.

Die Beziehung zu meiner Mutter ist jetzt warm und wir können uns gegenseitig annehmen. Ich habe ihr gegenüber nie von der Rekonstruktion gesprochen und mich gefragt, warum wir uns beide zu verändern schienen. Ich vermute, daß sie zu weit gegangen war. (Mein Bruder erzählte mir, meine Mutter hätte nach dem Telefongespräch gesagt. „Ich glaube, ich hab's mit ihr verdorben.") Nach der Rekonstruktion konnte ich meiner Mutter zuhören, ohne mich wie früher angegriffen zu fühlen und verteidigen zu müssen. Vielleicht nahm sie unbewußt die Veränderung in mir wahr – daß ich sie so annahm, wie sie war – so daß sie ihrerseits mich mehr annehmen konnte.

Die Einstellungsänderung von Andrea, die mit dem Ärger und der Ablehnung ihrer Mutter nicht fertig wurde, und jetzt ihre Mutter so nimmt, wie sie ist, klingt ganz einfach. Hätte man Andrea nicht einfach sagen können, das zu tun? Warum genügte nicht der Vorschlag von mir, um Andrea zu dieser Wende zu bringen? Weil meine bloßen Worte nicht die Kraft dazu haben! Andrea hatte sich seit Jahren gesagt, daß sie genau das tun müßte. Der dynamische Prozeß einer fünfstündigen Familienrekonstruktion war notwendig, um ihre rigide Reaktionsweise auf ihre Mutter zu lösen; dadurch wurde sie fähig, emotional und psychisch das in die Tat umzusetzen, was sie immer schon gewußt hatte. Es ist eine Sache, eine neue Idee zu haben, und etwas völlig anderes, eine psychologische Verfassung in sich zu schaffen, in der die Gefühle, Entscheidungen und die Haltung gegenüber anderen mit der bloßen Idee übereinstimmen. Jahrelang hatte Andrea den Wunsch gehabt, ihre Mutter mehr annehmen zu können. Immer wieder sagte sie sich: „Ich sollte unsere Beziehung nicht als Joch empfinden. Ihr Ärger und ihre Kritik werden mir nichts mehr ausmachen." Aber es nützte nichts, sie konnte ihr Verhalten nicht ändern; die Idee war da, aber nicht die Integration in die Psyche. Durch die Familienrekonstruktion gelang es Andrea, ihre Einsichten in ihrem Sein zu verankern.

Linda

Ich lernte Linda als Studentin in einem meiner Seminare über Familiensysteme kennen. Sie blieb mehrere Jahre mit mir in Verbindung und machte zwei Familienrekonstruktionen im Abstand von einem Jahr. Sie wollte die zweite machen, weil die erste so viel in Bewegung gebracht hatte. Sie hatte mit dem Material gearbeitet, das dabei zutage getreten war, hatte praktische Konsequenzen daraus gezogen und war jetzt offen und bereit für weiteren Fortschritt. Ich bat sie, ihre Erfahrung für mich zusammenzufassen.

Meine erste Familienrekonstruktion fand 1982 statt, vor eineinhalb Jahren. Mein Problem war, daß ich Angst hatte, verrückt zu werden. Im Frühjahr '72 war ich in eine psychiatrische Anstalt eingewiesen worden, abgestempelt als „manisch paranoide Schizophrene", und war mit massiven Dosen Psychopharmaka behandelt worden. Nach fünf Jahren kam ich schließlich wieder heraus und schwor mir, ich würde niemals mehr einen Therapeuten so nah an mich herankommen lassen. Als ich dann Bill im Prozeß der Familienrekonstruktion kennenlernte, fühlte ich zum ersten Mal seit langer Zeit wieder Hoffnung und Vertrauen.

Die Erfahrung der Rekonstruktion meiner Familie ließ zum ersten Mal Verständnis in mir aufkommen und eine Bereitschaft, die Dinge so anzunehmen, wie sie waren. Ich begann zu sehen, wie sehr meine ganze Familie und ich in den Mauern gefangen waren, die jeder von uns angstvoll um sich errichtet hatte und die das Leben erstickten. Ich begann die unmenschlichen, unbewußten Regeln zu erkennen, nach denen meine Fmailie und ich zu leben versuchten, und die uns kaputt machten. Als Beispiel für diese inhumanen Regeln will ich eine Szene aus der Rekonstruktion wiedergeben zwischen mir, meinem alter ego und der Frau, die die Rolle meiner Mutter spielte. Als ich mit meiner „Mutter" sprach, fragte mich Bill, was ich fühlte und ich antwortete: „Nichts besonderes." Er forderte mich noch einmal auf, zu spüren, was ich fühlte, und ich war wieder nicht dazu in der Lage. Bill bat nun mein alter ego, in die Szene hineinzugehen. Die Frau, die mich spielte, wurde ärgerlich und brachte ihren Ärger zum Ausdruck. Das wirkte wie eine Zündung. Plötzlich konnte ich meinen eigenen Ärger spüren. Erst in diesem Augenblick erkannte ich, nach welchen Regeln ich lebte; eine davon war, niemals Ärger auszudrükken. Nun begriff ich auch, was hinter meinem Magengeschwür steckte, das ich in der Schulzeit gehabt hatte. Damals war mir mein Ärger nicht einmal bewußt gewesen, geschweige denn, daß ich ihn herausgelassen hätte; so verschaffte er sich dadurch Erleichterung, daß er ein Loch in meine Eingeweide fraß.

Ein Jahr später rekonstruierte ich meine Familie ein zweites Mal. Ich hatte eine Freundin dazu eingeladen, mit der ich ein Jahr lang keinen engen Kontakt mehr gehabt hatte. Diese Freundin repräsentierte für mich meinen „verrückten" Teil. Die Wahl meines alter ego brachte mich in große Konflikte. Ich wählte erst eine Person aus der Gruppe, dann Bobbie (meine „verrückte" Freundin), dann eine andere Person und dann wieder Bobbie. Irgendwann sprachen Bobbie und ich miteinander; es war mir entsetzlich und ich wollte Bobbie dazu bringen, wegzugehen. Ich dachte mir: „Ach hätte ich sie doch nie eingeladen."

Ich wurde ganz verwirrt, meine Worte wurden immer undeutlicher, und schließlich bekam ich Angst. Dann passierte etwas wirklich Aufregendes. Ich erkannte plötzlich, daß ich die ganze Zeit versuchte, meine „verrückte" Freundin Bobbie aus dem Spiel zu lassen. Ich wollte diesen Teil von mir verleugnen, als wenn er nie existiert hätte. Das erinnerte mich an Lagerfeuer: Wenn man versuchte, das Feuer auszublasen, fachte man es nur um so mehr an. Ich erkannte, daß ich den Teil von mir, den ich als „verrückt" bezeichnete, annehmen mußte, anstatt ihn auslöschen oder vor ihm davonrennen zu wollen – nur dann konnte er verändert werden.

Ich erkannte, daß ich diesen Teil vor langer Zeit geschaffen hatte, weil ich ihn brauchte – mit den Mitteln, die ich damals zur Verfügung hatte. Damals war dieser Teil mein Freund; jetzt brauchte ich ihn nicht mehr so wie einst. Ich konnte ihm für das danken, was er für mich getan hatte, und ihn darum bitten, mit mir zu wachsen.

Beim Vorwärtsgehen komme ich in Stürme, manchmal tappe ich im Dunkeln und falle in Löcher; aber ich habe entdeckt, daß ich jetzt von meinen Schätzen im Innern Gebrauch machen kann, daß ich wieder aufstehen kann und nach jedem Fall freier meines Weges ziehe – Möglichkeiten, von denen ich nie geträumt hätte.

Linda arbeitet in meiner Familienrekonstruktions-Gruppe weiter mit. Wenn sie Rollen in den Familien anderer Leute spielt, entdeckt sie mehr und mehr von sich und sieht Teile, von denen sie vorher nichts wußte. Das ist nicht überraschend, denn sie mußte in den frühen Jahren, in den sie ums Überleben kämpfte, und in der nachfolgenden Institutionalisierung vieles von sich zudecken. Im vertrauensvollen Rahmen der Therapie und der Gruppe entfaltet sie sich allmählich und kann ihre Entwicklung zur Reife Schritt für Schritt fortsetzen.

Diana

Diana gehörte zu einer Familienrekonstruktions-Gruppe, die sich einmal im Monat einen Tag lang traf, so daß jedes Gruppenmitglied seine Familie rekonstruieren konnte. Wie Linda machte auch Diana im Abstand von etwa einem Jahr zwei Rekonstruktionen. Sie beschreibt, was sich dabei ereignete:

Meine erste Familienrekonstruktion war im Frühjahr 1982. Ich war nach sechs Stunden emotional so erschöpft und leer, daß wir (Bill Nerin, die Gruppe und ich) nur die Seite meines Vaters rekonstruieren konnten; es war so viel hochgekommen, daß ich an diesem Tag nicht weitergehen wollte. Die Gruppe hätte wahrscheinlich weitermachen können; wenn eine Gruppe dem Leben einer anderen Person einen Tag schenkt und ihrer Lebensgeschichte mit Achtung begegnet, scheint sie unerschöpfliche Energie zu haben. Ich war einfach ausgepumpt.

Bill ließ mich die Teenager-Jahre meines Vaters rekonstruieren. Ich merkte dabei, wie einsam er war und wie unfähig, mit irgend jemandem in nahen Kontakt zu treten, außer vielleicht mit seiner Mutter. Es kam Mitgefühl für meinen Vater und seine Situation in mir auf. Von dort gingen wir weiter zum Tod seiner Mutter.

Dazu muß ich erklären: Bis zu dieser ersten Familienrekonstruktion war ich Begräbnissen möglichst aus dem Weg gegangen. Bill ließ mich eine Szene der Beerdigung rekonstruieren und ich machte prompt zu, das heißt, ich verschloß mich, hatte Mattscheibe im Gehirn, wandte mich ab, verschränkte die Arme und fing an zu weinen. Bill fragte: „Was ist es?" Er hatte mich genau zu jenem dunklen Punkt in meinem Innern gebracht, wo ich selbst kein Licht machen konnte – ein blinder Fleck. Jetzt fiel ein wenig Licht hinein; ich war bereit einen anderen Menschen einzulassen. Ich *brauchte* einen anderen Menschen, der mit mir in diesen dunklen Raum ging, allein hatte ich zu viel Angst. Ich *brauchte* einen Menschen, der den Mut hatte – nicht das Wissen meiner Erfahrung –, mit mir in diese Angst hineinzugehen und mir zu ermöglichen, sie in Wahrheit zu verwandeln.

Und hier möchte ich über die Versöhnung sprechen, die stattfand. Bill Nerin, mit der Energie und Stärke der ganzen Gruppe, war der Mensch, der mit mir zu diesem Platz ging, den ich nicht in Besitz genommen hatte. Er versöhnte mich damit. Ich wollte hin, ohne zu wissen, was dort war – als müßte ich nach einem verlorenen Schaf suchen. Mein Hirte verließ die Herde für eine kurze Weile, um nach dem Schaf zu suchen, es zu finden und zur Herde zurückzubringen. Dadurch wurde ich *ganz*, Schaf und Herde waren nicht länger von einander getrennt.

Mein Vater hatte irgendwann während der Beerdigung meiner Großmutter Sex mit mir. Wir waren in ihrem Haus, er weinte, keiner tröstete ihn. Ich war ein Teenager, fing gerade an, mich zu entwickeln. Wir waren uns immer nah gewesen. Er saß verlassen in einem Schaukelstuhl und weinte. Ich kroch auf seinen Schoß, wollte ihn trösten, spürte, daß ich zu groß dafür war. Von der Sexualität eines Mannes hatte ich keine Ahnung. Er liebkoste mich; früher hieß das „in den Arm nehmen" – interessant, was bei Vätern und Töchtern aus dem Umarmen wird aufgrund körperlicher Veränderungen. Meine Mutter, die eigentlich hätte da sein müssen und die sich Papa in dieser Weise nie zugewandt hatte, war weg. Das Haus war leer, und Papa hatte Sex mit mir. Dann mußte ich schwören, daß ich niemals darüber sprechen würde; er hielt sich lange von mir fern, bis er später wieder zärtlich zu mir wurde. Ich war am Boden zerstört, mein Vater hatte schreckliche Schuld auf sich geladen und unsere Beziehung veränderte sich dramatisch, um es gelinde auszudrücken. Seit diesem Tag habe ich das Ereignis total aus meinem Gedächtnis verdrängt, um mich zu heilen. Das einzig Traurige an dieser Methode des Selbstschutzes ist, daß ich auch viel Gutes blockiert habe.

Mein Vater wurde mit zunehmendem Alter von Medikamenten abhängig. Wir sprachen nicht mehr miteinander. Verrückte Dinge entzündeten sich an Geldfragen, meine Eltern schlugen sich deswegen. Mein Vater versuchte seine Liebe mit Geschenken, Geld und Liebkosungen auszudrücken, wenn er betrunken war, aber niemals verbal mit dem Satz „ich liebe dich", oder auch nur mit einer Diskussion oder sonst irgendwie rational. So lernte ich, mit Männern durch nicht-verbale Signale zu kommunizieren; das führt, wie wir alle wissen, zu Selbstschutz, Mißverständnissen und gewaltigen Voreingenommenheiten. Bis zum Ende dieses ersten Tages meiner Familienrekonstruktion hatte ich so viel geweint und so viel gesprochen, daß ich mich vollkommen leer fühlte.

Eine weitere Erinnerung an die Beerdigung meiner Großmutter: Ich versprach meinem Vater, daß ich ihn nie verlassen würde. Wieviel Kraft steckt im Versprechen eines Kindes, das gerade bei der Beerdigung der Großmutter mit seinem trauernden Vater Sex gehabt hatte? Ungeheuer viel! Um dieses Versprechen zu brechen, brauchte es genauso viel Kraft. Diese Kraft fand ich in der sicheren und vertrauensvollen Umgebung, in der ich meine Familie rekonstruierte. In dieser Gruppe bringen suchende Menschen, die ihr Leben in Ordnung bringen wollen, so viel Liebe und Zuwendung auf, daß ich auf einen neuen Weg kommen kann.

Es verging ein Jahr, bis ich die mütterliche Seite meiner Familie rekonstruierte – eine Zeit, in der die Kraft der Vergebung zwischen mir und meinem Vater auf einer geistigen Ebene zu wirken begann wie Wellen, die ein Steinwurf nach sich zieht. Ich hatte angenommen, daß die Rekonstruktion der Seite meiner Mutter langweilig und ereignislos sein würde. Ich bin sehr froh, daß ich sie gemacht habe. Zwei wichtige Seiten entdecke ich an diesem Tag an mir: Meinen Ärger und meine Abhängigkeit oder meine Unfähigkeit, für mich selbst zu sorgen.

Seitdem habe ich herausgefunden, daß Ärger zwei Menschen voneinander trennt, und daß es gut ist, eine Weile getrennt zu sein, weil man sich dann in eine andere Richtung bewegen kann. Beim bloßen Gedanken an die Familienrekonstruktion steigt Ärger auf. Meine Mutter hat ihren Ärger nie offen zum Ausdruck gebracht; sie kontrollierte Situationen lieber dadurch, daß sie sich zum Märtyrer machte nach der Devise „Ich Arme"; lieber nahm sie den ganzen Mist von ihrem Vater und meinem Vater hin, und das war für keinen von uns gut. Meine Mutter versuchte, mit Beten durchzukommen, anstatt ein Problem anzugehen und selbst etwas zu verändern. Nun sehe ich diese Seiten auch an mir; dadurch, daß ich den Ärger jetzt erlebe, wird Veränderung möglich.

Eine starke Szene war die Aufstellung meiner Familie mit der Kerze in der Mitte. Die Kerze symbolisierte die Kirche. Ich staune immer noch über meine Reaktion darauf. Ich wollte die Kerze, die Kirche, nicht im Mittelpunkt haben, nur vorne als Unterstützung, nicht im Zentrum. Dabei war die Kirche immer so wichtig für mich gewesen!

Welche Bedeutung sie für mich hatte? Ich gehe regelmäßig zur Kirche, aber in diesem Jahr war ich frustriert über die Unbeweglichkeit der Kirche, über meine Rolle als Frau in der Kirche, über die Widersprüche zu meiner Vorstellung, daß Menschen ihre eigene Kraft entdecken sollen.

Nie zuvor habe ich meinen Ärger und meine Frustration so deutlich empfunden, auch mit meiner Familie – Ärger und Frust. Solche Gefühle sind
keine Freude, aber seit meiner zweiten Familienrekonstruktion sind die
Gefühle in Bewegung und gehören mit zum Ganzen. Ich erlebe Veränderungen. Der Ärger ist dazu da, daß ich ihn konstruktiv nutze, ihn mir
aneigne; die Angst ist dazu da, daß ich mich ihr stelle. Mein Umfeld, in
dem ich lebe, die Leute, denen ich nahestehe – sie verändern sich.

Zur Zeit habe ich keine feste Bindung. Ich habe keine Lebensentschei-
dungen getroffen und bin frei, mich zu verändern und Neues zu schaffen.

Die beiden Familienrekonstruktionen haben mir ein neues Leben geschenkt. Das ist nicht falsch zu verstehen als Regenbogen, Sonnenschein
und Blumen. Zu diesem Leben gehören Schmerz, Ehrlichkeit, Wahrheit
und Veränderung. Sich auf eine Familienrekonstruktion einzulassen,
heißt – sofern man das will – sein Leben zu verändern, die Dinge anders
zu betrachten, eine neue Perspektive zu gewinnen.

Damit enden die Geschichten von vier Entdeckern, die ihre Familien rekonstruiert haben. Wieder die Frage: Wie kommen solche Veränderungen durch Familienrekonstruktion zustande? Die Dynamik
einiger dieser Geschichten ist oft ganz einfach. Wenn man sie versteht, warum folgt dann die Veränderung nicht auf dem Fuß? Chris
wußte, daß er Frauen auf selbstbewußte Weise näherkommen wollte. Was hat ihn daran gehindert, das Offensichtliche zu tun? Nach
der Familienrekonstruktion stellte er fest, daß er mehr Selbstbewußtsein hatte. Was ist das Geheimnis?

Die folgenden Kapitel werfen etwas Licht auf die ewige, doch nie
ganz beantwortete Frage: Was erklärt die Veränderung von Menschen?

2 Warum die Reise?

Eine Metapher

Es waren einmal zwei Familien, die lebten Tür an Tür. Auf der einen Seite Herr und Frau Wolfgang, auf der anderen Herr und Frau Wolfram. Jedes Paar bekam ein kleines Wolfsbaby. Herr und Frau Wolfgang nannten ihr Baby Sam Wolfgang, nach Herrn Wolfgangs Vater, Großpapa Sam. Herr und Frau Wolfram nannten ihr Baby Unica Wolfram, nach Frau Wolframs Schwester Monika.

Im Hause Wolfgang wurde der kleine Sam oft mißverstanden, wenn er als Baby nach dem schrie, was er brauchte. Oder er wurde einfach schlicht vernachlässigt. Als Sam heranwuchs, wurde er dazu erzogen, ein sehr artiger kleiner Junge zu sein. Wenn er Fehler machte, wurde er schnell und nachdrücklich zurechtgewiesen; so lernte er, daß er nie einen Fehler machen durfte. Da Großpapa Sam ein bekannter Wolfswissenschaftler war, erwartete man von Sam, daß er in seine Fußstapfen treten würde. Sam wurde beigebracht, daß er sein Recht geltend machen sollte; wenn andere Wölfe im Spiel grob waren, dann sollte er sich wehren – und immer gewinnen. Sam hatte dafür in seinem Vater ein gutes Vorbild; der war durch harten Konkurrenzkampf zu einem sehr erfolgreichen Bankier geworden. Als Sam acht Jahre alt war, hatte sein Vater es geschafft, alle anderen Wolfsbanken entweder aufzukaufen oder aus seinem Territorium zu verdrängen. Zur großen Enttäuschung seiner Eltern war aus Sam ein gemeiner Wolf geworden, mit all den Eigenschaften, die gemeine Wölfe so an sich haben.

Herr und Frau Wolfram verbrachten viel Zeit damit, ihrer heranwachsenden Tochter zuzuschauen. Sie stellten fest, daß sie sich sehr von anderen Wölfen unterschied. Das war kein Wunder, denn ihre Tante Monika war ja auch so ein Orginal! Es wird sogar erzählt, daß der Wolfsgott die Form wegwarf, bevor er Monika schuf! Wenn Unica ihre Fehler machte, dann wurde sie so korrigiert, daß sie lernte: Fehler sind etwas ganz Normales und dazu da, um aus ihnen zu lernen und an ihnen zu wachsen. Waren Unicas Wolfsfreundinnen einmal böse zu ihr, dann wurde ihr erklärt, warum sie das taten, und es wurde ihr gesagt, daß es deswegen immer noch ihre Freundinnen wären. Unica merkte, daß auch sie manchmal böse sein wollte, und sie lernte, daß alle Wölfe manchmal dieses Gefühl haben. Unica wurde zu einer außergewöhnlichen Wolfsdame, und zur Freude ihrer Eltern ging nun die Geschichte um, daß Gott die Form weggeworfen habe, bevor er Unica schuf.

* * *

Um die Familienrekonstruktion zu verstehen, muß man sich über den gewaltigen Einfluß klar sein, den die Familie auf die Entwicklung eines Menschen hat. Ein Baby ist äußerst abhängig, wenn es auf die Welt kommt, mehr als alle anderen Säugetiere; es braucht seine Eltern oder Ersatzeltern nicht nur für sein physisches Überleben, sondern ebenso für sein emotionales und geistiges Wohlergehen. Eltern haben deswegen unausweichlich große Macht über ihre Kinder. Heutzutage erkennen Eltern diese überwältigende Macht vielleicht schwer, weil sie oft das Gefühl haben, sie hätten keine Kontrolle über ihre Kinder. Wie viele von uns verfallen – selbst noch im Alter von fünfzig Jahren – in Gegenwart unserer Eltern in kindliches Verhalten? Wie viele von uns halten sich im Vergleich mit den Eltern für kleiner als wir wirklich sind? Wie viele Männer oder Frauen beobachten, daß sich ihr Ehepartner in Gegenwart seiner Eltern anders verhält oder anders spricht? All das ist Ausdruck der Macht des Familiensystems über das Kind, die es behält, selbst wenn das Kind erwachsen ist.

Im Familiensystem – sei dessen Grundlage Blutsverwandschaft, Adoption, eine Mischung aus beidem oder eine Institution, sei es eine Kern- oder eine Großfamilie – lernt ein Mensch, wer, was und warum er oder sie ist. In der Herkunftsfamilie lernt eine Person, was sie ausdrücken darf und was sie zurückhalten muß, und wie sie das tun muß; sie lernt, wie sie auf die ganze Vielfalt menschlicher Gefühle und Empfindungen reagiert, auf die verschiedensten Lebenserfahrungen wie Ablehnung, Lob, Tod, Geburt, Kommen und Gehen, Konkurrenz und Kooperation, sexuelle Stimulation, Erfolg und Mißerfolg, aufregende Zeiten und langweilige. In der Familie lernen wir, welche Bedeutung Dinge haben, was es zum Beispiel bedeutet, wenn niemand an unseren Geburtstag denkt, wenn uns jemand zum Tanz auffordert, oder jemand eine Verabredung versäumt, welche Gefühle wir mit Weihnachten verbinden. Vor allem lernen wir, was es bedeutet, zu lieben und geliebt zu werden. Diese Bedeutungen sind für jeden Menschen anders und sie werden gelernt.

In der Familie bildet sich der Grundstock unserer Vorstellungen, wie man Vater und Mutter ist, wie man führt und folgt, wie man sich diszipliniert, wie man auf unmittelbare Befriedigung verzichtet oder nicht verzichtet, wie man mit Macht umgeht, wie man Risiken eingeht, wie man arbeitet und spielt. Am meisten lernen wir am Beispiel unserer Eltern. Das, was wir lernen, läßt sich unter fünf Aspekten betrachen, die alles beeinflussen, was wir tun.

Kommunikation

Allem voran steht das komplexe Phänomen des Kontaktes mit anderen Menschen, häufig Kommunikation genannt, obwohl der Begriff meist mit einer zu beschränkten Vorstellung verbunden ist. Jede Art von Beziehung zu anderen – bewußt oder unbewußt, verbal oder nonverbal, zu Lebenden oder Toten – ist mit Kommunikation verbunden, ein gelernter Prozeß, der auf unseren angeborenen Fähigkeiten beruht. Unangemessene Kommunikation verhindert Nähe zwischen zwei Menschen, trotz all ihrer guten Absichten. Es geht nicht um Nicht-Wollen, sondern um Nicht-Können aufgrund der unzureichenden Vorbilder, die wir in unserer Herkunftsfamilie hatten.

Andreas Probleme mit ihrer Mutter sind ein gutes Beispiel für das, was passiert, wenn die Kommunikation blockiert ist. Angesichts der scharfen Kritik ihrer Mutter lernte Andrea, sich zu verschließen; sie verstummte, schluckte ihren Schmerz und ihren Ärger herunter und wurde sich selbst gegenüber negativ. Sie lernte, dadurch Nähe zu ihrer Mutter herzustellen, daß sie ihr noch mehr zu gefallen suchte, obwohl auch dieses Mittel versagte. Als sie heranwuchs, lernte sie nicht zu sagen: „Mutter, weißt du, wie weh mir das tut? Was für ein Gefühl ich dabei habe? Es tut mir weh, daß ich dich nie zufrieden machen kann. Ich habe das Gefühl, daß ich es nicht wert bin, deine

Tochter zu sein. Ich komme mir wie ein Versager vor. Ich fühle mich so hilflos."

Und Andrea lernte nicht, zu der anderen Figur zu gehen, die in diesem Spiel Macht hatte, nämlich zu ihrem Vater, und ihm zu sagen, was in ihrem Inneren vor sich ging. Auch lernte sie nicht, dem Vater ihren Ärger darüber zu zeigen, daß er seiner Frau keinen Widerstand entgegensetzte, wenn sie von ihr abgekanzelt wurde. Als hilflose kleine Kinder spüren wir die Ungerechtigkeit eines solchen Verhaltens, aber wir lernen vielleicht nie, unsere Gedanken und Gefühle direkt und kongruent zum Ausdruck zu bringen. Die meisten von uns lernen, ihre Gefühle abzuwürgen oder sie irgendwie verquer zu äußern durch Wutanfälle, Krankheit oder Sarkasmus.

Wenn Andrea ein Vorbild dafür gehabt hätte, wie man Gefühle direkt ausdrücken kann, dann wären ihr Selbstbild und ihr Selbstbewußtsein sicherlich stärker geworden, selbst wenn es keine Wirkung auf ihre Mutter gehabt hätte. Wenigstens auf Andreas Seite wäre die Kommunikation oder der Versuch, Nähe herzustellen, intakt gewesen, und das allein erhöht das Selbstwertgefühl.

Verhaltensregeln

In engem Zusammenhang mit der Kommunikation stehen die Regeln, die wir lernen und an denen wir unser Verhalten orientieren. Diese Regeln regieren uns von innen. Sie bestimmen jeden Aspekt unseres Lebens: Welche Gefühle wir zeigen dürfen und welche nicht („Sei nicht ärgerlich!" „Hab keine Angst!"), was wir mit unserer Energie tun sollen („Gib immer dein Bestes!") usw. Wir lernen diese Regeln mehr durch Beobachtung unserer Eltern als dadurch, daß sie uns jemand sagt. Wenn wir Vater und Mutter nie zärtlich miteinander gesehen haben, dann werden wir vielleicht auch mit dem eigenen Ehepartner nicht zärtlich sein können.

Chris wurde durch eine Regel eingeschränkt, die er in der Familie, in der er aufgewachsen war, mitbekommen hatte: „Tu nie jemandem weh!" Zusammen mit der Schüchternheit, die er von seinem Vater lernte, hielt ihn dies davon ab, Frauen gegenüber selbstbewußt zu sein. Wenn man sich selbst treu bleibt, kann es nicht ausbleiben, daß man manchmal einen anderen verletzt. „Tu nie jemandem weh" – ist ein Beispiel für eine Regel, die inneres Wachstum verhindert; es ist einfach unmöglich, durchs Leben zu gehen, ohne anderen weh zu tun. Da es nicht möglich ist, diese Regel einzuhalten, ist sie irrational – verrückt, wenn man so will. Der Versuch, sich daran zu halten, kann einen Menschen in die Depression treiben.

„Tu nie jemandem weh" ist eine unmenschliche Regel, weil sie „nie" und „niemand" (sinngemäß) beinhaltet und als absolute Forderung nicht erfüllt werden kann. Wenn Chris gelernt hätte, „Vermeide es, anderen unnötig weh zu tun", dann hätte er sich Irene und Gladys gegenüber behaupten können, selbst wenn er ihnen damit vielleicht weh getan hätte. Wäre das seine Regel gewesen, so hätte er sich nicht als Versager gefühlt, wenn er jemandem durch seine Handlungen hätte Schmerz zufügen müssen. Er hätte das in seine Persönlichkeit integriert und tief im Innern, auf einer unbewußten Ebene, gewußt, daß Schmerz ertragen so normal ist wie Essen und Schlafen.

Chris lernte die unmögliche Regel – „Tu nie jemandem weh" – unbewußt, indem er immer wieder sah, wie sein Vater seine Gefühle unterdrückte aus Angst, seine Frau, Chris' Mutter, zu verletzen. Auf der unbewußten Ebene spielt sich etwa folgendes ab: „Vater, diese gottähnliche Person, will auf keinen Fall riskieren, Mutter, dieser anderen göttlichen Person, weh zu tun, es muß also irgend etwas Fürchterliches damit auf sich haben! Mutter oder Vater wird etwas Schreckliches passieren, wenn es dennoch geschähe. Sie weinen nie und scheinen nie Schmerz zu empfinden, sie sind immer stark, also darf es kein Verletzen geben! Es gehört einfach nicht zum menschlichen Verhalten. Also: *Ich darf nie jemandem weh tun.*'"

So unvermeidbar wie Kommunikation sind auch Lebensregeln. Wir können nicht aufwachsen, ohne einen ganzen Satz davon mitzukriegen. Die Frage ist: Sind es irrationale oder rationale Regeln? Geben sie mir die Freiheit, ich selbst zu sein, oder tyrannisieren sie mich? Möchte ich die Regeln ändern oder nicht?

Die Bedeutung von Verhalten

Die Bedeutung, die wir irgendwelchen Lebenserfahrungen zulegen, lernen wir im großen und ganzen in unserer Herkunftsfamilie. Der eine lernt vielleicht, daß jemand, der zu spät kommt, damit zeigt, daß er nicht liebt, ein anderer lernt, daß Zuspätkommen so gut wie gar nichts mit Lieben zu tun hat. Am tiefsten sitzen die Bedeutungsinhalte, die wir frühzeitig zu Hause gelernt haben: Warum bin ich da? Was hat es mit dem Tod auf sich? Wofür ist Leiden da? Was macht Glück aus? So wie Kommunikation und Regeln beeinflussen auch die gelernten Interpretationen alles was wir tun.

Chris lernte zum Beispiel durch die Beobachtung seines Vaters, was es heißt, Mann und Ehemann zu sein: Arbeite hart, sei erfolgreich und sorge für überdurchschnittlichen materiellen Wohlstand. Laß deiner Frau im häuslichen Bereich die Vorherrschaft und mach sie glücklich, indem du ihre materiellen Wünsche und Bedürfnisse befriedigst. Halte emotional Distanz; sei stark und stoisch. Ein guter Ehemann ist immer stark, er ist nie schwach und er hat keine Angst. Und von seiner Mutter lernte Chris, was es heißt, eine gute Ehefrau und Mutter zu sein.

Vielleicht hat Chris später einmal das Bedürfnis, bei seiner Geliebten oder seiner Frau auch eine Schwäche zu zeigen; wahrscheinlich wird er sich das nicht erlauben, weil ein guter Ehemann so etwas ja nicht tut; es paßt nicht in sein Bild von einem Mann und einem Ehemann. In dem Maß, in dem die gelernten Wertvorstellungen den natürlichen Gefühlen und Bedürfnissen von Chris zuwiderlaufen, wird Chris mit sich im Konflikt sein.

Zu hoffen ist, daß Chris den Ausweg aus diesem Zwiespalt findet, indem er die gelernten Wertvorstellungen seinem inneren Organismus mit der ihm eigenen Weisheit anpaßt, so daß Kongruenz entsteht. Durch diesen Prozeß gehen Millionen von Katholiken, denen gesagt wird, Geburtenkontrolle und Masturbation seien Todsünden, die – ungesühnt – einen Menschen in die Hölle brächten. Diese Bewertung steht bei vielen in Konflikt mit dem, was sie selbst fühlen und denken. Sie verändern die Bedeutung, welche die Kirche der Geburtenkontrolle und Masturbation gibt, und der Konflikt verschwindet allmählich.

Es muß allerdings betont werden, daß nicht jeder Konflikt dem Widerspruch zwischen einem natürlichen menschlichen Bedürfnis mit einer unadäquaten Wertvorstellung entspringt. Innerer Zwiespalt kann auch aus anderen Quellen kommen, etwa wenn ein verwöhntes Ego mit dem Ideal der Großzügigkeit in Konflikt gerät. Die Aufgabe besteht darin, sich den Konflikt ehrlich anzuschauen und dann zu entscheiden, ob die Bedeutung angemessen ist oder nicht. Leider ist das nicht so leicht, wie es klingt, weil wir die Veränderung einer gelernten Wertvorstellung als bedrohlich empfinden.

Umgang mit Bedrohung

Es ist eine unentrinnbare Tatsache des Lebens, daß wir körperlicher, gefühlsmäßiger und psychischer Bedrohung ausgesetzt werden, und so lernt jeder Mensch, damit umzugehen. Wie wir das tun, lernen wir in unserer Herkunftsfamilie; es hat grundsätzliche Bedeutung für unser Überleben. Wir können mit Bedrohungen so umgehen, daß wir unser Leben ernsthaft einschränken, oder so, daß wir daran reifen. An unserer Reaktionsweise auf Bedrohung und Streß läßt sich weitgehend ablesen, ob wir uns progressiv oder regressiv entwickeln.

Bedrohung kann die verschiedensten Ursachen haben, von persönlichen Beziehungen bis zu internationalen Krisen. So hat die Möglichkeit eines Atomkrieges gewaltigen Einfluß auf die Kinder unserer Zeit, wie Psychologen und Berater in den Vereinigten Staaten zunehmend feststellen. *Dr. John Mack* und andere folgern aus ihren Untersuchungen, daß mehr als 50 Prozent der amerikanischen Kinder aus allen Schichten glauben, daß es, noch bevor sie erwachsen sind, einen Atomkrieg geben wird, den sie nicht überleben. Zwar sind die wissenschatlichen Forschungen noch unzureichend, *Mack* vermutet aber, daß Kinder deswegen depressiv sind, der Autorität der Erwachsenen mißtrauen und Schwierigkeiten haben, Zukunftspläne zu entwerfen. Mit diversen Programmen und Methoden wird versucht, Jugendlichen dabei zu helfen, mit der atomaren Bedrohung zu leben.*

---

* Siehe zum Beispiel *Beardslee, W.* und *Mack, J.*, The Impact of Nuclear Developments on Children and Adolescence; in: Psychological Aspects of Nuclear Development, Task Force Report 20, American Psychiatric Association, Washington, D.C. 1982. Eine Arbeit, die sich darum bemüht, Kindern zu helfen, heißt: *Mary Van Ornum* und *William Van Ornum*, Talking to Children About Nuclear War, Continuum, New York 1984.

Es gibt verschiedene Klassifizierungen der typischen Reaktionsweisen auf Bedrohung. *Karen Horney* sagt, wir können kämpfen,
flüchten oder mitmachen.* So protestieren die einen gegen die Auf-
rüstung und engagieren sich in der Friedensbewegung, andere
leugnen die atomare Bedrohung, und wieder andere hoffen auf die
Abschreckung. Eine Frau, die von ihrem Mann mißbraucht wird,
kann sich wehren, aus dem Zimmer rennen, oder es zulassen.

Virginia Satir hat fünf Reaktionsweisen auf Streß herausgearbeitet**: Anklagen: Indem man jemand anderem die Schuld gibt, scheint
der Streß erträglicher zu werden. Beschwichtigen: Indem man sich
klein macht, versucht man die Bedrohung zum Verschwinden zu
bringen. Rationalisieren: Man vermeidet jedes Gefühl, auch das be-
drohliche. Ablenken: Man biegt die Richtung der Bedrohung ab und
versucht sich selbst aus der Schußlinie zu nehmen; oder – die fünfte
Möglichkeit: kongruent verhalten: Man übernimmt Verantwortung
für die eigene Rolle in der bedrohlichen Situation. Die ersten vier sind
zwar dysfunktional, aber doch in gewisser Weise nützlich. Die fünfte
Verhaltensweise ist nützlich und funktional. Zur Verdeutlichung des
Gesagten werde ich *Virginia Satir*s Diagramme benutzen:

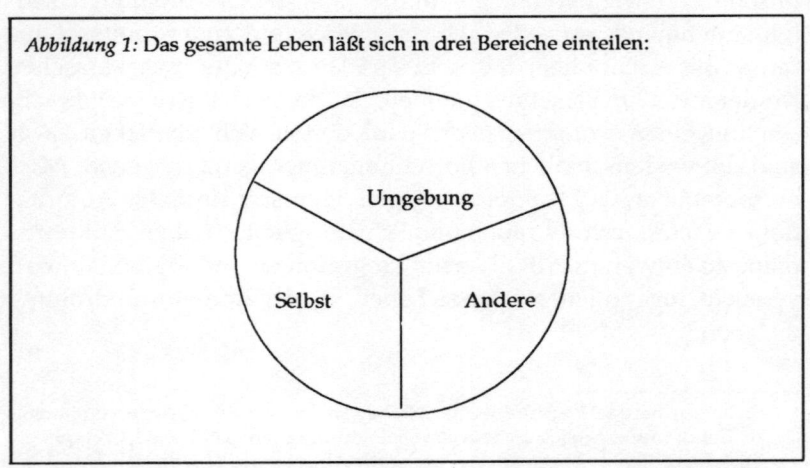

Abbildung 1: Das gesamte Leben läßt sich in drei Bereiche einteilen:

---

*   *Horney, Karen*, Unsere inneren Konflikte. Neurosen in unserer Zeit, Geist und
Psyche, Fischer Taschenbuch.
**   *Satir, Virginia*, Kommunikationsmuster, Kapitel 5 in: Selbstwert und Kommuni-
kation, Pfeiffer, München 1975.

Abbildung 2: Ankläger
Klagt andere und die Welt an: „Wenn du nicht wärst oder dieses oder jenes nicht,
dann wäre ich glücklich."
Sucht sich vor der Bedrohung dadurch zu schützen, daß er sie eliminieren will.

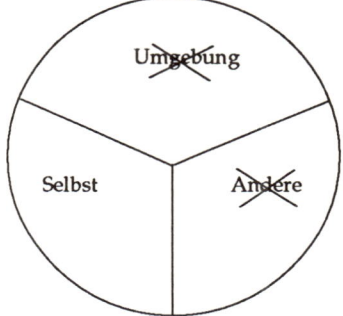

Extremes Verhalten: Mord und Krieg.
Gefühlszustand: Ärger, Macht, schnelles Atmen; später Schuld und Einsamkeit.
Ergebnis: Hält das Selbst intakt auf Kosten der anderen und der Umgebung.

Abbildung 3:Beschwichtiger
Übernimmt für alles die Verantwortung und die Schuld: „Wenn ich nicht wäre,
wärst du glücklich." „Ich tue alles, um dich glücklich zu machen."
Sucht sich vor der Bedrohung dadurch zu schützen, daß er die anderen gewinnen
läßt. Weckt in den anderen Schuldgefühle, so daß sie sich zurückziehen.

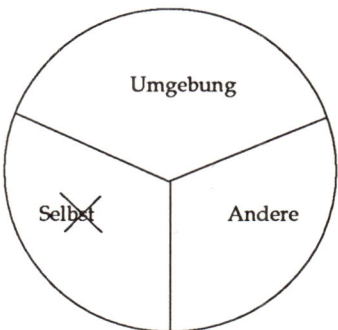

Extremes Verhalten: Selbstmord.
Gefühlszustand: Depression, wenig Energie, Frustration, Groll, gelegentliche Wutanfälle.
Ergebnis: Andere werden auf Kosten des eigenen Selbst gestärkt. Andere zählen,
man selbst zählt nicht.

Abbildung 4: Rationalisierer

Bleibt im Kopf, leugnet oder unterdrückt Gefühle: „Laßt uns doch vernünftig bleiben!" „Bitte nicht so emotional!" „Also bitte, bleiben wir bei den Tatsachen!" Sucht sich gegen Bedrohung zu schützen, indem er die Gefühlsebene leugnet, auf der Bedrohung erfahren wird.

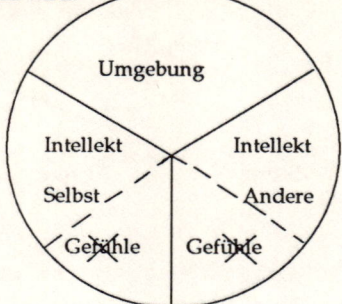

Extremes Verhalten: Zwanghafte Arroganz; Folge: Magengeschwür u.ä.
Gefühlszustand: Überlegenheitsgefühl, ansonsten wenig Gefühl.
Ergebnis: Festhalten an Ideologie auf Kosten von Gefühl. Ideen und Umgebung zählen, Gefühle zählen nicht.

---

*Abbildung 5:*Ablenker

Tut alles mögliche ohne Bezug zu den tatsächlichen Gedanken, Gefühlen und den Gegebenheiten der Situation: „Ach, was ich noch sagen wollte..." „Wie dem auch sei..." „Ich glaube... naja... wie war das doch noch?"
Sucht sich gegen Bedrohung zu schützen, indem er sie von ihrem Ziel ablenkt, oder sich selbst aus der Schußlinie nimmt.

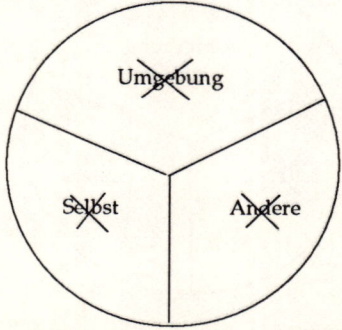

Extremes Verhalten: Psychose, Alkoholismus.
Gefühlszustand: Viel Energie, Nervosität, Euphorie, Spaß; ohne inneren Zusammenhang, außer Kontrolle, innerlich erschöpft.
Ergebnis: Chaos, Außen-vor-sein; nichts zählt wirklich außer Flucht.

In jedem der ersten vier Typen – anklagen, beschwichtigen, rationalisieren, ablenken – wird ein Element der Realität vernachlässigt; dadurch wird diese Art der Bewältigung von Bedrohung dysfunktional, auch wenn sie auf verquere Weise dem Überleben dient. Die kongruente Methode läßt keinen Bereich der Realität außer acht; sie bietet deswegen die größten Aussichten, zu einer Lösung zu gelangen, die an der Realität orientiert und für alle gut ist. Aufgrund der uns Menschen innewohnenden Begrenzungen bedeutet eine solche Lösung nicht unbedingt, daß wir unser Leben retten, aber wir bewahren unser höheres Leben – Integrität, Tugend, Frieden, Selbstwert – und wir riskieren niemals die Auslöschung von anderen. Die kongruente Methode ist gewaltlos, riskant und der einzige Weg, der dazu führen kann, daß die Quellen der Bedrohung versiegen!

Abbildung 6: Kongruentes Verhalten
Wer kongruent handelt, berücksichtigt die gesamte Situation: „Ich möchte dir sagen, was ich denke und fühle, und ich möchte wissen, was in dir vorgeht. Was verlangt die Situation von uns?"
Reagiert auf Bedrohung, indem er alle Faktoren berücksichtigt, insbesondere die Gefühle; versucht die Situation zum Nutzen aller zu lösen.

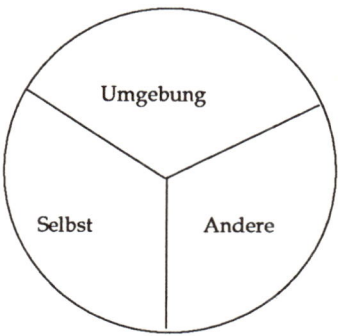

Extremes Verhalten: Riskiert sein Leben im Dienste der Menschheit. Die großen Beispiele: Jesus, Gandhi, Martin Luther King.
Gefühlszustand: Überwindung von Anfechtungen, Mut, Stärke, später Frieden.
Ergebnis: Die ganze Wirklichkeit zählt, Bezug zu einer höheren geistigen Ebene. Das Paradox, „Wer sein Leben verliert, wird es erlangen", wird Realität.

Wenn man sich kongruent verhält, dann steht man in Beziehung mit allen Teilen der Situation. Man ist auf Seiten der Objektivität und nicht der Subjektivität. Man ist sich dessen bewußt, was man denkt, fühlt, wünscht und tut, wie man beurteilt und entscheidet, und man nimmt wahr, was andere denken, fühlen, wünschen und tun, wie sie urteilen und entscheiden; und man ist sich der Umgebung bewußt, in der all dies geschieht. Kein Teil der Realität wird geleugnet, unterdrückt, verurteilt, verbogen oder eliminiert. Vielmehr wird der Versuch gemacht, alles miteinzubeziehen, so daß der Lebensprozeß eines jeden geachtet wird und sich alle gemeinsam weiterentwickeln können. So verhalten sich die Leute meistens.

Oft ist ein Mensch zu kongruentem Verhalten dann nicht mehr in der Lage, wenn er sich bedroht fühlt. Die erste aller Regeln tritt in Kraft, die der Selbsterhaltung: Wenn ich dich vernichten muß, um zu überleben, dann werde ich es tun. Mein biologisches Leben ist für mich wichtiger als irgend etwas anderes. Dieser Mechanismus erklärt das Phänomen von Krieg und Selbstverteidigung (ich kriege dich, bevor du mich kriegst) – ein Urinstinkt, der uns zur Erhaltung unseres Lebens und unserer Art eingepflanzt wurde. Als Kinder funktionieren wir nach diesem Prinzip in Verhaltensmustern, die wir von unseren Vorbildern gelernt haben.

Im Laufe der Reifung erkennen wir, daß es im menschlichen Leben nicht nur um die biologische Erhaltung geht. Es existieren höhere Werte und Wirklichkeiten. Das drückt sich darin aus, daß wir Menschen ehren, die ihr Leben für Freunde, Verwandte, ja sogar für Feinde hingegeben haben; wir nennen sie Helden und Heilige. Wir sagen von ihnen, daß sie „mutig" oder „heldenhaft" gehandelt haben, das heißt, sie haben die instinktive Reaktion auf Bedrohung überwunden und waren dadurch fähig, zu einer schöpferischen Lösung im Dienste der Menschheit zu gelangen, die alle Aspekte der Realität miteinbezieht. Die Voraussetzung dafür ist große Reife, Disziplin, Selbstkontrolle, Übung, Weisheit und vielleicht Glaube, Hoffnung und Liebe im Sinne von *Gilbert K. Chesterton*. Er soll gesagt haben: „Lieben heißt, das Nicht-Liebenswerte lieben, vergeben heißt, das Unverzeihliche vergeben, glauben heißt, das Unglaubliche glauben, hoffen heißt, in der Hoffnungslosigkeit hoffen – nur dann sind es wirkliche Tugenden." Diese Art des Denkens und Handelns beruht auf einem tiefen Verständnis des Lebens und der Wirklichkeit.

Glücklicherweise sind die meisten Bedrohungen nicht ernst und anhaltend genug, daß man ein *Gandhi* sein muß, um sich kongruent zu verhalten. Ein Kriterium für inneres Wachstum ist, wie oft ich mich in einer Situation der Bedrohung kongruent verhalte, anstatt anzuklagen, zu beschwichtigen, zu rationalisieren oder abzulenken.

Es ist nicht immer einfach, sich darüber klar zu werden, ob man kongruent handelt oder nicht. Oft macht man den Fehler, Ärger und Groll nicht wahrhaben zu wollen oder zu unterdrücken, weil man vernünftig und kongruent handeln will. Ärger sollte gezügelt und produktiv angewandt werden. Es ist gewiß kein kongruentes Verhalten, wenn man den Ärger, der da ist, leugnet.

In „Die Katze auf dem heißen Blechdach" von *Tennessee Williams* haben wir Beispiele für all diese Verteidigungsmechanismen. Big Daddy, Kopf der Familie, ist ein Ankläger. Big Mama, pflichttreue Gemahlin, ist eine Beschwichtigerin. Brick, der Lieblingssohn, ist ein Ablenker, insbesondere durch sein Trinken. Maggie, die sich nach Bricks Zuneigung sehnt und finanziell ungesichert ist, probiert es erst mit anklagen dann mit beschwichtigen. Gooper, der gehorsame, verantwortliche Sohn, ist im Grunde ein Beschwichtiger, verläßt sich aber zeitweise aufs Rationalisieren. Einen Augenblick der Kongruenz gibt es, als Brick Big Daddy damit konfrontiert, daß er unheilbar krank ist; plötzlich ist ein Hoffnungsfunke da, daß es ein Entrinnen aus den unmenschlichen und unwirklichen Lebensmustern geben könnte; die Tragödie ist, daß es wohl kaum gelingen wird.

Ich schlage dem Leser vor, das erste Kapitel dieses Buches (noch) einmal zu lesen, und sich die fünf Reaktionsweisen auf Bedrohung, die darin geschildert werden, klar zu machen. Ein Ziel der Familienrekonstruktion ist es, den Klienten dahin zu führen, daß er kongruent handeln kann. Wenn das gelingt, dann ist der Tag der Rekonstruktion eine Reise ans Licht!

Die Überlebensregel Nr. 1

Jeder von uns hat tief im Innern die Überzeugung, daß es unter all den möglichen Bedrohungen eine gibt, die für uns am schlimmsten ist – eine Sache, die uns völlig aus der Fassung bringt, wenn sie uns zustößt. *Virginia Satir* nennt das die Überlebensregel Nr. 1. Mir fällt kein besserer Ausdruck dafür ein. Wenn wir an diesem Punkt bedroht werden, dann brennen alle Sicherungen durch, so als hätten wir gelernt: „Wenn das passiert, dann sterbe ich oder werde ausradiert."

Das Gefühl, vom psychischen Tod bedroht zu sein, kann schlimmer sein, als die Möglichkeit des physischen Todes. Manche Menschen werden mit lebensbedrohenden Situationen fertig, aber nicht mit psychischen Bedrohungen. So gibt es Männer, die lieber auf dem Schlachtfeld sterben würden als impotent zu werden. Manch einer kämpft heldenhaft gegen hoffnungslosen Krebs, bricht aber bei finanziellem Bankrott zusammen; andere würden lieber sterben, als sich von einer Frau dominieren zu lassen. Angesichts einer Bedrohung, von der wir meinen, daß sie uns an die Wurzeln geht, tun wir alles, um ihr auszuweichen – und sei es zum Schaden von uns und anderen. Was wir in einer solchen Situation tun, das haben wir gelernt.

Die Überlebensregel Nr. 1 ist so tief eingewurzelt, daß es sehr schwer ist, an sie heranzukommen. Oft denke ich: „Jetzt haben wir sie endlich gefunden", nur um festzustellen, daß es doch noch etwas anderes ist. Zum Beispiel dachte ich am Anfang bei Chris, seine Überlebensregel wäre: „Sei nie ärgerlich, oder ich liebe dich nicht." (Für ein Kind könnte das heißen: „Du wirst sterben, wenn ich dich nicht liebe.") Später wurde jedoch klar, daß die Grundregel für Chris lautete: „Tu nie jemandem weh" entstanden aus seiner Angst, Irene und Gladys zu verletzen und der Beobachtung, daß sein Vater dies niemals tat. „Tu nie jemandem weh, oder du wirst sterben", oder „...du wirst uns gleichgültig sein" könnte Chris dazu bringen, seinen Ärger zu unterdrücken und sich nicht angemessen zur Geltung zu bringen. Das könnte ihn daran hindern, er selbst zu sein und wirklich zu leben.

Diese Grundregel zur Abwehr einer manchmal absurden Angst kann unser Verhalten so sehr beeinflussen, daß unser ganzes Leben unglücklich wird. Manche dieser Katastrophen entspringen nur dem Kopf und haben mit der Wirklichkeit so gut wie gar nichts zu tun, insbesondere dann, wenn ein Mensch erwachsen geworden ist. Deswegen zähle ich die Überlegensregel zum Wichtigsten, was wir in der Familie lernen.

* * *

Wir lernen in unserer Herkunftsfamilie also fünf Dinge, die auf unser Leben einwirken: wie wir mit anderen kommunizieren, an welchen Regeln wir uns orientieren, was bestimmte Erfahrungen bedeuten, wie wir mit Bedrohung umgehen, und wie wir die größtmögliche Bedrohung von uns abwenden.

Warum prägen sich uns diese Lektionen, die wir durch das Vorbild unserer Eltern gelernt haben, derartig tief ein, so tief, daß es für viele extrem schwer ist, umzulernen? (Gottlob sind viele dieser Lektionen hilfreich, befreiend, wachstumsfördernd und deswegen nur gutzuheißen!) Die Antwort ist in der Tatsache zu suchen, daß Kinder auf Gedeih und Verderb von ihren Eltern abhängig sind, und sich den Vorstellungen der Eltern fügen müssen, wenn sie überleben wollen. Die Eltern haben dadurch gottähnliche Macht. Was sie tun, bedeutet Leben oder Tod für die Nachkommen, physisch und psychisch. Hinzu kommt, daß das Kind ständig mit seinen Begrenzungen konfrontiert ist – es fällt hin, verschüttet Essen und Trinken, macht in die Hosen – im Gegensatz zu dem scheinbar bruchlosen Verhalten der Eltern. Der Eindruck für das Kind ist wieder: Die Eltern sind allmächtig und vollkommen! Sie besitzen für das Kind „göttliche Autorität". Kein Wunder, daß sich die ersten Lektionen so tief in das neugeborene Kind einprägen, das ja ganz auf Empfang eingestellt ist. Und es lernt nicht in erster Linie mit dem Verstand, sondern mit dem emotionalen System – die ganze menschliche Psyche nimmt die dargebotenen Modelle in sich auf.

Um diese aus ihrer Starre zu lösen und der Verwandlung zugänglich zu machen, bedarf es einer machtvollen neuen Erfahrung, einer Erfahrung, die die gesamte Psyche ergreift, nicht nur einer intellektuellen Einsicht. Oft kann das nur mit den Eltern (den wirklichen oder symbolischen) geschehen, von denen man die Grundlektionen gelernt hat. Dazu sei bemerkt, daß in der Psychologie oft angenommen wird, junge Leute würden ihren Ehepartner so aussuchen, daß sie das, was mit ihren Eltern noch unerledigt ist, mit ihrem Partner zu Ende bringen könnten. Mit Hilfe des Partners trennten sie das frühkindliche Gewebe auf, um neue Muster hineinweben zu können, die ihnen eine andere Lebensführung erlauben. In vielen Fällen muß das „Auftrennen" aber mit Mutter und Vater gemacht werden, um auf die emotionale Ebene zu gelangen, wo Wandel möglich ist; daher der Nutzen der Familienrekonstruktion.

Bei einer Familienrekonstruktion wird nicht mit den wirklichen Eltern gearbeitet, vielmehr werden sie und andere Familienmitglieder von Teilnehmern der Gruppe gespielt. In den meisten Fällen können Rollenspieler eine Situation eindringlicher darstellen als die wirkliche Familie; der Entdecker fühlt sich mit Rollenspielern oft sicherer als mit Familienmitgliedern und kann seine Gefühle stärker und genauer ausdrücken. Eine Rekonstruktion der Familie kann ein mächtiges Werkzeug sein, um tief verankerte psychische Mechanismen aus den Angeln zu heben.

Die eigentliche Familienrekonstruktion dauert in der Regel einen ganzen Tag. Der Entdecker bereitet sich darauf mit fünf bis zwanzig Stunden Hausaufgaben vor, je nachdem, wie umfasst er sich darauf einlassen will. (Diese Arbeit wird später dargestellt.) Am Tag der Rekonstruktion kommen zwölf bis dreißig Leute zusammen, aus denen der Entdecker jene auswählt, die Rollen in seiner eigenen Ursprungsfamilie und in den Familien von Mutter und Vater spielen sollen. Dann werden bestimmte Szenen aus dem Leben dieser Familien rekonstruiert und zum Leben gebracht. Es ist erstaunlich, wie gut die Gruppenmitglieder in die Rollen schlüpfen und wie realistisch sie die Szenen darstellen. Immer wieder kann man von den Entdeckern Bemerkungen wie diese hören: „Wie genau das alles stimmt!" „Genau das hat meine Mutter gesagt!" „Warst du schon mal bei mir zu Hause?" „Kennst du meinen Vater?"

Die Szenen werden so lebendig, daß sie im Entdecker tiefe und machtvolle Gefühle auslösen; es ist fast so, als würden sich die Szenen nochmals ereignen. Der Führer der Reise schlägt dem Entdecker vor, in die Szene einzutreten, wenn er merkt, daß er Feuer gefangen hat. Der Entdecker hat nun die Gelegenheit, mit Vater und Mutter, Großeltern, Tanten und Onkeln, Brüdern und Schwestern neuartige Erfahrungen zu machen. Je intensiver das Gefühl daran beteiligt ist, um so eher wird der Entdecker lernen, daß man sich in der Szene auch ganz anders verhalten kann, als er es in der ursprünglichen Familienerfahrung gelernt hat. Auf diese Weise werden die alten Kommunikationsmuster, Regeln, Bedeutungen, Umgangsmechanismen und die Überlebensregel aus ihrer Fixierung gelöst. Das Tor zum Weg der Verwandlung öffnet sich. Viele Muster, die der Entdecker in seiner Familie übernommen hat, sind ihm als Erwachsenem nicht mehr dienlich, und er lernt nun neue Umgangsformen mit sich selbst und mit Situationen.

Der Entdecker hat vielleicht gelernt, mit Zuneigung hinterm Berg zu halten. Das kann jetzt in seiner Ehe ein Problem sein. Er möchte deswegen das Muster durchbrechen und lernen, liebevoller zu sein. Oder die Entdeckerin hat gelernt, alles zu tun, um ihren Mann glücklich zu machen. Jetzt möchte sie lernen, auch ihre eigenen Bedürfnisse zur Geltung zu bringen.

Kürzlich kam ein Paar mit großem Kummer zu mir. Sie war durch die Ankündigung, die er drei Tage vorher gemacht hatte, völlig zerstört: „Ich trenne mich von dir eine Zeitlang – ich muß mir über einiges klar werden – ich bin jemand anderem begegnet." Sie konnte nicht begreifen, warum seine Liebe zu ihr erloschen war. „Ich liebe dich so sehr. Ich habe in all den Jahren alles getan, was ich konnte, um dich glücklich zu machen. Wenn du wandern wolltest, kam ich mit, obwohl es mir keinen Spaß machte. Alles, was du wolltest, machte ich mit, selbst wenn ich eigentlich keine Lust dazu hatte..." Aber auf der Wanderung beklagte sie sich ständig – kein Wunder, wenn man etwas tut, was man gar nicht tun will. Schiebt jemand seine eigenen Bedürfnisse immer weg, dann stellt sich allmählich eine allgemeine Unzufriedenheit mit dem Leben ein, die sich in Jammern und Nörgeln Ausdruck verschafft.

Was für sie ein Opfer aus Liebe war, um ihn glücklich zu machen, erlebte er als Negativität, so daß er über die Jahre sein Gefühl für sie verlor, und sie nicht verstehen konnte, warum ihre Liebe verschmäht wurde! Jetzt will sie dieses Muster ändern. Sie möchte, daß das Leben befriedigender wird, indem er auch ihre Bedürfnisse erfüllt und nicht nur sie sich den seinen unterordnet. Wenn er dafür offen ist, diese funktionalere Verhaltensweise auszuprobieren, dann besteht Hoffnung für die Beziehung.

Zu den dysfunktionalen Mustern, die häufig in Familien gelernt werden, gehören: Angst vor Nähe, Verleugnung von Gefühl, die Notwendigkeit, das eigene Selbstbewußtsein auf Kosten anderer aufzublähen (ich bin besser als du), und das Bedürfnis, ständig den eigenen Willen durchzusetzen. Bei einer Familienrekonstruktion erhält der Entdecker die Möglichkeit, sich in einigen der ursprünglichen Szenen, in denen er die dysfunktionalen Muster gelernt hat, anders zu verhalten. Wenn das gelingt – und zwar besonders dann, wenn große Anstrengung erforderlich war – wird der psychische Karren wieder flott und kann auf neue Wege gelenkt werden. Nach der Rekonstruktion nimmt der Entdecker allmählich das neu gewonnene Territorium in Besitz, lernt neu zu fühlen, neu wahrzunehmen und sich neu zu verhalten, so daß er im Laufe der Zeit seine Kommunikationsmuster ändern kann, von Vorwurf zur Verantwortung und von Gehemmtheit zu offener Zuneigung.

Neben der Aufhebung dysfunktionaler Muster kann die Familienrekonstruktion noch andere Wirkungen haben. Der Entdecker sieht in der neuinszenierten Szene Dinge, die er nie zuvor wahrgenommen hat, was zu einem neuen und reiferen Verständnis führt. Wenn zum Beispiel ein Junge erlebt, daß sein Vater in der Hitze des Streits damit droht, seine Frau zu verlassen, dann entsteht vielleicht in ihm die Angst: „Wenn du streitest, wirst du den verlieren, den du liebst.“ Das Kind fällt deswegen unbewußt die Entscheidung, nie zu streiten. Der Entdecker kann nun als Erwachsener sehen und intensiv erfahren – daß Papa das nicht wirklich gemeint hat! Er kann lernen, daß Streit nicht notwendigerweise dazu führt, verlassen zu werden – eine überaus bedeutsame neue Einsicht. Es scheint fast absurd, von etwas anderem auszugehen – jeder kann doch sehen, daß Streit nicht unausweichlich zum Verlassenwerden führt. Wenn sich solche Ideen jedoch frühzeitig festgesetzt haben, dann können sie mit dem gesunden Menschenverstand kaum mehr überwunden werden.

Während der Rekonstruktion können dem Entdecker Aspekte von Mutter und Vater deutlich werden, die als Kind vor ihm verborgen wurden, zum Beispiel ihre Sexualität, ihre frühen romantischen Träume, ihre Ängste, ihre Sehnsucht nach Liebe und Zuneigung, ihre Enttäuschungen, ihr unbeholfenes Gebaren als Neuverheiratete, ihre Schuld, ihre Begeisterung über ihre Babys, ihre Trauer beim Verlust ihrer Eltern. Der Entdecker nimmt seine Eltern jetzt als normale Menschen wahr und nicht als Götter. Die Eltern als Menschen zu sehen hat zur Folge, daß der Entdecker das von seinen Eltern Gelernte leichter transformieren kann; er erkennt, daß es von Menschen stammt und nicht von „Gott“. Der Entdecker weiß nicht nur, er erfährt, daß das, was er in seinem Leben tun will, genau das gleiche ist wie das, was seine Eltern tun wollten. Er sieht, was seine Eltern in ihren Familien gelernt haben und wie das junge Paar nach diesen Mustern die Familie gewebt hat, aus der er stammt. Der Entdecker sieht auch, daß Mama und Papa die gleichen Konflikte mit ihren Eltern hatten wie er selbst. Er sieht, daß seine Eltern um Liebe, Achtung, Verständnis und Glück kämpften, vielleicht mit genau den gleichen Mitteln und Strategien, wie er es heute tut. All das weckt im Entdecker einfühlsames Verständnis für seine Eltern als Menschen.

Betrachten wir das Kräfteverhältnis zwischen Eltern und Kind: Das Kind ist aufgrund seiner mangelnden Reife unfähig, das, was sich vor ihm abspielt, umfassend wahrzunehmen und zu verstehen. Es sieht die Welt in schwarz und weiß; die Menschen sind für das Kind entweder gut oder schlecht. Es kann die Schattierungen und Feinheiten des menschlichen Lebens noch nicht erfassen. Das Bild, das aus der Familienerfahrung im Kopf des Kindes entsteht, ist also weit davon entfernt, ganz und korrekt zu sein. Oft ist es voller Verzerrungen und Auslassungen. Aufgrund der ungenauen Wahrnehmungen formt das Kind manchmal emotionale Reaktionsmuster, trifft ernste, lebensbestimmende Entscheidungen und fällt Urteile über sich selbst, was seinen Selbstwert angeht und die Werte, an denen er sein Leben orientiert. Auch ist das Kind, das im wesentlichen empfängt, verletzlich und von dem abhängig, was ihm gegeben wird. So graben sich die frühen Lektionen tief in die Psyche ein. Der Prozeß der Familienrekonstruktion erlaubt es dem Erwachsenen – der jetzt fähig ist, mehr zu sehen, umfassender zu verstehen und die Komplexität des Menschseins besser zu begreifen –, in sich ein neues Bild aus der Familienerfahrung entstehen zu lassen. Die neuen Wahrnehmungen und die dadurch erzeugten Gefühle versetzen den Erwachsenen in die Lage, Entscheidungen besser treffen zu können und Veränderungen in seinem Leben vorzunehmen.

Soll sich Transformation wirklich vollziehen, so muß die neue Sichtweise neue Gefühle nach sich ziehen. Das heißt nicht, daß Altes herausgeschnitten oder die psychische Struktur völlig neu errichtet werden muß; vielmehr kommen neue Wahrnehmungen hinzu und alte werden modifiziert. Aber dieser Prozeß wird von einem emotionalen Kraftstrom gespeist, der durch die Methode der Familienrekonstruktion in Fluß gerät.

Hat jede Familienrekonstruktion diese wunderbaren Ergebnisse? Nein. Sehr viel hängt davon ab, wie ernst es dem Entdecker ist, sich zu verändern. Ist er am richtigen Punkt in seinem Leben angekommen oder nicht? Hat er das Alte wirklich satt und ist bereit für Neues

– wie fremd und unheimlich es ihm auch erscheinen mag? Wichtige Faktoren sind außerdem das Vertrauen, das der Entdecker zum Leiter und zur Gruppe hat, wieviel Liebesenergie in der Gruppe und im Leiter vorhanden ist, und die Geschicklichkeit, das Wissen, die Erfahrung, die Intuition, die Kreativität und die verantwortliche, liebevolle Zuwendung des Leiters. Wenn all das gegeben ist, dann wird die Reise ein Flug zu einem anderen Stern, und führt wirklich ins Licht!

Es können sich sofort Veränderungen einstellen, aber oft dauert es noch lange, bis sie sich festigen. Die Familienrekonstruktion ist ein Neuanfang, wie eine Geburt. Sie hat körperliche Auswirkungen und macht neue Lebensmuster möglich. Die körperliche Reaktion besteht gewöhnlich darin, daß man sich entleert, im Sinne von gereinigt fühlt: Der Körper ist schlaff und entspannt mit einem Gefühl inneren Friedens. Man kann sich vollkommen erschöpft fühlen. Manche sind aufgewühlt und durcheinander, manchen kann eine Weile übel sein. Mich überrascht, daß sich auch oft jemand erschöpft fühlt, der sich gefühlsmäßig nicht stark zu verausgaben schien. Aber was mir wenig erscheint, kann für ihn oder sie sehr viel gewesen sein. Manchmal sind die Ergebnisse auch nicht sehr dramatisch. Die Familienrekonstruktion kann auch nur eine erste Wiederbegegnung mit der Vergangenheit sein, in der neue Einsichten gewonnen werden, die allmählich zu einigen Veränderungen führen.

Eine Familienrekonstruktion kann auch auf die Gruppenmitglieder starken Einfluß haben, ob sie eine Rolle spielen oder nicht. Sie verfangen sich emotional in dem Netz des Familiensystems, das vor ihren Augen und mit ihrer Hilfe aufgespannt wird. Ihre Gefühle kommen in Fluß, sie identifizieren sich mit den Personen, die dargestellt werden. Das kann eine kathartische Wirkung haben, die für einzelne Gruppenmitglieder manchmal stärker ist als für den Hauptakteur.

Selbst jene, die sich aus der Gruppe zurückziehen, weil sie sich von irgend etwas bedroht fühlen, spüren, daß etwas in ihnen angestoßen wurde. Vielleicht kommen sie später, in einer weniger bedrohlichen Umgebung, darauf zurück, um sich anzuschauen, was ihnen Angst machte, und dadurch ihre Selbsteinsicht zu vertiefen.

Zu den stärksten Erfahrungen einer Familienrekonstruktion gehört die Dynamik, die sich in der Gruppe entwickelt. Der Leiter schafft durch seine Offenheit und Liebe einen schützenden Raum; niemand wird bloßgestellt; man wird ermutigt, aus sich herauszugehen; ehrliche Gefühle kommen zum Ausdruck; man darf um das bitten, was man haben möchte, darf sagen, was einen stört und was einem gut tut. Dieses offene System kann für viele, die solch wachstumsfördernde Prozesse nicht kennen, eine erquickende neue Erfahrung sein. Die Gruppe verbringt einen ganzen Tag in einem offenen System und stellt sich den Grundfragen des Lebens. Diese Erfahrung, die den dysfunktionalen Mustern entgegenläuft, kann ein Auslöser für Wandel sein.

Wenn die Familienrekonstruktion beendet ist, sollte der Entdecker ein oder zwei Einzelsitzungen mit dem Leiter haben (oder mit seinem eigenen Therapeuten), da der Prozeß höchstwahrscheinlich tiefe Gefühle geweckt und die Wahrnehmungen und das Selbstbild verändert hat. Dieses innere Umkrempeln kann Wochen und Monate anhalten.

Man spricht von einer „vollständigen" Familienrekonstruktion im Gegensatz zu einer „Teil-" oder „Minirekonstruktion". In der vollständigen Rekonstruktion wird das mütterliche und das väterliche Familiensystem nachgespielt, um zu erforschen, welche psychische Mitgift die Eltern des Entdeckers in die Ehe mitgebracht haben. Sodann wird die neue Familie rekonstruiert, in der der Entdecker nachvollzieht, welche Verhaltensmechanismen und Überlebensregeln er aus der Kombination der elterlichen Strukturen gelernt hat. All das geschieht so lebensnah wie möglich, damit der Entdecker in die Erfahrung mit seinem gesamten psychischen System hineingezogen wird. Das Ergebnis ist, daß sich der Entdecker während der Rekonstruktion anders zu Vater, Mutter und weiteren Familienmitgliedern verhalten kann, als er es bisher immer getan hat. Er nimmt dadurch die Dinge nicht nur neu wahr (Inhalt), sondern macht vielleicht zum ersten Mal die Erfahrung kongruenter Kommunikation, indem er die Regeln den neuen Einsichten anpaßt und sich mit Schwierigkeiten direkt auseinandersetzt (Prozeß). Das führt zu einer Humanisierung der Eltern und einer Erhöhung des Selbstwerts des Entdeckers.

Wird nicht dieser Gesamtkomplex bearbeitet, so handelt es sich um eine Teil- oder Minirekonstruktion. Beispiele dafür sind: Nur eine der drei Familien wird erkundet; nur eine Szene wird herausgearbeitet, die nur eine dysfunktionale Regel oder Verhaltensweise offenbart; man behandelt ein spezifisches inkongruentes Kommunikationsmuster; man arbeitet so, daß neue Einsichten gewonnen werden, nicht aber eine allumfassende psychische Erfahrung gemacht wird; man hilft einer Person, mit einem Problem zurechtzukommen, ohne die tieferliegenden Ursachen anzugehen. Eine solche Teilrekonstruktion kann durchaus positive Ergebnisse haben, aber es ist keine volle Familienrekonstruktion.

Auch ist es wichtig, sich darüber klar zu sein, daß es nicht einen bestimmten Weg gibt, der zu einer vollen Rekonstruktion führt. Einmal arbeitet man mehr mit der Skulpturtechnik, ein anderes Mal mehr mit verbalen Beschreibungen der Familienmitglieder und Szenen, oder mehr mit Pantomime und Psychodrama. In jeder Rekonstruktion gibt es andere Szenen, wenn auch einige klassische Szenen immer vorkommen: Das Aufwachsen von Mutter und Vater, die Zeit der Werbung und die Heirat der Eltern, die Geburt des Entdeckers – eine Kernszene –, die Geburt von Geschwistern, der Tod von Geschwistern und Eltern. Eine Rekonstruktion kann in drei Stunden beendet sein, eine andere dauert drei Tage.

Mit diesem kurzen Überblick über das Wie und Warum der Familienrekonstruktion können wir jetzt zur schrittweisen Erklärung der Methode übergehen und beschreiben, was am Tag der Rekonstruktion im einzelnen geschieht.

3 Der Entdecker stellt seinen Proviant zusammen

Der Entdecker muß sich sorgfältig auf seine Reise vorbereiten. Er sammelt vorher eine Menge Informationen über seine Familie. Wie lang er dafür braucht, hängt von seinem Eifer ab und der Zugänglichkeit der Daten.

Die Vorbereitung besteht aus vier Teilen: Dem Beziehungsrad, den Stammbäumen (Genogrammen), der Chronik der Familienlebensereignisse und den Geburtsfantasien. Ich empfehle, mit dem Beziehungsrad anzufangen, weil es am leichtesten ist und die Erinnerungen weckt. Stammbäume (Genogramme), Chronik der Familienlebensereignisse und Geburtsfantasien sollten in dieser Reihenfolge gemacht werden. Der Entdecker arbeitet mit den Anleitungen, die ich im folgenden darstelle. Ich möchte Ihnen dringend raten, auch als Leser diese Vorbereitungsarbeit zu machen; sie werden dann den Prozeß besser nachvollziehen können und selbst zu neuen Einsichten gelangen.

Meine Klienten ziehen großen Nutzen aus dieser Arbeit, selbst wenn sie keine Familienrekonstruktion machen. So sagte ein Mann zu mir: „Ich habe bisher nicht gewußt, wie sehr mein Lebensmuster dem meines Vaters gleicht." Oder ein anderer: „Am Schluß war ich traurig. Da ist noch so viel Unerledigtes mit meinen Eltern. Ich fühle mich leer. Ich muß jetzt wirklich daran arbeiten."

Diese Hausaufgaben intensivieren die Motivation, mit der Therapie weiterzukommen. Sie werden in den folgenden Kapiteln sehen, wie die Informationen und Einsichten, die durch die Vorbereitung gewonnen wurden, den Klienten helfen, in die Fantasie- und Skulpturarbeit hineinzukommen, sowohl im Rahmen der Rekonstruktion wie in Einzelsitzungen.

Das Beziehungsrad

Nehmen Sie ein Blatt Papier, schreiben Sie Ihren Namen in die Mitte und malen Sie einen Kreis darum. Von diesem Kreis zeichnen Sie Linien zu jeder Person, die von Ihrer Geburt an bis zum Alter von achtzehn Jahren

Einfluß auf Sie hatte, und zwar sowohl positiven wie negativen. Zeichnen Sie die Linie um so kürzer und dicker, je stärker der Einfluß war, und um so länger und dünner, je geringer er war. Schreiben Sie neben jeden Namen, welche Position die Person in Ihrem Beziehungsrad hatte, und ein Adjektiv oder kurzen Satz, mit dem Sie die Art ihres Einflusses charakterisieren. Wenn Sie damit fertig sind, schreiben Sie auf, was Sie fühlen. Hier ein Beispiel:

Abbildung 7: Beziehungsrad

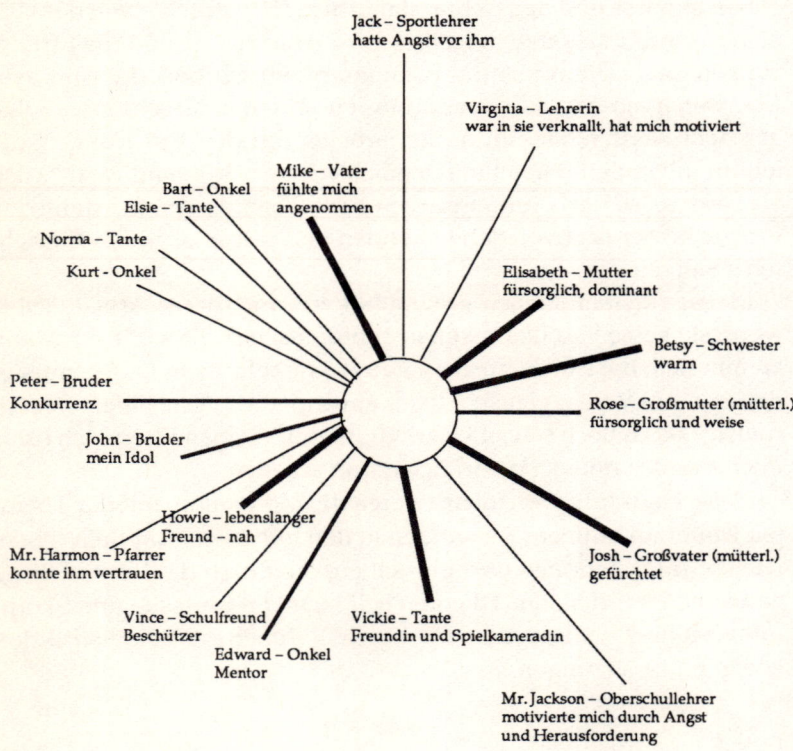

Gefühle: Welch ein Segen, in meinen frühen Jahren gute Menschen um mich gehabt zu haben. Gefühl von Glück und Dankbarkeit.

Stammbäume

Zeichnen Sie drei Stammbäume oder Genogramme, so wie Sie es auf den folgenden Seiten dargestellt finden. Zuerst den Stammbaum Ihrer Herkunftsfamilie, dann von Vater und Mutter. Tragen Sie Geburtstage, Todestage, Eheschließungen und Scheidungen ein. Wenn Sie das genaue Datum nicht wissen, dann schätzen Sie es einfach und setzen Sie ein Fragezeichen dahinter. Charakterisieren Sie die Personen mit ein oder zwei Worten und die Art der Beziehung zwischen Vater und Mutter, Eltern und Kind – analog dem Beispiel. Tragen Sie alle wesentlichen Personen ein, die in Ihrem Elternhaus gelebt haben, Großeltern, Kindermädchen etc. Schreiben Sie am Schluß Ihre Gefühle auf.

Abbildung 8: Symbole zur Darstellung der Familienstruktur

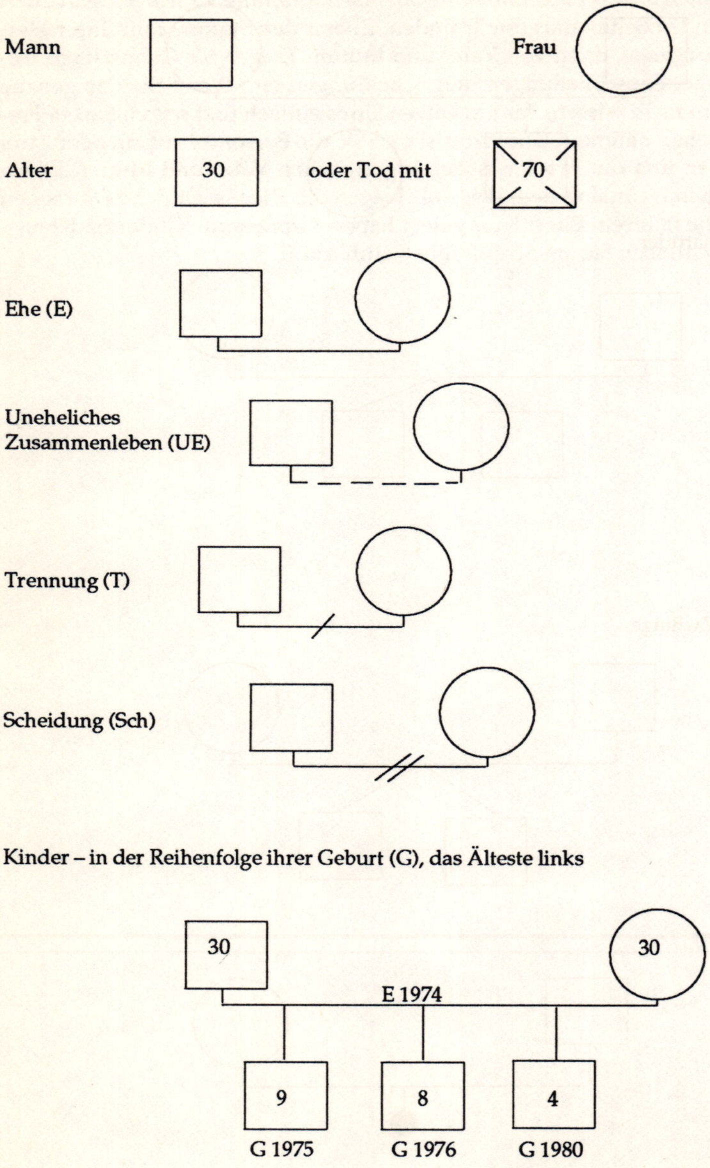

Mann
Frau
Alter
30
oder Tod mit
70
Ehe (E)
Uneheliches Zusammenleben (UE)
Trennung (T)
Scheidung (Sch)
Kinder – in der Reihenfolge ihrer Geburt (G), das Älteste links
30
30
E 1974
9
8
4
G 1975
G 1976
G 1980

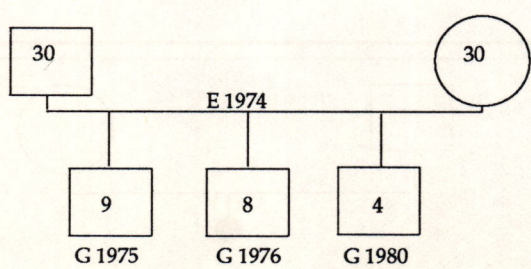

Abbildung 8: Fortsetzung

Adoptierte oder Pflegekinder

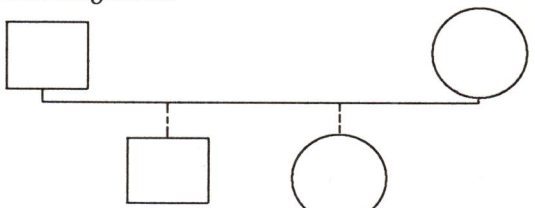

Zwillingsbrüder

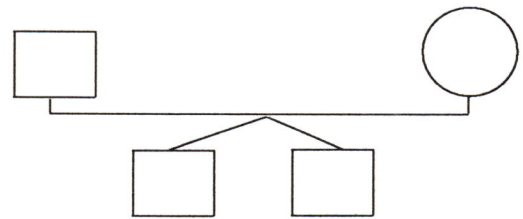

Eineiige Zwilinge

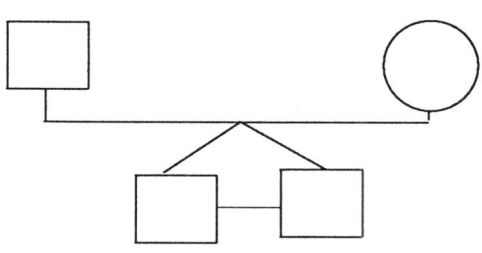

Fehlgeburt

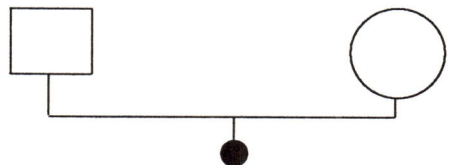

Abbildung 8: Fortsetzung

Abtreibung

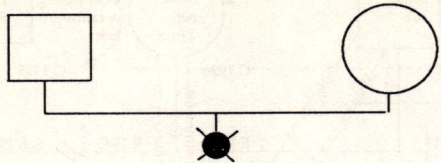

Todgeburt

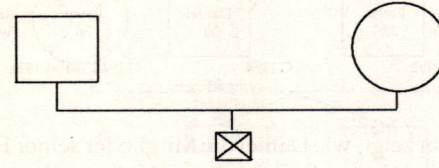

68

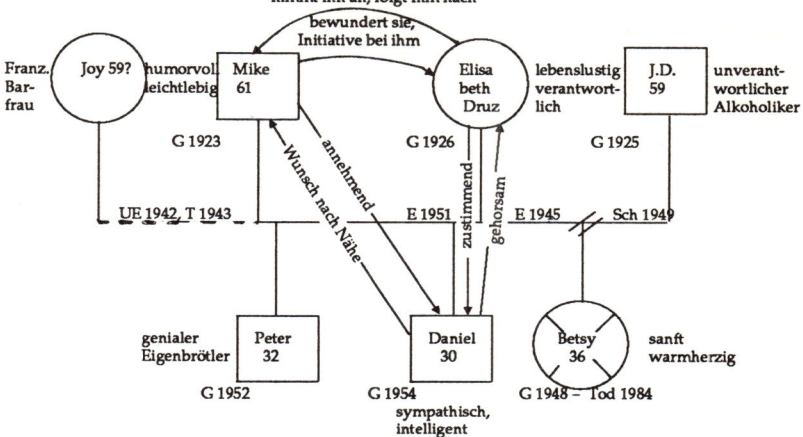

Abbildung 9: Daniel Bacons Herkunftsfamilie (aufgezeichnet 1984)

Dieses Genogramm zeigt, wie Daniel die Mitglieder seiner Familie wahrnahm und seine wichtigsten Beziehungen. Daniel wollte mehr Nähe zu seinem Vater, fühlte sich aber dennoch von ihm angenommen. Elisabeth nimmt ihren Mann an und überläßt ihm die Führungsrolle, er bewundert sie und führt.

Abbildung 10: Die Familie von Daniel Bacons Vater (aufgezeichnet 1984)

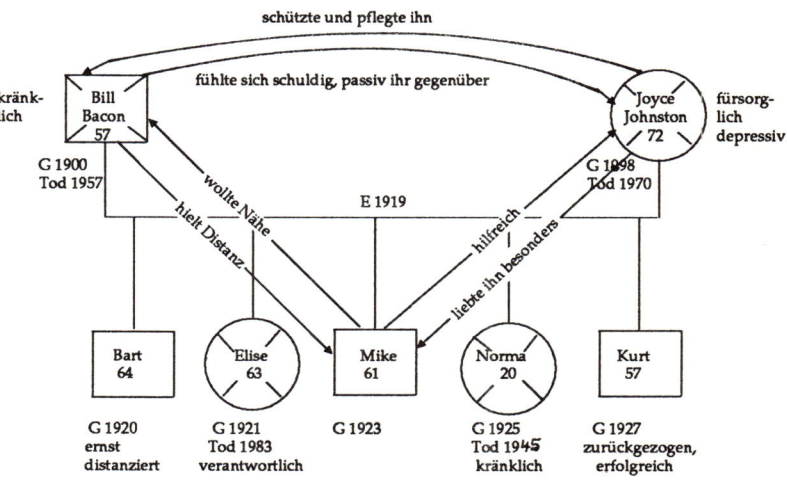

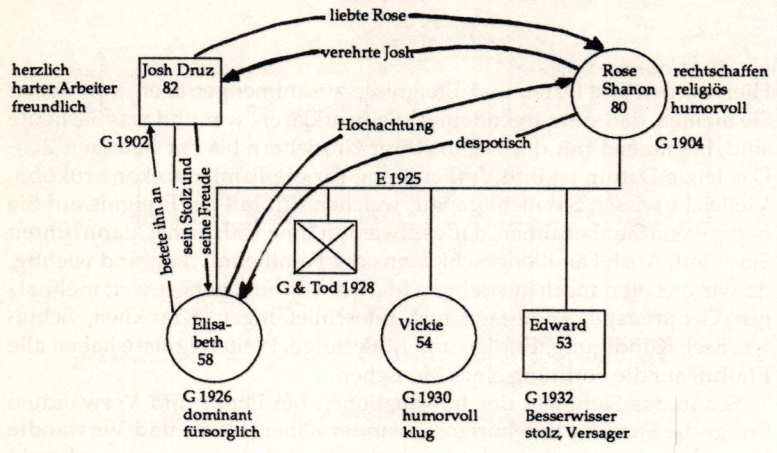

Abbildung 11: Die Familie von Daniel Bacons Mutter (aufgezeichnet 1984)

Gefühle: Bin überrascht, daß bei diesen Eltern aus Mutter und ihren Geschwistern nicht mehr geworden ist. Traurig zu sehen, wie gut alles hätte sein können, wenn nur ein paar Dinge anders gelaufen wären.

Chronik der Familienlebensereignisse

Hier werden alle Daten und Ereignisse zusammengetragen, von denen Sie meinen, daß sie in irgendeiner Weise erklären, wer und was Sie heute sind, beginnend mit der Geburt Ihrer Großeltern bis zur heutigen Zeit. Das letzte Datum ist ihre Vorbereitung für die Familienrekonstruktion. Vielleicht wissen Sie nicht genau, welchen Einfluß ein Ereignis auf Sie hatte; wenn Sie aber ahnen, daß es etwas mit Ihnen zu tun hat, dann führen Sie es auf. Auch Familiengeschichten oder Familienmythen sind wichtig, da wir uns oft danach ausrichten. In diese Chronik gehört weit mehr als nur Geburtstage, Todestage und Eheschließungen. Krankheit, Schulwechsel, Kündigung, Erfolge und Mißerfolge, Weltereignisse haben alle Einfluß auf die Formung eines Menschen.

Schon das Sammeln der Informationen bei Eltern und Verwandten bringt die Familienangehörigen einander näher. Eltern und Verwandte freuen sich meist über das Interesse, das ihrem Leben entgegen gebracht wird.

Unterteilen Sie die Chronik in drei Abschnitte: Die Familie des Vaters, die Familie der Mutter und die Herkunftsfamilie. Letztere beginnt mit der ersten Begegnung von Vater und Mutter. Wenn Sie das Datum eines Ereignisses nur schätzen können, dann setzen Sie ein Fragezeichen dahinter. Schreiben Sie am Schluß ihre Gefühle auf.

Ein Beispiel: Chronik von Gus O'Meara

Vater

1858	Geburt von Joseph O'Meara in Nordirland
1860	Geburt von Mary Hanrahan in Südirland
1879(?)	Joseph und Mary lernen sich nach ihrer Emigration in den U.S.A. kennen
1880	Joseph und Mary heiraten in Topeka, Kansas
1882	Geburt von Marie O'Meara, erstes Kind von Joseph und Mary
1883	Familie O'Meara zieht nach Kansas City und Joseph eröffnet einen Saloon
1884	Geburt von John O'Meara (meinem Vater)
1886	Eine Totgeburt
1888	Geburt von Martha
1894	Marie fällt von einem Baum und stirbt
1904	Joseph stirbt, und John fängt an die Familie zu unterstützen

| 1909 | Mary bekommt eine geheimnisvolle Krankheit und kann sich nur noch im Rollstuhl bewegen.Weitere Ereignisse – es können 30 oder auch 50 sein, je nachdem, wieviel von der Familie bekannt ist bis |
| 1922 | John begegnet Jane (meiner Mutter) im Hause eines Freundes |

Mutter

1861	Geburt von Edward Johansen in Schweden
1863	Geburt von Gertrude Nelson in Norwegen
1883	Edward lernt Gertrude in New York City bei der Arbeit kennen- Weitere Ereignisse bis
1922	Jane begegnet John (meinem Vater) im Haus eines Freundes

Herkunftsfamilie
(Meistens sind hier mehr Eintragungen, weil über die eigene Familie mehr bekannt ist.)

1924	John und Jane verloben sich in Topeka, Kansas
1925	John und Jane werden in Kansas City, Missouri, von einem Friedensrichter getraut
1929	Geburt von Gus (ich)
1929	John wird von seiner Firma befördert, Umzug nach San Francisco
1930	Geburt von Janice, Frühgeburt
1932	Fehlgeburt
1933	Todgeburt
1934	Geburt von Jackie
1936	Familie kauft ein großes Haus in Nob Hill
1937	Gus bekommt für sein ausgezeichnetes Zeugnis eine zweiwöchige Reise in ein Sommerlager geschenkt. Dort lernt Gus Sam kennen, seinen lebenslangen Freund
	... ...
1984	Gus bereitet sich auf seine Familienrekonstruktion vor

Gefühle: Bin überwältigt, wie gut sich alles für mich entwickelt hat, wie viel Glück ich hatte. Ich spüre eine Verpflichtung, Gutes zu tun, um für mein Glück zu zahlen. Wie hat meine Mutter wohl den Tod ihrer Kinder verkraftet?

Geburtsfantasien

Schreiben Sie auf, wie Sie sich die Geburt Ihrer Mutter, Ihres Vaters und Ihre eigene vorstellen. Vielleicht kennen Sie nur das Datum und den Ort einer Geburt – denken Sie sich den Rest einfach aus. Schreiben Sie alles auf, was Sie darüber wissen, aber hemmen Sie Ihre Fantasie nicht durch die Idee, Sie wüßten zu wenig.

Ein Beispiel: Geburt meiner Mutter, Marge
Es war ein bitterkalter Wintertag, 8. Februar 1924. Jennie hatte ihrem liebevollen Ehemann Jack gesagt, daß es bald soweit sei und ihr drittes Kind geboren werde. Jack hatte die Nachbarn gebeten, nach Jennie zu schauen, während er bei der Arbeit war. Um 10 Uhr vormittags bat Jennie ihre Nachbarin Susie, Jack in der Bank anzurufen, er solle heimkommen und sie zum Krankenhaus bringen...etc. bis zum Ende der Geburt von Marge.

Gefühle: Ich habe mich toll dabei gefühlt. Ob Mutters Geburt wohl wirklich so leicht war?!? Ich muß sie danach fragen, wenn ich sie an Weihnachten sehe.

Die Vorbereitung auf die Familienrekonstruktion bringt den Entdecker mit diesen drei Familien in Kontakt; er sieht, wie Vater und Mutter aufgewachsen sind, um zu den Menschen zu werden, die sie bei ihrer Heirat waren. Er sieht, aus welchen Quellen sein Familiensystem entstanden ist mit den ihm eigentümlichen Regeln, Verhaltensmechanismen, Wertvorstellungen und Beziehungsmustern. Er hat die Chance zu erkennen, daß bestimmte Muster von einer Generation an die andere weitergegeben wurden, und daß er diese nun in seiner Ehe vielleicht ein weiteres Mal wiederholt. In der lebendigen Rekonstruktion wird er erleben, wie dysfunktionale Muster hätten verändert werden können, zum Beispiel durch ehrlichen Ausdruck von Gefühl. Oft öffnet sich dadurch für den Entdecker die Möglichkeit, seine eigenen Muster zu durchbrechen.

Es empfiehlt sich, die Aufgaben in einem Zug durchzuarbeiten und dabei festzustellen, wieviel Information man schon hat. Dann stellt man Nachforschungen an, um die Leerstellen zu füllen. Allein die Tatsache, daß man Vater, Mutter, Bruder und Schwester nach diesen Dingen fragt, verändert das Verhältnis oft zum Guten. Plötzlich öffnen sich Vater oder Mutter, wie sie es nie zuvor getan haben; die Eltern sind geschmeichelt, wenn sich ihr Sohn oder ihre Tochter für ihre Familie interessieren. Es kann aber auch sein, daß sich die Eltern von den Fragen des Entdeckers bedroht fühlen. Das kann wichtige Regeln enthüllen, wie zum Beispiel: „Rühre nicht an Familiengeheimnisse", oder „Über Sex wird nicht gesprochen!" Wie sie mit der Bedrohung umgehen – ob sie ein Ereignis vergessen haben oder vom Thema ablenken – zeigt, wie sie sich Schmerz gegenüber verhalten.

Wenn der Entdecker es versteht, auf nichtbedrohliche Weise sanft bei der Sache zu bleiben, dann wird vielleicht zum ersten Mal über ein Thema offen gesprochen, das Vater oder Mutter ihr Leben lang verdrängt haben. Dieses Öffnen kann für die Eltern wie für den Entdecker eine heilsame Erfahrung sein. Sie schafft Nähe und Fülle zwischen Eltern und (erwachsenem) Kind. So kann ein wesentlicher Teil der Rekonstruktionsarbeit schon durch die Vorbereitung bewältigt werden.

Es ist sehr wichtig, die drei Geburtsfantasien niederzuschreiben. Sie geben dem Therapeuten Anhaltspunkte für das Grundgefühl, das der Entdecker von sich selbst und seinen Eltern hat.

Manchmal enthält die Fantasie nur Tatsachen und wenig Gefühl. Manche Schilderungen sind oberflächlich, andere sehr detailliert. Vielleicht wird die Geburt der beiden Eltern ganz verschieden dargestellt, die eine warmherzig und heiter und die andere kalt und distanziert. Der Leiter gewinnt daraus Hinweise, worauf er bei der Rekonstruktion achten muß. Zum Beispiel war die Geburtsfantasie von Pete sehr dürr, Gefühle kamen kaum zum Ausdruck. Das paßte zu seinem schlechten Selbstgefühl. Ich schloß daraus, daß es für Pete ganz wichtig wäre, in der Rekonstruktion seine Geburt noch einmal in allen Einzelheiten zu durchleben und dabei auch die vielfältigen Gefühle seiner Mutter kennenzulernen.

Die Entdecker sind immer wieder darüber erstaunt, wie sehr sich die Geburtsfantasie lohnt. Ich erinnere mich an meine eigene. Es war eine sehr wohltuende Erfahrung, mir vorzustellen, wieviel Liebe und Aufmerksamkeit mir damals zuteil geworden war. Ich stellte mir vor, wer bei meiner Geburt alles dabei war, und wie aufgeregt sie alle waren. Ich bildete mir ein, daß meine Lieblingstante Jo dabei war. (Später erzählte mir meine Mutter, daß sie tatsächlich dabei war!) Ich fühlte mich rundherum gut bei der Übung und mein Selbstgefühl wurde gestärkt.

Die Geburtsfantasien sind deswegen so wichtig, weil sich die Dinge meistens so weiterentwickeln, wie sie begonnen haben, im Leben wie in der Therapie. Es bedarf enormer Energie, um Anfangsfehler wettzumachen. Wenn ich es zum Beispiel am Anfang einer Familienrekonstruktion versäume, die Gruppe einzustimmen und Vertrauen zu mir und zwischen den Gruppenteilnehmern zu schaffen, dann wird der ganze Tag von diesem schlechten Anfang beeinträchtigt. Bei vielen Menschen, denen ich im Laufe der Jahre geholfen habe, ist bei der Geburt etwas falsch gelaufen: Die Mutter litt unter starkem Streß, hatte sich monatelang vor der Geburt gefürchtet, oder hatte zu wenig Milch; das Kind lehnte die Brust ab, oder wurde als Frühgeburt wochenlang von der Mutter getrennt; der Vater stand der Mutter nicht bei; vielleicht wollten die Eltern die Schwangerschaft nicht, oder die Geburt folgte einer Familientragödie; die Eltern hatten übertriebene Erwartungen an das Kind (dieses Baby wird unsere Ehe retten, oder dieses Baby wird ein Ersatz für das vorher gestorbene Kind sein, oder dieses Kind wird meine Quelle für Glück in dieser unglücklichen Ehe sein). Die Fantasien geben Hinweise auf solche Verstrickungen. Mit dem Beziehungsrad, den Stammbäumen bzw. Genogrammen, der Chronik der Familienlebensereignisse und den Geburtsfantasien hat der Entdecker den Proviant beisammen, den er für die Tagesreise braucht.

4 Unmittelbare Reisevorbereitungen

Die Route wird abgesteckt

Wenn der Entdecker seine Vorbereitungen abgeschlossen hat, zeigt er sie dem Reiseleiter, der daraufhin ein Gespräch mit ihm führt. In diesem Gespräch eruiert der Leiter, was der Entdecker in der Rekonstruktion erreichen möchte. Zum Beispiel wollte Andrea (Kapitel 1) eine bessere Beziehung zu ihrer Mutter, während Chris sein Magengeschwür loswerden und lernen wollte, sich mehr zu behaupten. Oft treten in der Rekonstruktion jedoch ganz andere und wichtigere Themen zutage, die bislang unbewußt waren. Joan hatte zum Beispiel gar kein bestimmtes Thema, das sie behandeln wollte, und doch drängte sie etwas zur Rekonstruktion ihrer Familie. Erst im Prozeß der Rekonstruktion wurde klar, was ihr Problem war: Sie konnte nicht aktiv nach dem greifen, was ihr im Leben wirklich wichtig war. Immer tat sie das, was andere von ihr wollten. Selbst im Gespräch mit mir konnte sie nicht sagen, was sie wollte!

Die zweite Frage, über die sich der Leiter Klarheit verschaffen muß, ist, in welchem Dilemma der Entdecker derzeit steht. Der Leiter sieht daraus, welche Szenen rekonstruiert werden müssen und worauf er sein Augenmerk richten muß. Sam sagte zum Beispiel, er wollte mehr über seinen Vater und dessen Familie erfahren. Er hätte das Problem – und zwar sein Leben lang –, daß er nicht wüßte, wie er seinen Standpunkt vertreten könnte, ohne andere herabzusetzen. Damit hatte ich einen Angelpunkt und wußte, wonach ich bei seinem Vater und in dessen Familie suchen mußte. War der Vater so? Wenn ja, war Sam so erzogen worden? Wie könnte Sam seinen Vater anders erleben? Was hinderte seinen Vater daran, anders zu sein? Oder war die Mutter so? Falls ja, welche Rolle spielte der Vater dabei? Sams aktuelles Dilemma umschrieb das Ziel der Familienrekonstruktion also deutlicher als seine Antwort auf die Frage, was er erreichen wollte. Es ist durchaus lohnend, einfach so in die Vergangenheit einzutauchen, denn meist gewinnt man dabei neue Einsichten. Wird jedoch die Vergangenheit mit einem gegenwärtigen Problem verknüpft, so wird die Familienrekonstruktion mehr in Bewegung bringen.

Das dritte Ziel des Leiters besteht darin, die Ängste des Entdeckers kennenzulernen und in dessen Bewußtsein zu heben. Gewöhnlich hat der Klient Angst, daß im Unbekannten etwas Bedrohliches lauern könnte. Ist diese Angst groß, so frage ich den Entdecker: „Was wäre das Schlimmste, was Sie über Ihre Familie herausfinden könnten?" Sobald die Angst beim Namen genannt wird, läßt sie nach. Ich mache deutlich, daß sicherlich Neues auftauchen wird, und daß dieses Unbekannte eine Zeitlang unangenehm sein kann. Bei vielen kommt während oder nach der Rekonstruktion Wut auf die Eltern hoch, von der sie gar nichts ahnten. Viele haben Angst davor, daß die Gruppe schlecht über sie denken könnte. Darauf gehe ich erst am Tag der Rekonstruktion ein.

Viertens frage ich den Entdecker, was er während der Rekonstruktion von mir, dem Leiter, möchte. Jeder wünscht sich Liebe, Verantwortlichkeit, Feingefühl und Beherrschen der Situation und setzt es stillschweigend voraus. Dennoch ist die Frage gut, denn sie gibt dem Entdecker die Erlaubnis, bestimmte Wünsche auszusprechen. Vielleicht möchte er, daß gewisse Informationen über seine Familie nicht preisgegeben werden. Einer will herausgefordert werden, um Ängste und Widerstände zu überwinden, ein anderer will sanft und schonend an die Dinge herangeführt werden.

Als fünften Punkt komme ich gewöhnlich auf Widerstand zu sprechen (sofern der Entdecker das Thema nicht schon von sich aus angeschnitten hat). Ich erkläre, daß ich den Entdecker sanft drängen werde, Hürden zu überspringen. Sollte er jedoch wirklich zurückscheuen, so werde ich deutlich machen, was vor sich geht, und ihm die Entscheidung überlassen. Ich respektiere Widerstand als eine Schutzmaßnahme und möchte ihn nicht auf manipulative Weise brechen. Wenn ich offen damit umgehe, dann kann ich mich vom Entdecker führen lassen. Ich weise darauf hin, daß wir nur dann einen Fortschritt erzielen werden, wenn wir alte Grenzen überschreiten, und daß ich ihn aus diesem Grunde dränge, seinen Widerstand zu überwinden. Wenn jedoch die Bedrohung zu groß ist, dann nehmen wir diese Tatsache einfach zur Kenntnis und machen weiter. Tatsächlich wird der Widerstand nur selten aufrecht erhalten. Ich sage mir, daß auch Rom nicht an einem Tag erbaut wurde und jeder

Mensch seinen eigenen Wachstumsrhythmus hat; was mir als kleiner Gewinn erscheint, mag für den Entdecker eine große Veränderung sein. *Es ist absolut entscheidend, immer in engem Kontakt mit dem Entdecker zu sein und sich von ihm leiten zu lassen.* Es ist nicht mein Tag, sondern der Tag des Entdeckers, es geht um seine bewußten oder unbewußten Ziele, sein Wachstum, seine Rekonstruktion.

Eine übliche Ursache für Widerstand ist das Bedürfnis, am alten Bild, das man sich von seinen Eltern gemacht hat, festzuhalten (zum Beispiel: Mutter ist eine Heilige, Vater ein Sündenbock). Der Entdecker hat seine Gefühle, ja sein ganzes Leben um diese Bilder herumgebaut. Um ein anderes Bild, in der Regel ein menschlicheres, entstehen zu lassen, muß eine ganze Kette von Gefühlen und Verhaltensweisen durchbrochen werden. Das kann als Bedrohung empfunden werden. Das eigene Selbstbild ist an diese alten Bilder gebunden. Es erscheint merkwürdig, daß man sich dagegen sträubt, ein negatives Bild durch ein humaneres zu ersetzen, aber oft ist dies der Fall. So wollte zum Beispiel Mary nicht die positiven Seiten ihres Vaters sehen und weigerte sich, mit seinen Augen nachzuvollziehen, warum er die Familie „im Stich gelassen" hatte, als Mary drei Jahre alt war. Das Bild, das Mary von ihrem Vater hatte, war von der Angst und dem Haß geprägt, die ihre Mutter für ihn empfand. Mary sträubte sich gegen eine neue Wahrnehmung des Vaters, die durch das Psychodrama möglich geworden war. Sie hatte das Gefühl, sie würde dadurch ihre Mutter verraten, der sie im Unbewußten Loyalität geschworen hatte.

Ich sagte schon, daß ich öfter darum gebeten werde, eine Angelegenheit, die dem Entdecker peinlich ist, in der Gruppe nicht zur Sprache zur bringen. Im Vorgespräch gehe ich näher darauf ein. Wenn es ein Ereignis ist, das sich erst später im Leben des Entdeckers zugetragen hat, dann kann man es ruhig beiseite lassen. Ich sage, daß es darum geht, herauszufinden, wie die frühen Jahre die Kommunikationsmuster, Verhaltensweisen und Wertvorstellungen geprägt haben, mit denen der Entdecker jetzt lebt. Unser Ziel ist es, diese formativen Erfahrungen zu rekonstruieren.

Ist die Sache für das gegenwärtige Leben der Person wirklich wichtig – wenn es dem Entdecker zum Beispiel peinlich ist, über Inzest zu sprechen –, dann mache ich deutlich, daß auch in diesem Fall die eigentlich wichtigen Prägungen vorher geschehen sind, und daß es darum geht, an die Strukturen heranzukommen, in denen er gelernt hat, auf eine bestimmte Weise zu reagieren und mit Schwierigkeiten umzugehen. Wenn der Verhaltensmechanismus darin besteht, mit niemandem über ein belastendes Ereignis zu sprechen, dann könnte das ein Hinweis auf eine Familienregel sein, die den Entdecker „sprachlos" macht, zum Beispiel ein streng gehütetes Familiengeheimnis oder die Regel, nicht über Sex zu sprechen oder nie jemandem weh zu tun. Ich mache darauf aufmerkam, wie dysfunktional eine solche Regel ist und daß sie immer noch in Kraft ist. In der Familienrekonstruktion ist es wichtiger, sich mit den dysfunktionalen Mustern auseinanderzusetzen – weil der Entdecker dadurch die Freiheit gewinnen kann, nach einer funktionaleren Regel zu leben – als sich mit dem Ereignis selbst zu beschäftigen (zum Beispiel dem Inzest). Wir brauchen den Inzest dann gar nicht zur Sprache zu bringen. Ich sage dem Entdecker allerdings auch, daß die Rekonstruktion ihm die Chance gibt, die alte Regel zum zweiten Mal in seinem Leben zu durchbrechen, falls er es will. Wer nach alledem noch ein Geheimnis bewahren möchte, muß mir erst noch begegnen. Sollte jemand aber tatsächlich darauf bestehen, so würde ich diesen Wunsch respektieren, weil ich weiß, daß sich Wachstum schrittweise vollzieht.

Manchmal äußert der Entdecker im Vorgespräch den Wunsch, den einen oder anderen Verwandten zur Familienrekonstruktion einzuladen. Es sind schon Ehepartner, Eltern, Kinder und Geschwister mitgebracht worden, immer mit guten Ergebnissen. Ich gebe für diesen Fall drei Hinweise:

1. Den Familienmitgliedern muß gesagt werden, daß das Bild, das sie von der Familie haben, sich von dem des Entdeckers unterscheidet. Sie dürfen den Wahrnehmungen des Entdeckers nicht widersprechen, sondern sollen sie als seine persönliche Erfahrungswirklichkeit respektieren. Unterschiedliche Wahrnehmungen können sich schon allein aus der Geburtenreihenfolge ergeben. Ein Familienmitglied soll niemals seine eigene Rolle in der Rekonstruktion spielen und auch nur selten die eines anderen. Verwandte sind meist so in ihre eigenen Gefühle und Reaktionsmuster verstrickt, daß sie an verborgene Gefühle nicht herankommen, die aber zum Nutzen des Entdeckers an die Oberfläche gebracht werden müssen. Ein unbetei-

ligter Rollenspieler kann sich dem ganzen Spektrum der Gefühle öffnen. Hinzu kommt, daß der Entdecker mit starken Gefühlen aufgeladen ist, die zum Durchbruch kommen könnten, wenn ein Verwandter sich selbst spielen würde; dadurch könnte der Entdecker vielleicht andere Gefühle in sich nicht mehr wahrnehmen, wie zum Beispiel das Bedürfnis nach Nähe.

2. Der Entdecker darf sich durch die Anwesenheit der Familienmitglieder nicht gehemmt fühlen. Falls er sich in seiner Freiheit, er selbst zu sein, beeinträchtigt fühlt, dann sollten die Verwandten nicht eingeladen werden.

3. Ich sage dem Entdecker, daß es lohnende Gelegenheiten geben wird, die Verwandten mit in den Prozeß einzubeziehen; er kann ihnen Fragen stellen oder eine unerledigte Angelegenheit zur Sprache bringen. Ich bitte ihn um Erlaubnis, eine solche Gelegenheit nutzen zu dürfen, wenn sie sich bietet. Ein Beispiel dafür war Elfie. Sie hatte während der Rekonstruktion entdeckt, daß sie als Kind gelernt hatte, Schmerzen zu leugnen und nicht um Hilfe zu bitten. Die Einsicht traf sie wie ein Blitz, daß sie sich in ihrer 25jährigen Ehe genauso verhalten hatte. Ihr Mann war bei der Rekonstruktion anwesend. Die letzte Stunde des Tages handelten wir einen Vertrag aus; beide suchten nach Möglichkeiten, aus ihren Mustern auszubrechen: Konnte er anders auf ihren Schmerz reagieren, und konnte sie um seine Hilfe bitten? Wir sprachen darüber, wie sie sich verhalten könnte, wenn sich ihr Mann von ihren Forderungen bedroht fühlte, und ob es für ihn eine andere Möglichkeit gäbe, als sich zu verschließen. In dieser einen Stunde wurden die Weichen in dieser 25jährigen Ehe neu gestellt.

Am Ende des Gesprächs fasse ich die Ergebnisse zusammen.

Die Reisegruppe findet sich zusammen

Für eine Familienrekonstruktion braucht man genügend Leute, um die verschiedenen Rollen besetzen zu können. Zwar habe ich schon mit einer Gruppe von sieben Personen und einer von neunzig gearbeitet, fünfzehn bis zwanzig Teilnehmer scheinen jedoch optimal. Bei einer Gruppe dieser Größe kann der Entdecker Rollenspieler auswählen, die den Familienmitgliedern ähneln. Die Gruppe ist klein genug, damit jeder beteiligt wird und aktiv an der Rekonstruktion teilnehmen kann. Hat jemand einmal keine Rolle zu spielen und beobachtet nur, so bleibt auch das nicht ohne Wirkung. Wenn seine eigenen Probleme berührt werden, identifiziert er sich mit dem Drama oder mit einer Person; da er nicht aktiv teilnimmt, kann er sich dann innerlich zurückzuziehen und sich auf sich selbst besinnen.

Es gibt verschiedene Möglichkeiten, eine Gruppe zu bilden. Der Entdecker kann einfach seine Freunde einladen. Manche Therapeuten laden Kollegen zur Teilnahme ein und verlangen manchmal sogar Geld dafür, weil es für sie eine berufliche und persönliche Fortbildung ist. In therapeutischen Institutionen mit stationären Klienten lassen sich leicht Gruppen bilden.

Einige meiner Studenten waren von der Familienrekonstruktion so überzeugt, daß sie fortlaufende Gruppen organisierten. Ich habe Zwölfergruppen betreut, die sich ein Jahr lang einmal im Monat trafen; jeden Monat war ein anderer mit der Rekonstruktion an er Reihe. Manche dieser Gruppen bestehen hauptsächlich aus Klienten, bei denen ich den Eindruck hatte, daß ihnen eine Familienrekonstruktion besonders viel nützen würde.

Ein Freund von mir hat bei Treffen der Anonymen Alkoholiker über die Familienrekonstruktion gesprochen und dort Gruppen gestartet. Menschen, die auf dem Weg sind, sich von einer Sucht wie Alkoholismus zu befreien, haben größtes Interesse an der Rekonstruktion ihrer Familie, weil sie erkennen, daß ihre Krankheit nicht nur ein persönliches, sondern auch ein familiäres Problem ist.

Wenn sich die Gruppenmitglieder am Tag der Rekonstruktion treffen, dann sind sie einander mehr oder weniger fremd: vielleicht treffen sie sich überhaupt zum ersten Mal, oder sie haben sich einen ganzen Monat lang nicht gesehen – ein Zeitraum, in dem sich jeder ein wenig verändert hat. Zwar sind alle durch ein gemeinsames Ziel miteinander verbunden, es ist aber dennoch nötig, eine wirklich vertrauensvolle Atmosphäre herzustellen, wenn eine solche Reise in die ganz persönlichen Bezirke eines Menschen gelingen soll. Das entscheidende Element für eine positive Dynamik ist, daß sich der Entdecker in der Gruppe von Liebesenergie getragen fühlt. Es muß eine warme, vertrauensvolle, familiäre Atmosphäre entstehen. Diese Liebesenergie ist eine unsichtbare Kraft, die den ganzen Tag hindurch wirkt.

Weitere Faktoren, die den Prozeß bestimmen, sind: Die Motivation und das Engagement des Entdeckers; die Beziehung zwischen Entdecker und Leiter; die methodische Geschicklichkeit des Leiters und der Zeitpunkt der Rekonstruktion: Ist der Entdecker wirklich an dem Punkt in seinem Leben angekommen, der zu einem dramatischen Durchbruch drängt? Wie in der Entwicklung des Kindes so gibt es auch beim Erwachsenen kritische Momente, in denen alles für einen Quantensprung im Wachstum vorbereitet ist – auf der psychischen, biologischen und spirituellen Ebene. Wenn all diese Elemente zusammentreffen, dann kann eine Familienrekonstruktion außerordentliche Wirkungen zeitigen.

Zur Herstellung von Wärme und Vertrauen in kleinen Gruppen (nicht mehr als 30 Personen) bitte ich die Teilnehmer am Anfang zu sagen, wie sie heißen, was sie fühlen und was sie zu dieser Gruppe gebracht hat. Ich spreche als erster über meine eigenen Gefühle, um deutlich zu machen, was ich mit dieser Aufforderung meine, und um den Teilnehmern Gelegenheit zu geben, sich mit mir zu identifizieren.

Als nächstes bitte ich die Teilnehmer sich einen Partner zu suchen, den sie bisher nicht kennen, und sich voreinander mit geschlossenen Augen hinzusetzen. Sie sollen nun darauf achten, was sie fühlen und denken. Ich gebe ihnen dafür reichlich Zeit, denn es braucht Zeit, sich über Gefühle klar zu werden. Nach einer Weile öffnen alle die Augen und teilen ihrem Partner mit, was ihnen bewußt geworden ist. Danach werden in der großen Gruppe die Erfahrungen ausgetauscht.

Es gibt verschiedene Gründe für diese Übung: Erstens kann man mit einem einzelnen Partner am leichtesten Vertrauen entwickeln – die Übung ist deswegen ein guter Ausgangspunkt. Zweitens gibt es keinen besseren Austausch mit einem anderen Menschen, als auszusprechen, welche Gefühle und Gedanken man in sich wahrnimmt. Alles, was ich einem anderen zu einem gegebenen Augenblick anbieten kann, bin ich selbst – und was bin ich anderes als mein Körper, meine Gedanken und meine Gefühle? Ich bitte die Teilnehmer deswegen, sich ihre inneren Wahrnehmungen mitzuteilen, und nicht, wie sie ihr Geld verdienen, wieviel Kinder sie haben und was sie von diesem Tag erwarten. Meine Anweisung ist ganz allgemein gehalten, so daß ausgesprochen werden kann, was immer sich im Innern abspielt.

Drittens: Wenn ich die Teilnehmer bitte, sich auf ihre Gefühle zu konzentrieren, dann ist das eine Aufforderung, mit der Lampe des Bewußtseins in verborgene Winkel zu leuchten. Die meisten können leicht wahrnehmen, welche Gedanken ihnen durch den Kopf gehen. Gefühle zu erkennen, ist für viele schwieriger. Während der Rekonstruktion werden die Teilnehmer immer wieder dazu aufgefordert, sich über das, was sie im Augenblick fühlen, klar zu werden. Daß dies schon in der ersten Übung verlangt wird, schärft die Fähigkeit dazu und macht deutlich, wie wichtig die Wahrnehmung von Gefühlen ist.

Viertens: Ich bitte die Teilnehmer, ihre Augen zu schließen, und blockiere damit eine der wichtigsten Bahnen, über die wir mit der Welt interagieren. Wenn der Sehsinn ausgeschlossen ist, wird man unmittelbar in einen anderen Zustand versetzt. Das Gewahrsein der inneren Prozesse nimmt zu. Man wird nicht mehr über das Sehen in die Außenwelt gezogen und kann sich deswegen leichter nach innen wenden.

Fünftens: Der Austausch mit dem Partner gibt Gelegenheit zum Selbstausdruck; dabei erfahren wir unsere Kraft, unsere Vollständigkeit und Ganzheit. Da wir von Natur aus mitteilsame Geschöpfe sind, ist unsere Selbsterfahrung solange nicht vollständig, bis wir unsere Erfahrung zum Ausdruck gebracht haben.

Danach lasse ich dieselben Paare noch weitere Übungen machen. Nachdem sich die Partner ihre Erfahrung mitgeteilt haben, bitte ich immer in der ganzen Gruppe um Feedback: Was wurde entdeckt? Welche Erfahrungen wurden gemacht? Das Pendeln zwischen den Paaren und der ganzen Gruppe stiftet in der kleinen und in der großen Gruppe Vertrauen. Wenn man sich sicher fühlt, sich mit einem auszutauschen, dann kann man es auch mit mehreren. Es ist wichtig, dieses Gleichgewicht zwischen kleiner und großer Gruppe aufrechtzuerhalten. Es kann als Modell für das Leben im allgemeinen dienen – ein Alternieren zwischen Alleinsein, Partnerschaft und Gruppe. Das ganze Leben vollzieht sich in diesen Konstellationen, und jede ist auf ihre Weise wesentlich für die menschliche Entwicklung.

Ich möchte an dieser Stelle kurz erklären, wie entscheidend es für das innere Wachstum ist, daß wir in unserem Leben zwischen diesen drei Bezugssystemen Balance halten. Manchmal ist das Hauptproblem bei meinen Klienten, daß ihnen das nicht gelingt.

Alleinsein und tief in das eigene Selbst eintauchen, die eigenen Erfahrungen reflektieren und das Unbewußte ins Bewußtsein treten lassen, ist der einzige Weg, den ich kenne, um in die Tiefen der eigenen Person vorzudringen und Erfahrungen zu integrieren. Deswegen haben Weise aller Zeiten Meditation, Reflektion und Kontemplation empfohlen. So viele Menschen setzen sich unablässig äußeren Reizen aus, geben der Erfahrung der Ruhe und des Alleinseins keinen Raum.

Die Intimität einer Zweierbeziehung, in der Vertrauen und Offenheit herrschen, ist wohl die einzige Konstellation, in der ein Mensch sich voll zum Ausdruck bringen und sich für einen anderen ganz öffnen kann. Selbstausdruck, der von einem Gegenüber reflektiert wird, ist ein Grundbedürfnis des Menschen und die lebendigste Art zu lernen, zu wachsen und das Erfahrungsfeld zu erweitern.

Wie erfüllend das Alleinsein und Zuzweitsein auch sein mag, sie sind noch nicht das volle Leben. Durch das Zusammensein von drei oder mehr Menschen tut sich eine andere Dimension auf, nämlich die Möglichkeit, daß die eigene Identität und das eigene Menschsein Bestätigung erfahren. Dies geschieht, wenn man beim Austausch in der ganzen Gruppe sieht, daß auch andere eine ähnliche Erfahrung gemacht haben. Besonders wichtig ist das, wenn es mit dem Partner nicht der Fall war, denn man könnte ja daraus schließen, daß man selbst irgendwie sonderbar ist. Außerdem können in der Dreiergruppe Differenzen beigelegt werden. Aus diesem Grunde gibt es Vermittler, Schiedsrichter und Eheberater.

Um also Vertrauen und Erfahrungsreichtum in der Rekonstruktionsgruppe zu schaffen, versuche ich, diese drei Erlebnisebenen im Gleichgewicht zu halten: Besinnung auf sich selbst („Schließe deine Augen und nimm wahr, was in deinem Innern vorgeht"), sich dem Partner zuwenden („Sage ihm, was du in dir wahrgenommen hast"), und Austausch mit drei oder mehreren Personen („Laßt uns wieder in die große Gruppe zurückgehen und über die Erfahrung sprechen").

Nun einige Beispiele für die Übungen, mit denen sich die Paare auf ihr Familiensystem einstimmen:

1. Stell dir deinen Vater vor. Was hast du am meisten an ihm geliebt, was mochtest du an ihm gar nicht? Sprich darüber mit deinem Partner. Mach die gleiche Übung mit deiner Mutter.
2. Stell dir Vater und Mutter vor und versuche zu spüren, welche Beziehung der Vater zur Mutter und die Mutter zum Vater hatte. Tausche dich mit deinem Partner darüber aus. Was hätte anders sein sollen in der Art, wie sie miteinander umgegangen sind?
3. Welche drei Eigenschaften sind für deinen Vater charakteristisch, welche für deine Mutter? Welche glaubst du übernommen zu haben? Teile deine Gedanken deinem Partner mit.
4. Wenn du hättest wünschen können, daß deine Mutter (dein Vater) eine Verhaltensweise im Umgang mit dir geändert hätte, was wäre es gewesen?

Solcher Art sind die Übungen, durch die ich die Teilnehmer führe. Sie berühren die Dynamik, die Gegenstand der Familienrekonstruktion ist. Ich fahre mit diesen Übungen solange fort, bis ich merke, daß sich in der Gruppe Vertrauen hergestellt hat. Wenn die Gruppe ganz neu ist, dann können die Einführung und die ersten Übungen zwei Stunden in Anspruch nehmen.

Das Band zwischen Entdecker und Gruppe wird geknüpft

Obwohl zwischen dem Leiter und dem Entdecker schon ein Gespräch stattgefunden hat, ist es wichtig, die gleichen Fragen mit dem Entdecker in der Gruppe noch einmal zu behandeln, nachdem sich dort Vertrauen gebildet hat. Nach dem ersten Gespräch sind ihm/ihr vielleicht neue Einsichten gekommen, vielleicht haben sich sogar die Schwerpunkte verändert, auf die sich die Rekonstruktion richten soll. Die Gruppensituation selbst weckt im Entdecker bestimmte Reaktionen. Es ist wichtig, sie bewußt zu machen und zum Ausdruck zu bringen. Sind Ängste da, Hemmschwellen? Was möchte der Entdecker von der Gruppe? Vielleicht fürchtet er, daß die Rekonstruktion seiner Familie langweilig werden könnte und für die Gruppe unergiebig?

Manchmal hat ein Entdecker Hemmungen, einen ganzen Tag für sich in Anspruch zu nehmen, als hätte er so viel Aufmerksamkeit nicht verdient. Ein anderer macht sich Sorgen, was die Gruppe von seiner Familie denken wird. Oft bitte ich die Teilnehmer zu sagen, wie sie auf die Ängste, Hemmungen und Zweifel des Entdeckers reagieren. Wenn der Entdecker das hört, fühlt er sich oft erleichtert und sicher.

Der therapeutische Vertrag wird mit der Gruppe noch einmal erneuert: Was sind die Ziele, was die Erwartungen an den Leiter und was ist das gegenwärtige Dilemma des Entdeckers? Durch den Austausch von Gefühlen und Empfindungen und die Bildung einer gemeinsamen Vorstellung vom Ziel der Rekonstruktion wird zwischen der Gruppe und dem Entdecker ein enges Band geknüpft.

Nun erläutere ich, was Rollenspiel ist. Oft fürchten Teilnehmer, sie müßten schauspielerische Fähigkeiten dafür haben. Rollenspiel in diesem Sinn hat mit Schauspiel überhaupt nichts zu tun. Es geht nicht darum, wie in einem Theaterstück den Charakter einer Person zu ergründen und darzustellen. Rollenspieler müssen nur sie selbst sein und auf die Gedanken und Gefühle achten, die in ihnen aufsteigen. Ich bitte sie, sich dem Prozeß vertrauensvoll zu überlassen und einfach sie selbst zu sein.

Dieser Prozeß vollzieht sich in zwei Schritten. Zuerst sucht der Entdecker Personen aus, von denen er meint, daß sie seinen Familienmitgliedern irgendwie ähnlich sind. Diese Wahl wird im wesentlichen vom Unbewußten getroffen. Oft kann der Entdecker gar nicht sagen, warum er jemanden gewählt hat, und doch trifft er oft genau ins Schwarze.

Nun geht es darum, die Spieler in ihre Rollen einzuführen. Der Entdecker stellt die Personen wie Statuen im Raum auf (Skulpturtechnik) und zwar so, wie er meint, daß sie zueinander in Beziehung stehen. Während der Rollenspieler ein oder zwei Minuten in dieser Position verharrt, kommen ihm Gedanken und Gefühle. Spricht er sie aus, so ist der Entdecker meistens verblüfft, wie charakteristisch sie für das wirkliche Familienmitglied sind. Ich fordere den Entdecker nun auf, mit der Person direkt Kontakt aufzunehmen und über die Beziehung zwischen ihnen zu sprechen. (Zum Beispiel:

„Papa, du liest immer, und wir Kinder können nicht mit dir sprechen. Wir würden es gern tun, weil wir dich lieb haben, aber irgendwie traun wir uns nicht. Du arbeitest so viel. Ich glaube nicht, daß du dich mit Mama besonders gut verstehst, auch wenn ihr nie vor uns streitet. Du gehst oft mit deinen zwei Freunden zum Fischen. Ach, hättest du mich doch manchmal mitgenommen.")

Wenn die Rollenspieler bestimmte Szenen durchspielen, tauchen sie ganz in die Persönlichkeit ein, die sie darstellen. Im Laufe des Dramas werden die verschiedensten Reaktionen in ihnen wach. Es besteht keinerlei Notwendigkeit, den Prozeß willentlich zu steuern. Der Versuch, eine bestimmte Haltung oder Verhaltensweise bewußt einzunehmen oder zu imitieren, ist der Sache nur abträglich.

Manchmal scheut sich der Entdecker davor, jemanden aus der Gruppe zu bitten, eine negative Rolle zu übernehmen, oder jemand fühlt sich beleidigt, weil er dazu aufgefordert wird. Wenn ich merke, daß es dazu kommen könnte, spreche ich das Problem direkt an. Ich mache deutlich, daß in jedem negativen Charakterzug ein positiver Same enthalten ist und umgekehrt. So erwächst zum Beispiel Richard Nixons Durchtriebenheit aus fester Entschlossenheit, eine Eigenschaft die zum Überleben notwendig ist. Ein klassischer Ankläger und Künstler im Herunterputzen anderer Leute hat die Fähigkeit, genau zu wissen, was er will und sich selbst zu verteidigen. Der Beschwichtiger hat die positive Gabe, sensibel für andere Menschen und deren Bedürfnisse zu sein. Faulheit geht meist mit der Fähigkeit einher, locker zu sein und das Leben so zu nehmen, wie es ist. Sanftheit kann auf Schwäche beruhen, und Stärke kann leicht in Dominanz ausarten. Der Wachstumsprozeß vollzieht sich, indem mit der Kraft des positiven Samens, der in jedem Negativen enthalten ist, dieses verwandelt wird.

In der Familienrekonstruktion erleben wir die Dynamik zwischen „Gut" und „Böse". Jeder, der eine Rolle spielt, kann erfahren, wie sich ein positiver Zug in einen negativen verkehren kann, und was es erfordert, um den positiven Samen in einer negativen Eigenschaft zu entdecken und zur Blüte zu bringen.

Es ist gut zu erläutern, inwiefern auch die Gruppenmitglieder von der Arbeit profitieren können. Schon manchmal hat ein Gruppenmitglied mehr dabei gewonnen als der Entdecker. Oft hat die rekonstruierte Familie große Ähnlichkeit mit der Familie eines Teilnehmers.

Er kann im Rollenspiel ganz neue Einsichten gewinnen und vielleicht zum erstenmal erkennen, was erforderlich ist, um sich selbst und sein Familiensystem zu ändern.

Es entlastet den Entdecker, wenn er hört, wieviel auch die anderen im Prozeß der Rekonstruktion lernen können. Um ihnen dies zu erleichtern, mache ich, bevor ich beginne, noch eine Übung. Ich bitte die Teilnehmer, ihre Augen zu schließen und sich zu vergegenwärtigen, in welchen Konflikten und Problemen sie derzeit leben, sich sodann die Familie vorzustellen, in der sie aufgewachsen sind: Welche Fragen und Rätsel tauchen dabei auf? Nach einer Weile bitte ich die Teilnehmer, sich innerlich für neue Einsichten und Antworten bereit zu machen. Am Schluß der Familienrekonstruktion bitte ich wieder alle, die Augen zu schließen, sich ihr Problem, ihre Familie und die ungelösten Fragen vor Augen zu führen und zu prüfen, ob die hinter ihnen liegenden Erfahrungen neue Perspektiven eröffnet haben.

In einer fortlaufenden Rekonstruktionsgruppe treibt jede neue Rekonstruktion den inneren Prozeß der einzelnen Teilnehmer voran.

Nach den Vertrauensübungen, der Erneuerung des therapeutischen Vertrages und den notwendigen Erklärungen ist die Gruppe nun – nach einer kurzen Pause – in der richtigen Verfassung, um anzufangen. Die Rollenspieler werden ausgesucht.

5 Die Reise geht los

Nachdem sich in der Gruppe Vertrauen hergestellt hat und die persönlichen Ziele des Entdeckers klar geworden sind, beginnt nun der wichtige Prozeß des Aussuchens der Rollenspieler. Wenn der Entdecker richtig wählt, dann werden die Spieler seinen wirklichen Familienmitgliedern erstaunlich ähnlich sein. Werden die Gruppenmitglieder dann noch richtig in ihre Rollen eingeführt, so wie es in Kapitel sechs beschrieben wird, dann ist der Erfolg der Reise fast garantiert.

Beim Besetzen der verschiedenen Rollen helfe ich dem Entdecker, sein Unbewußtes voll ins Spiel zu bringen. Mittlerweile ist der Entdecker in der Regel in einem veränderten Bewußtseinszustand. Alle Gruppenmitglieder haben Übungen gemacht, die das Tempo verlangsamen. Sie haben die Augen geschlossen und nach innen auf ihre Gefühle und Gedanken gelauscht und haben das Bewußtsein auf den Atem gelenkt. Der Entdecker ist in einem Zustand gespannter Erwartung, in dem sich das Unbewußte besser Gehör verschaffen kann.

Der Entdecker sucht seine Mutter aus; dazu stelle ich mich mit ihm in die Mitte. Ich bitte ihn, sorgfältig herumzuschauen und jeden in sich aufzunehmen. Wenn ihm die Wahl schwer fällt, so rate ich ihm, nicht selbst zu wählen, sondern sich von einer Person anziehen zu lassen. Bei Leuten, die dazu neigen, schnell zu entscheiden, verlangsame ich den Prozeß, entscheiden sie eher langsam, so beschleunige ich ihn. Auf diese Weise können sie nicht einfach in ihrem üblichen Bewußtseinszustand operieren.

Die Art, wie Information verarbeitet wird, kann ganz verschieden sein: Einer visualisiert in erster Linie, ein anderer fühlt, ein dritter hört. Wenn mir zum Beispiel jemand vorgestellt wird, dann muß ich fragen, wie man den Namen schreibt. Da ich visuell orientiert bin, stelle ich mir den Namen geschrieben vor und kann ihn so behalten. Ein anderer braucht diesen Umweg nicht. Sobald er einen Namen gehört hat, behält er ihn als Tonfolge im Gedächtnis.

Wenn ich herausgefunden habe, daß der Entdecker visuell orientiert ist, dann fordere ich ihn auf, die Person, die seine Mutter spielen soll, *nach Gefühl* auszusuchen; agiert er vom Gefühl her, so fordere ich ihn auf, sich die Person genau anzuschauen oder sich auf sie *einzustimmen*. Wiederum versuche ich auf diese Weise, einen veränderten Bewußtseinszustand herbeizuführen, durch den das Unbewußte aktiviert wird.

Manchmal gibt es Situationen, bei denen ich interveniere. Einmal merkte ich, daß jemand sein alter ego so gewählt hatte, daß es ihn ausgesprochen schlecht repräsentierte: Anstatt ihn nun aufzufordern, jemand anderen auszusuchen, bat ich ihn, aus der Gruppe die Person auszuwählen, die als alter ego am allerwenigsten in Frage käme. Ich ließ dann beide Personen als alter ego agieren. Es zeigte sich, daß dies eine weise Entscheidung gewesen war. Im Laufe der Rekonstruktion stellte sich nämlich heraus, daß die Reaktionen der scheinbar „ganz anderen" Person im Entdecker durchaus auch vorhanden waren, allerdings tief versteckt. Das erste alter ego hatte für den Entdecker nicht viel Neues zu bieten; das zweite öffnete ihm den Zugang zu verborgenen Motiven, Gefühlen und Wahrnehmungen, die bis dahin zu bedrohlich gewesen waren. Die erste Wahl repräsentierte die bewußte Ebene des Entdeckers, die zweite die unbewußte.

Ein weiteres Beispiel ist die zweite Familienrekonstruktion von Linda (etwa zwei Jahre nach der ersten). Sie sollte ihr alter ego aussuchen. Linda hatte eine Freundin zur Rekonstruktion eingeladen, von der sie sagte, daß sie die gleichen Probleme habe wie sie, nämlich rasende Gedanken und Empfindungen, die sie befürchten ließen, verrückt zu werden. Freundin Bobbie sprach zu Beginn der Gruppensitzung ausführlich über das Problem und wieviel Angst es ihr mache. Bei beiden Frauen war „Gehirnallergie" diagnostiziert worden, und sie mußten eine strenge Diät einhalten, um das Gedankenrasen einzudämmen. Linda hatte dennoch Angst davor, die Kontrolle zu verlieren.

Als Linda Mary zu ihrem alter ego wählte, forderte ich sie auf, die Wahl noch einmal zu überdenken. Sie sagte, sie hätte auch Barbara wählen können, wäre zwischen beiden hin und her gerissen. Ich fragte sie, warum sie nicht ihre Freundin Bobbie wähle. Sie war sofort scharf dagegen. Die Ablehnung war so stark, daß ich den Eindruck hatte, Linda wählte ihr Freundin gerade deswegen nicht, weil sie ihr so ähnlich war – aus Selbstschutz. Die nächsten zwei Stunden arbeitete ich mit Linda an dieser Frage. Zu guter Letzt rang sie sich dazu durch, die Freundin zum alter ego zu machen. Das war der wichtigste Durchbruch der ganzen Rekonstruktion – Linda hatte sich selbst angenommen! Die Tatsache, daß Linda sich nicht hatte annehmen könne, war viel wichtiger als ihre Angst vor dem Gedankenrasen. Nachdem ihr das gelungen war, konnte sie sich mit ihrer Angst vor dem Verrücktwerden auseinandersetzen. Alles weitere, was im Laufe der Rekonstruktion geschah, half Linda zu verstehen, wie sie durch ihr Familiensystem zu dieser starken Selbstablehnung gekommen war, und Wege zu finden, mit dem Problem besser umzugehen.

Meist lasse ich zuerst die Eltern und das alter ego auswählen, und zwar die Person zuerst, die mir am wichtigsten zu sein scheint. Das kann manchmal auch jemand anders sein, zum Beispiel die Großmutter, wenn die Mutter ihr Abbild ist. Ich will damit dem Entdecker für die wichtigste Person die größte Auswahl geben, damit sie in ihren Gefühlen und Wahrnehmungen dem Orginal möglichst ähnlich ist. Alter ego, Mutter und Vater behalten die Rollen während der ganzen Rekonstruktion bei und dürfen niemand anderen spielen.

Nachdem die Hauptfiguren ausgewählt sind, kommen die übrigen Mitglieder der mütterlichen oder väterlichen Familie dran. Es macht nichts, wenn jemand in beiden Familien Rollen übernimmt. Oft lasse ich erst die Familie aufstellen, die der Entdecker am wenigsten kennt, weil dafür vielleicht mehr Zeit und Energie notwendig ist.

Wenn der Entdecker von einer Familienseite wirklich gar keine Ahnung hat, dann fange ich mit der bekannten Seite an. Während sich diese Seite entfaltet, entwickelt der Entdecker vielleicht unbewußt ein Gespür dafür, wie die andere Seite ausgesehen haben könnte. Ein Entdecker kennt zum Beispiel die Familie seines Vaters gut und sieht die Großeltern als strenge Zuchtmeister, die den Sohn entsprechend hingetrimmt haben. Aufgrund dieses Wissens, gepaart mit unbewußten Wahrnehmungen, hat der Entdecker von der mütterlichen Familie ein lockeres, fröhliches Bild. Eine Frau mit diesem Hintergrund wäre für einen eher rigiden Mann die richtige Wahl.

Manchmal fange ich mit der Seite an, die den stärksten Bezug zum gegenwärtigen Problem des Entdeckers zu haben scheint, zum Beispiel mit der väterlichen Familie, wenn der Entdecker Wut und Haß auf den Vater hat. Je mehr ich jedoch die Dynamik von Familiensystemen verstehe, um so mehr mißtraue ich dem ersten Eindruck; es kann nämlich sein, daß sich die Wut im Grunde auf die Mutter richtet. Es wäre dann also besser, die mütterliche Seite zuerst aufzustellen.

In einer Familienrekonstruktion hatte der Entdecker John einen „verantwortungslosen Vater George, der zu viel trank, zu viel spielte, und nie eine richtige Arbeit hatte". Mutter Connie „mußte deswegen arbeiten gehen, um die Familie über Wasser zu halten". In Johns Augen war George ein Versager und Connie eine Heldin. John war dazu erzogen worden, hilfsbereit zu sein, zuverlässig und kontrolliert, er durfte selten Ärger zeigen, besonders nicht zu den Eltern oder sonst jemand, der über ihm stand. John kam mit unterdrücktem Ärger auf seinen Vater zur Familienrekonstruktion, Ärger, der sich in kalter Gleichgültigkeit ausdrückte. Jahre zuvor hatte Connie ihren Sohn gebeten, ihr gegen den Vater beizustehen, dessen Trinken sie als Bedrohung empfand. Sie sagte, „er könnte mit seinen Zigaretten das Haus anzünden, während ich bei der Arbeit bin". Connie und John sahen nur eine Lösung, nämlich die, ihn in eine Anstalt einsperren zu lassen. Das schien zu dieser Zeit logisch und war unter den gegebenen Umständen vielleicht tatsächlich die einzige Lösung.

In der Rekonstruktion wurde jedoch ersichtlich, daß Connie John in diese Entscheidung hineinmanipuliert hatte, eine Entscheidung, die sie ganz gut allein hätte treffen können. Johns Schwester wurde nie gefragt, weil sie, wie John sagte, „einem solchen Vorgehen nie zugstimmt hätte".

Allmählich begann nun John böse auf seine Mutter zu werden, weil sie ihm solche Lasten aufgebürdet hatte; davon hatte er bis zur Rekonstruktion nichts geahnt. John erkannte, daß ein Großteil seines unterdrückten Ärgers eigentlich seiner Mutter galt und nicht seinem Vater. Dieser Prozeß ging langsam vor sich, denn John hatte ja gelernt, daß man nicht ärgerlich sein durfte. Als er im Laufe der Rekonstruktion merkte, wieviel Ärger er gegen seine Mutter in sich trug, konnte er ihn auch zum Ausdruck bringen. So setzte er sehr viel Energie frei, die er dazu verwendet hatte, von seiner Mutter ein heroisches Bild aufrecht zu erhalten. Sein Fall ist ein gutes Beispiel dafür, wie Ärger in Wirklichkeit gar nicht der Person gilt, auf die er gerichtet ist.

Es ist wichtig, daß bei der Aufstellung der Familien auch Fehlgeburten und tot geborene Kinder berücksichtigt werden. Oft haben diese Kinder einen wesentlichen Einfluß auf die Familiendynamik. Solche Ereignisse sind mitbestimmend für das Selbstgefühl von Vater und Mutter und ihre wechselseitige Wahrnehmung und prägen das psychische Muster, in das spätere Kinder hineingeboren werden. Auch alle weiteren Personen sollten aufgestellt werden, die in der frühen Kindheit im Haus gelebt haben, wie Großeltern, Tanten, Vettern oder Kindermädchen. Das gilt für alle drei Familien, die rekonstruiert werden.

Jeder, der eine Rolle übernommen hat, schreibt den Namen der Person auf Klebeband, das er solange trägt, wie er in dieser Rolle ist. Es werden, so weit wie möglich, die Rollenspieler für alle drei Familien ausgesucht, die Herkunftsfamilie des Vaters, der Mutter und des Entdeckers. Jetzt sind wir bereit zum nächsten Schritt: die Spieler bringen ihre Rollen zum Leben.

6 Anns Reise zum Licht

Um eine Familienrekonstruktion nachvollziehbar zu machen, werde ich die Rekonstruktion einer 37jährigen Frau beschreiben, die ich Ann nenne. Ann wollte mit der Rekonstruktion die Beziehung zu ihrer Mutter in Ordnung bringen. Ihr Leben lang hatte sie sich von ihrer Mutter bedroht und mißbraucht gefühlt. Ihre Mutter erschien ihr zeitweise geradezu verrückt. Sie wollte verstehen, warum ihre Mutter sich so verhalten hatte und es immer noch tat. Mit ihrem Vater hatte Ann eine liebevolle Beziehung, voll Nachsicht und Mitgefühl. Ihr Vater konnte nichts falsch machen und ihre Mutter nichts richtig.

Bevor ich Ann interviewte, las ich, was sie zur Vorbereitung an Informationen gesammelt hatte. Zwei Dinge fielen dabei auf: Zum einen Anns Abschlußbemerkung, daß sie das Gefühl hätte, „im Sumpf zu stecken". Sie litt sehr stark unter ihrem Zustand, und der Gedanke, wieder in ihre Vergangenheit einzutauchen und mit den schmerzhaften Erlebnissen noch einmal in Berührung kommen zu müssen, erzeugte in ihr schreckliche Angst und Widerstand. Sie hatte intensiv daran gearbeitet, mit ihrer Depression und den dysfunktionalen Aspekten ihres Lebens fertig zu werden – hatte sich sozusagen umerzogen. Sie hatte Angst, daß eine erneute Konfrontation mit der Vergangenheit diese Arbeit zunichte machen könnte.

Außerdem fiel mir auf, daß sie die Chronik nicht mit der Geburt ihrer Großeltern sondern mit ihrer eigenen Geburt begann. Es gab darin keinerlei Hinweis auf die Heirat ihrer Eltern oder die Familien von Mutter und Vater, obwohl die klare Anweisung gegeben war, diese Familien miteinzubeziehen. Die Aufgabe, die drei Geburtsfantasien niederzuschreiben, erfüllte sie nur teilweise. Sie sagte, es wäre ihr einfach unmöglich, sich die Geburt ihrer Mutter vorzustellen. Sie konnte nur die Geburt ihres Vaters und ihre eigene beschreiben.

Diese zwei Beobachtungen ließen vermuten, daß sie einer neuen Sicht der Dinge großen Widerstand entgegensetzen würde. Ich entschloß mich, dies im Interview anzusprechen. Es war jedoch nicht möglich, Ann noch vor der Rekonstruktion zu interviewen. Beim Interview in der Gruppe konfrontierte ich sie mit ihrer Angst, sich der

Vergangenheit zu stellen. Mit Erleichterung hörte ich, daß dies ein augenblicklicher Gefühlszustand gewesen sei und sie sich von ihrer Angst nicht von der Rekonstruktion abhalten ließe. Ich sagte ihr dann, daß es ihr wahrscheinlich nicht gelingen würde, ihre Mutter in neuem Licht zu sehen oder neue Gefühle zu ihr zu entwickeln, ihr Ärger und ihr Haß hätten eine zu wichtige Funktion für sie. Diese alten Gefühle wären ein Schutz für sie und es wäre zu bedrohlich, sie aufzugeben. Ich sagte ihr, das wäre in Ordnung; vielleicht müßte sie diese alten Gefühle zu ihrer Sicherheit noch aufrecht erhalten.

Als ich das zu ihr sagte, schien sich in ihr etwas zu lösen; sie begann sich der Möglichkeit zu öffnen, daß vielleicht doch etwas Neues in der Beziehung zu ihrer Mutter passieren könnte. Es ist fraglich, wie wirksam die Rekonstruktion ohne diese vorausgehende Intervention gewesen wäre. Die Rekonstruktion führte dann tatsächlich dazu, daß sie für ihre Mutter Mitgefühl und Verständnis entwickelte. Indem ich ihr die Erlaubnis gegeben hatte, ihre alten Bilder und Gefühle aufrecht zu erhalten, hatte sie die Freiheit, in die eine oder andere Richtung zu gehen. Das Zwanghafte war aus der Dynamik verschwunden.

Noch vor dem Interview hatte Ann die drei Genogramme ihrer Familie groß an der Wand angeschlagen, so daß jeder darauf Bezug nehmen konnte. Ich bilde sie hier ab (Abbildung 12, 13 und 14). Ann hatte keine Vorstellung, wie sie zu einer Versöhnung mit ihrer Mutter kommen könnte. Ich erläuterte folgendes:

Abbildung 12: Die Familie von Anns Vater

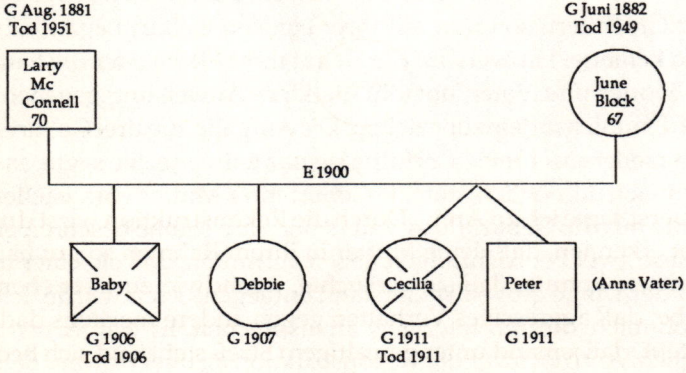

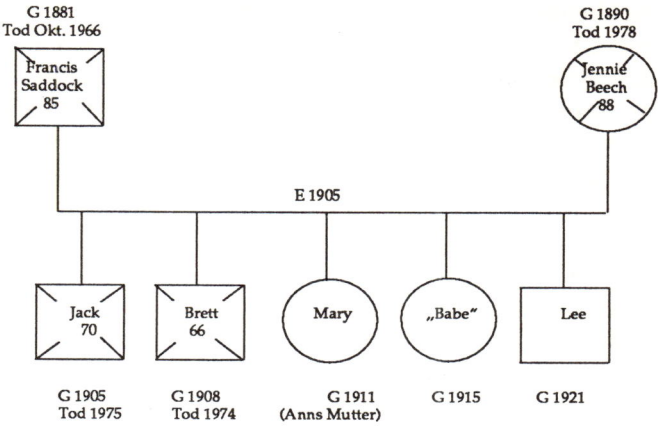

Abbildung 13: Die Familie von Anns Mutter

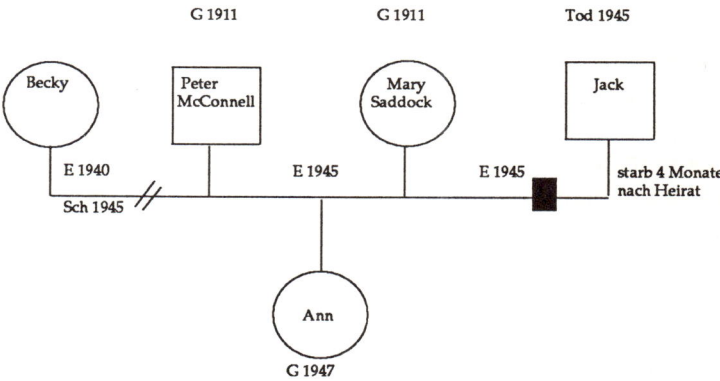

Abbildung 14: Anns Familie

Zuerst sagte ich zu Ann: „Durch die Rekonstruktion wirst du vielleicht erkennen, daß deine Mutter in ihrem Rahmen so gut handelte, wie sie konnte, daß sie versuchte, irgendwie zu überleben. Ich glaube, daß aggressives Verhalten gegen andere meistens dadurch entsteht, daß jemand unter gewaltigem Streß steht und sich bedroht fühlt. Auf diese Weise schützt sich die Person.

Solltest du jedoch feststellen, daß deine Mutter einfach eine hart-
herzige, egoistische, unsensible Frau ist, dann wäre es schwer, weiche, versöhnliche Gefühle zu ihr zu entwickeln. Du könntest nicht
glauben, daß sie das Bestmögliche tat und ihre Attacken gegen dich
nichts anderes als Selbstschutz waren. Wenn du aber zu Marys
Familie zurückgehst und siehst, wie sie erzogen wurde, dann wirst
du vielleicht verstehen, wie sie zu dieser egoistischen Person wurde,
und vielleicht kann sich deine Einstellung zu deiner Mutter dann
wandeln."

Es ist sehr unwahrscheinlich, daß die Mutter eines Tages zu Ann
sagen wird: „Das alles habe ich dir in deiner Kindheit angetan und
ich entschuldige mich dafür." Ann hatte vorher einmal gesagt, daß
sie sich eine Entschuldigung von ihrer Mutter wünsche. Ich sagte
jedoch zu Ann: „Mary wird wahrscheinlich blind für das sein, was
sie dir angetan hat. Die Augen vor den Auswirkungen des eigenen
Verhaltens zu verschließen, ist ein guter Selbstschutz. Es ist sehr bedrohend, wenn man entdeckt, daß man seine Tochter wirklich kaputt
macht. Auch ist es möglich, daß die Umgebung deiner Mutter dazu
beigetragen hat, daß sie nicht sehen mußte, was sie tat, dazu gehörst
auch du! Wie oft hast du deiner Mutter deine wahren Gefühle mitgeteilt?"

Ann gab zu, daß sie ihren Schmerz und ihren Ärger meistens verborgen hatte. Sie begann zu erkennen, inwiefern sie an dem, was ihr
zustieß, beteiligt war. Das ist ein sehr wichtiger Punkt. Üblicherweise wird ja die Schuld anderen gegeben, als hätte man keinen Anteil
an der ganzen Sache.

Mir schien es wichtig, Ann im vorhinein zu sagen, wie ihr eine Familienrekonstruktion helfen könnte, damit sie sich für die Möglichkeit des Wandels öffnete. (Normalerweise tue ich das nicht.) Sie
konnte so ihre Energie auf einen bestimmten Weg ausrichten –
bewußt und unbewußt.

Ich bat Ann dann, ein oder zwei ihrer gegenwärtigen Konflikte zu
schildern. Zuerst sprach sie über „eine Art chronische Depression.
Sie ist eigentlich dauernd da, so daß ich sie schon fast wie ein Haus-
tier betrachte." Damit bestätigte sie, was sie schon vorher gesagt
hatte, daß sie ihren Ärger auf die Mutter nicht zum Ausdruck bringe.
Statt dessen schluckte sie ihn herunter, was zu chronischer Depression führte. Das zweite Problem bestehe darin, sagte Ann, daß ihre

Mutter immer noch versuche, in ihrem Leben herumzupfuschen. Ann kam auf ihre Depression zurück und sagte, sie würde in der letzten Zeit schlimmer. Sie kenne zwar ein paar Methoden, mit denen sie sich gelegentlich aus dem Zustand herausbringen könne, aber zur Zeit versagten auch diese Techniken.

Ich fragte sie, ob sie sich je gegen die Übergriffe von Mary wehrte. Ann antwortete: „Nicht richtig. Ich habe einfach nicht die Kraft dazu. Ich werde irgendwie kalt und ziehe mich zurück, und vielleicht rufe ich dann meinen Vater an und beschwere mich bei ihm." Sie erzählte, daß sie kürzlich einmal bei ihrer Mutter wirklich rasend geworden sei. „Das habe ich in meinem ganzen Leben vielleicht erst zweimal fertiggebracht. Ich werde lieber nicht wütend auf meine Mutter, weil das meinen Vater so sehr bedrückt – er wird dann krank."

Ann hatte von ihrem Vater gelernt, ihre Mutter nicht zu konfrontieren oder Ärger zu zeigen. Ich wies sie darauf hin und fragte sie, ob ihre Mutter auch ihren Vater in die Ecke dränge. Sie sagte, daß sie eigentlich nicht wüßte, was zwischen den beiden vor sich gehe. Das ließ vermuten, daß sie noch nie erlebt hatte, daß Peter wütend auf Mary wurde. Ich machte Ann klar, daß die Rolle, die ihr Vater spielte, für sie sehr schädlich wäre. Ann hatte ein so idealisiertes Bild von ihrem Vater, daß ich jede Gelegenheit ergriff, dieses Bild zu relativieren, und Ann auf seine Grenzen hinzuweisen, insbesondere da, wo sie Ann schadeten. Eines der wichtigsten Ziele der Familienrekonstruktion besteht darin, die Eltern als Menschen aus Fleisch und Blut erscheinen zu lassen, anstatt als Götter oder Teufel.

Gegen Ende des Interviews war ich noch mehr davon überzeugt, daß Ann im Unbewußten an ihrer harten Haltung gegenüber der Mutter festhalten wollte. Eine weichere Einstellung würde sie Mary nahe bringen und damit bestünde wieder die Gefahr, von Mary vereinnahmt zu werden. Weil Ann ihren Ärger nicht rauslassen konnte aus Angst, damit ihren Vater zu verletzen, fühlte sie sich Mary gegenüber nie stark und so war schon der Gedanke, ihr nahe zu kommen, bedrohlich.

Für mich bestand das Ziel dieser Familienrekonstrutkion darin, daß Ann lernte, sich ihrer Mutter gegenüber zu behaupten und gleichzeitig Verständnis und Mitgefühl für sie zu entwickeln. Dazu mußte sie erleben, daß der Ausdruck von Ärger ihren Vater nicht umbrachte. Das Ziel erschien mir zwar klar zu sein, aber ich hielt mich offen für das, was im Laufe der Rekonstruktion geschehen würde.

Ich forderte Ann auf, ihr alter ego – also die Person, die sie für sich selbst ausgesucht hatte – wie eine Statue zu formen, und zwar so, daß sie Anns gegenwärtige Verfassung möglichst genau zum Ausdruck brachte. Ann hatte diesen Prozeß, der sculpting genannt wird, schon miterlebt und wußte, um was es geht. Anfängern mache ich vor, wie es geht. In Anns Fall hätte ich ihr alter ego in eine Körperhaltung gebracht, die meine momentane Wahrnehmung von Ann veranschaulicht hätte. Sculpting ist eine der wirkungsvollsten Methoden, um jemandem sehr schnell ein inneres Gespür für die Rolle zu vermiteln, die er in der Rekonstruktion spielen soll. Damit die Skulptur dem Orginal möglichst ähnlich wird, fordere ich den Entdecker auf, die Blickrichtung zu überprüfen, den Gesichtsausdruck, die Stellung der Beine, der Arme, der Hände und der Finger, und solange Veränderungen vorzunehmen, bis alles stimmt.

Wenn der Entdecker dabei viel spricht, fordere ich ihn auf, schweigend vorzugehen. Leute, die viel reden, scheuen sich meistens davor, einen anderen anzufassen, ihn herumzuschieben, die Handhaltung zu verändern etc. Wenn der Entdecker sich anders als gewöhnlich verhalten muß, dann kommt er eher an sein Unbewußtes heran; dort sind die energiegeladenen Informationen aufbewahrt. Das Unbewußte weiß mehr als das Bewußte. Sculpting ist eine sehr wirksame Methode, um diese Quelle anzuzapfen. Die Ergebnisse erweisen sich als sehr verläßlich.

Abbildung 15 zeigt Anns Skulptur von ihrem alter ego. Das alter ego soll in dieser Positon ein oder zwei Minuten bewegungslos verharren; dadurch kommen Gedanken und Gefühle hoch. Nach diesen Augenblicken der Stille fragte ich Anns Double, was in ihr vorgehe. Sie sagte, daß sie Spannung in den Schultern und in den Augenbrauen spüre, daß sie sich verstört fühle, Angst habe und nicht wüßte, was als nächstes passieren würde. Ich fragte Ann nach ihrer Reaktion. Ihre Antwort: „Genau so fühle ich mich – gestört und ausgeliefert."

Dann forderte ich Ann auf, ihr Double so zu verändern, wie Ann sein könnte, nachdem ein Wunder geschehen sei. Abbildung 16 zeigt das Ergebnis. Ich fragte das Double, wie sie sich fühle. Sie sagte: „Ich fühle mich im Innern sauber und offen nach außen, voller Hoffnung und Optimismus, ich habe wirklich Hoffnung für mein Leben." Ann gefiel das sehr.

Das zeigt, welche Kraft in dieser Methode steckt und wie sehr sie ins Schwarze trifft. Die Skulptur, die Ann geschaffen hatte, sprach genau die Gedanken und Gefühle aus, die Ann wirklich hatte. Solange man diese Erfahrung nicht gemacht hat, kann man kaum glauben, daß das möglich ist. Hätte Ann die Skulptur nur ein wenig verändert, hätte das andere Gefühle und Reaktionen ausgelöst. Obwohl ich diesen Prozeß schon tausendmal erlebt habe, bin ich doch jedesmal wieder erstaunt.

Ich hatte mehrere Gründe dafür, Ann zwei Skulpturen von ihrem alter ego machen zu lassen. Zuerst wollte ich Ann von der Methode überzeugen, damit sie sich für den weiteren Rekonstruktionsprozeß öffnen konnte. Darüber hinaus sollte sie einen Vorgeschmack davon bekommen, wie herrlich es ist, aus den gegenwärtigen Zwängen befreit zu sein, auch wenn sehr viel Zeit und Anstrengung investiert werden müssen. Vielleicht wollte ich auch Anns Bereitschaft testen, sich auf den Prozeß einzulassen. Ich war darauf gespannt, ob entweder Ann oder ihr alter ego am Ende der Rekonstruktion ganz natürlich zu der hoffnungsfrohen Haltung finden würden.

Ann sollte dann ihre Mutter und ihren Vater nachbilden, so wie sie die Eltern in ihrer Kindheit wahrgenommen hat. Abbildung 17 zeigt das Ergebnis. Nach einigen Augenblicken der Bewegungslosigkeit fragte ich die beiden nach ihren Gefühlen und Gedanken. Mary sagte, daß sie sich einsam fühle. Sie spüre zwar eine gewisse Unterstützung von ihrem Mann, aber mehr nicht. Sie könne sich einfach nicht bewegen. Es täte ihr sehr weh, daß sie keinen warmen Kontakt zu ihrem Mann herstellen könne.

Peter sagte, daß er Distanz und Unbehagen fühle, denn seine Frau schaue ihn nicht an, obwohl er sie anschaue; er spüre jedoch eine gewisse Wärme und positive Gefühle, weil er seinen Arm um sie legen und sie unterstützen könne. Peter sagte auch, daß ihn irgend etwas davon abhalte, sich vorzubeugen und seiner Frau in die Augen zu schauen. Genau wie Mary hatte auch er das Gefühl, sich nicht bewegen zu können. Ich sagte, irgend etwas sei hier am Werk, das sie beide davon abhielte, sich einander zuzuwenden.

Üblicherweise hätte ich an diesem Punkt Ann nach ihrer Reaktion gefragt. Aber ich tat es nicht. Sie sollte einfach in sich aufnehmen,

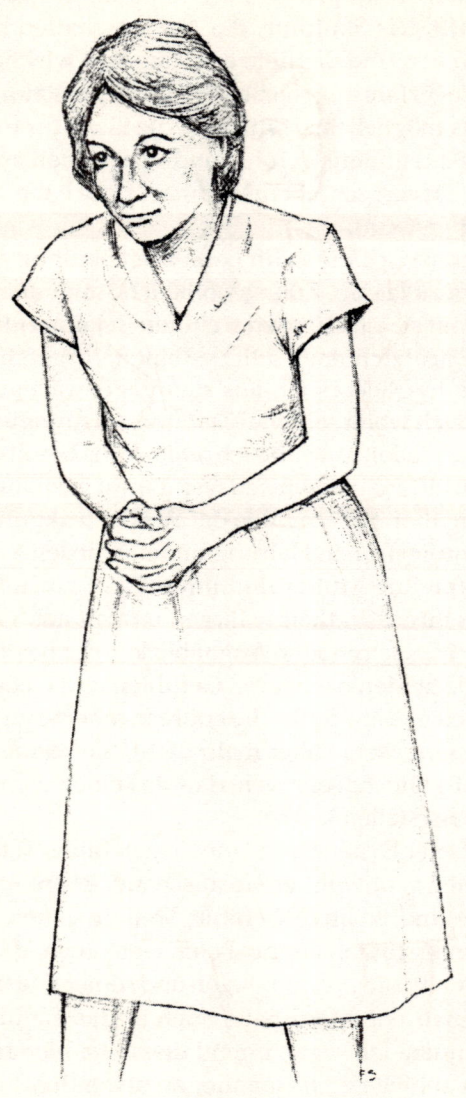

Abbildung 15: Anns alter ego – wie sie sich zu Beginn der Familienrekonstruktion sieht.

Abbildung 16: Ann – wie sie sein möchte.

Abbildung 17: Anns Mutter und Vater – wie Ann sie in ihrer Kindheit wahrnahm.

was sie sah, denn es war ein neues Bild ihrer Mutter. Ich wollte Ann keine Gelegenheit geben, das Einsamkeitsgefühl der Mutter beiseite zu schieben. Die Verbalisierung hätte Anns negatives Mutterbild stärken können. Deutlich war, daß Ann von dem, was ihre Mutter und ihr Vater sagten, überrascht war.

Es gibt keine Regel, die vorschreibt, daß man mit der Elternskulptur anfangen müßte, vor den Familien von Mutter und Vater. Bei Ann wollte ich die Elternskulptur sehen – unbeeinflußt von den elterlichen Familien. Ich hatte einfach so ein Gefühl im Bauch. Das meiste, was ich tue, kommt aus dem Instinkt und der Intuition, ohne daß ich immer weiß, warum ich etwas tue.

Als nächstes wollte ich Peters Familie näher anschauen, und zwar mit Hilfe der Skulpturmethode. Ich befürchtete, daß Ann mit ihrer verbalen Beschreibung auf der bewußten Ebene hängen bleiben würde, wo alles, was ihren Vater betraf, in Rosarot getaucht war. Schon die Betrachtung des Genogramms zeigte mir, daß Peters Leben sehr belastet war, auf Grund des Todes seiner Zwillingschwester und eines kleinen Bruders im Säuglingsalter. Sehr wahrscheinlich war Ann nicht klar, inwieweit diese Todesfälle das Leben ihres Vaters geprägt hatten.

Nachdem Ann June und Larry ausgewählt hatte, sagte ich ihnen, was ich aus dem Stammbaum wußte: wann und wo sie geboren wurden und wie alt sie seien. Ich forderte Ann dann sogleich auf, die beiden so hinzustellen, wie sie bei ihrer Heirat ausgesehen haben könnten. Ich möchte wörtlich wiedergeben, was Ann dabei sagte, denn es zeigt, wie diese Methode das Unbewußte öffnet. Natürlich war Ann nicht dabei, als June und Larry heirateten, aber man merkte, daß die Szene für Ann im Lauf des Prozesses immer realer wurde. Ann sagte zu June: „Es stimmt jetzt fast, wie du dastehst, nur dein Gesichtsausdruck ist zu freundlich; du mußt hart sein, hart und streng. Du bist die Art von Frau, die sagt: ‚Besser man stirbt, als daß man ein Syphilisfall wird.'" Zu Larry sagte sie: „Nein, nicht so – gerade, ganz gerade und eng. Ich weiß nicht, ob du das kannst – ein strenger Ausdruck, aber eigentlich hast du einen Witz im Hinterkopf und würdest gerne lachen, aber du tust es nicht, weil es sie irritiert." Ann ging zu June zurück und sagte: „Hör auf, auf deinen Lippen rumzubeißen. Du siehst streng und selbstgerecht aus. Du brauchst nicht die Lippen zusammenzupressen, weil du recht hast und weißt, daß es die Welt eines Tages anerkennen wird. Ja, so ist es genau richtig."

Ich will auch die Äußerungen der Rollenspieler zitieren, nachdem sie von Ann in diese Position gebracht worden waren. Es zeigt, wie dadurch Gedanken und Gefühle mobilisiert werden.

June: „Ich fühle mich starr. Ich möchte meine Knie entspannen. Mein Rücken tut mir weh. Wenn ich so stehe, schmerzt mein Hals. Man bringt wirklich ein großes Opfer, um im Recht zu sein." (Sie seufzt.)

Larry: „Ich fühle mich okay, mit beiden Füßen auf dem Boden. Ich spüre Distanz, aber man kümmert sich um mich. Ich habe hier nicht sehr viel investiert, deswegen geht es mir ganz gut. Ich muß mich hier nicht wirklich anstrengen. Ich mache meine Arbeit gut und fühle mich eigentlich ganz wohl, vielleicht ein bißchen einsam, als gäbe es eine Grenze in meinem eigenen Haus. Aber ein wirkliches Problem ist es nicht, deswegen werde ich nichts verändern."

Nun fragte ich Ann, wie sie darauf reagiere: „Ich glaube, so könnte sich Larry gefühlt haben. June starb, als ich noch sehr klein war und Larry bald hinterher. Ich habe keine Erinnerung an sie, aber an das Haus kann ich mich erinnern. Alles war blitz blank, sparsam eingerichtet mit Möbeln aus schwerem, dunklen Holz, alles war sauber und am richtigen Platz. Ich weiß, daß meine Mutter sagte, June sei streng und hart gewesen." Dann fragte ich Ann nach ihren Gefühlen: „Ich habe keine Gefühle zu ihr, weil ich sie nicht kenne." „Weckt die Skulptur irgendwelche Gefühle in dir?" Darauf Ann: „Ich bin traurig, daß in der Familie meines Vaters so wenig Leben und Freude war."

Ich sagte Larry und June, daß sie bald ein Baby bekommen würden. June gab ich einen Pullover, den sie sich unter die Bluse steckte, um ihre Schwangerschaft deutlich zu machen. Solche kleine Stützen helfen dem Entdecker, in die Szene einzutauchen. Auch kommt dadurch ein bißchen Humor in die Geschichte; während der ganzen Rekonstruktion versuche ich, dem Schweren und Ernsten auch Leichtes und Lustiges entgegenzusetzen. Ich fragte Larry und June, wie es ihnen gehe, nachdem sie festgestellt hätten, daß June schwanger sei.

Larry: „Ich fühle mich ziemlich bedrückt. Schwanger werden, schwanger sein ist irgendwie was Mechanisches. Da ist immer noch nichts investiert. Ziemlich schwer das ganze, ich spüre es hier im Magen. Die Witze sind eigentlich nur eine Methode, mich zu drücken. Man kümmert sich ums Haus, geht zur Arbeit, schafft das Geld ran, aber es ist verdammt schwer alles."

Diese Äußerungen von Larry gaben Ann ein Gefühl dafür, in was für eine Familie ihr Vater hineingeboren wurde.

Ich sagte zu Larry und June, es wäre nun Zeit für die Geburt. June zog den Pullover heraus und ich legte ein Kissen in ihre Arme. Ein Junge war geboren.

June: „Welchen Namen sollen wir dem Baby geben?"

Larry: „Ich weiß wirklich nicht. Du machst doch diese Sachen. Dir wird bestimmt ein guter Name einfallen."

June: „Ich habe Angst, ich fürchte mich. Wir wollen es aber niemandem sagen. Möchtest du ihn halten?"

Larry: „Oh nein, nein. Es ist schon in Ordnung."

Ich sagte ihnen, daß das Baby nach ein oder zwei Wochen starb. Um das zu veranschaulichen, zog ich den Bezug vom Kissen ab.

June: „Es ist meine Schuld. Ich wußte nicht, was ich mit dem Baby machen sollte. Ich wußte nicht, wie man ein Baby versorgt. Ich hab es einfach nur angeschaut; ich wußte nicht, was ich tun sollte. Es ist meine Schuld. Ich war nicht gut genug. Ich habe mich so bemüht."

Larry: „Ist schon in Ordnung. Wir bekommen noch eins."

June: „Ich werde es wiedergutmachen."

Ich fragte sie, ob sie etwas fühlten, das sie nicht gesagt hätten.

Larry: „Ich stehe hier und schwanke unwillkürlich hin und her. Ich habe am Anfang gar nicht gemerkt, daß ich es tat. Mir fällt auf, daß ich während der Schwangerschaft meine rechte Hand hinter dem Rücken hatte und die Linke sie festhielt. Als das Baby da war, wollte ich meine Hände nach ihm ausstrecken, aber sie waren gefesselt; obwohl mir jemand das Baby hinhielt, blieben die Hände gefesselt. Ich verstehe das nicht, aber ich glaube, so war es."

June: „Ich hatte das gleiche Gefühl. Ich wollte das Baby lieben, aber ich hatte Angst davor. Ich habe so viel durchgemacht, um dieses Baby zu kriegen, und dann ist es so ein Würmchen. Ich habe mir etwas ganz anderes vorgestellt. Ich habe irgendeinen Groll auf dieses Baby und fühle mich sehr schuldig, jetzt, wo es tot ist."

Ich forderte June und Larry auf, das Baby zu begraben. Sie legten das Kissen auf den Boden und sahen sehr traurig aus, als sie sich hinknieten. Ich fragte sie, ob sie etwas sagen wollten:

June: „Wenn wir noch ein Baby haben, dann mach ich das wieder gut."

Larry: „Ich muß härter arbeiten. Ich muß es tun. Diesmal habe ich mich einfach nicht richtig um die Dinge gekümmert. Wir werden es das nächste Mal besser machen. Ich arbeite einfach härter."

June: „Du meinst, in deinem Beruf?"

Larry: „Härter arbeiten!"

June: „Wenn du von zu Hause weg bist?"

Larry: „Ich weiß es nicht. Härter arbeiten eben."

Als June wieder hörte, daß er härter arbeiten müsse, murmelte sie irgend etwas Abfälliges. Ich fragte sie, ob sie das auch laut sagen würde. „Oh nein!" Ich fragte sie: „Meinst du, ihr werdet euch später zu Hause noch über ein weiteres Baby unterhalten?" Beide verneinten das, es wäre einfach selbstverständlich, daß sie wieder auf ein Baby zusteuern würden.

Im nächsten Jahr wurde June wieder schwanger und bekam ihr zweites Kind, ein Mädchen namens Debbie. Ich steckte ihr wieder den Pullover unter die Bluse und fragte sie, wie es ihr jetzt bei der zweiten Schwangerschaft gehe.

June: „Dieses Baby wird vollkommen sein; ich werde ein perfektes Baby zur Welt bringen."

Larry: „Ich bin beunruhigt und ich möchte bei diesem Baby aktiver sein. Ich weiß nicht recht, wie ich das anstellen soll."

Nun wurde das Baby, das so rosige Aussichten hatte, geboren. Debbie krabbelte zwischen den Beinen der Mutter hervor und stellte sich vor Mutter und Vater hin.

June: „Ich bin einfach überwältigt. Sie ist ja ein wirklicher Mensch. Ich werde ihr zeigen, daß sie sich zu benehmen hat. Sie wird eine gute Tochter sein. Dieses Kind werde ich mir von Gott nicht nehmen lassen."

Das Baby wandte sich abrupt von der Mutter ab. Debbie hatte Angst vor ihr.

Um den Prozeß zu beschleunigen, sagte ich, daß Debbie nun fünf Jahre alt wäre. Ich forderte die Rollenspieler auf, gemeinsam eine neue Skulptur zu bilden, die dem Gefühl entsprach, das nach fünf Jahren des Zusammenlebens entstanden sein könnte. June ist jetzt dreißig und Larry zweiunddreißig; die nächste Schwangerschaft ist nicht mehr fern. In der Skulptur tatscht er Debbie auf den Kopf. Larry beschrieb, welches Gefühl dabei in ihm aufkam. Er fühlte sich nur dann als Vater wichtig, wenn er Debbie durch sein Verhalten hilflos machte. Nur so hatte er eine gewisse Bedeutung in der Familie.

Ann platzte heraus, daß ihr Vater genau das gleiche mit ihr mache: Er mache sie hilflos, damit er sich wichtig fühle. „Das muß er von seinem Vater gelernt haben! Großvater McConnell behandelt mich genauso!" Oft sieht der Entdecker in der Familienrekonstruktion, wie ein Verhaltensmuster von einer Generation zur anderen weitergegeben wird. Er erkennt, daß er genau das gleiche tut, und die Motivation wird gestärkt, das Muster zu durchbrechen.

June gebar Zwillinge. Sie war hocherfreut, daß Gott ihr zwei Babies geschenkt hatte. Sie sah darin eine göttliche Anerkennung, nachdem sie das erste Kind verloren hatte. Aber drei Wochen nach der Geburt starb einer der Zwillinge (ein Mädchen). June stürzte sich auf das andere Kind, Peter (Anns Vater), und preßte ihn verzweiflungsvoll an sich, um nur ja sicher zu gehen, daß er nicht auch noch stürbe. Als ich Peter, June und Larry fragte, wie es ihnen gehe, sagte Larry, es gehe ihm jetzt richtig gut, weil er nun Debbie habe und June Peter. Der Druck war weg und er fühlte ein bißchen mehr Kontakt zu June. June sagte, sie hätte sich so gefreut, Zwillinge zu bekommen, und wäre entsetzt gewesen über den Tod des kleinen Mädchens. Sie wollte unter allen Umständen vermeiden, daß Peter auch noch stürbe.

Peter: „In den ersten zwei Lebenswochen, als meine Zwillingsschwester noch lebte, fühlte ich mich wirklich willkommen. Ich wurde warm aufgenommen und sanft berührt. Ich fühlte mich richtig wohl. Sobald meine Schwester starb und meine Mutter mich an sich preßte, fühlte ich mich in der Falle; meine Welt war plötzlich beschnitten, weil meine Mutter mich so hielt, daß ich nicht mehr herumschauen konnte. Das sanfte, warme, offene Gefühl war weg und ich fühlte mich gefangen."

Ann erinnerte sich nun daran, daß ihr Vater einmal gesagt hätte, wie sehr Anns Mutter doch seiner eigenen Mutter gliche. „Mein Vater sagte mir, wie sehr ihn diese Erkenntnis überrascht hätte, denn er hätte doch sein Leben lang versucht, sich dem Griff der Mutter zu entwinden, und nun hätte er eine Frau geheiratet, die June ganz ähnlich sei und ihn wieder umklammere." Ann war erstaunt, daß man selbst dann, wenn man auf keinen Fall eine Frau haben will, die der Mutter ähnelt, schließlich doch jemanden mit einer solchen Persönlichkeitsstruktur heiratet.

Mit weicher Stimme sagte Ann zu June: „Es tut mir leid, daß du zwei Babies verloren hast, besonders das zweite, das für dich doch bedeutet hat, daß dein Verhältnis zu Gott wieder in Ordnung war."

June sagte, daß sie eigentlich gar nicht wisse, wie man Kinder liebe. Sie dürfe das nicht zugeben, weil es ein Zeichen von Schwäche sei. Deswegen sprach sie nie mit ihrem Mann über dieses Gefühl des Ungenügens.

Ich fragte Ann, was sie fühle. Ann sagte zu June: „Ich habe Mitgefühl mit dir, aber auch Ärger gegen dich. Hör doch auf, so starr zu sein, riskiere doch mal was, versuche etwas Neues. Du mußt gar nicht immer vollkommen sein oder alles wissen."

An diesem Punkt forderte ich Ann auf, die Augen zu schließen und sich ihren Vater vorzustellen. „Mach dir klar", sagte ich zu Ann, „daß dein Vater seiner Mutter Vorwürfe macht für die Art, wie sie

Abbildung 18: Peter, June, Debbie und Larry, als Peter fünf und Debbie zehn Jahre alt war.

ihn erzogen hat, und daß er sich damit rechtfertigt. Mach dir klar, daß du bereit bist, June zu konfrontieren, aber nicht deinen Vater."

Ann: „Ich kann es nicht, weil es ihn verletzen würde."

Ich sagte Ann, daß sie ihrem Vater genauso ausweiche wie Peter seiner Mutter.

Dabei ließ ich es vorerst bewenden und wandte mich wieder der Familie zu. Die vier sollten sich nun so aufstellen, wie die Situation gewesen sein könnte, als Peter fünf und Debbie zehn Jahre alt war. Debbie stellte sich zu Peter, um ihn vor seiner Mutter zu schützen. (Siehe Abbildung 18) Peter fühlte sich von seiner Schwester beherrscht. Debbie wollte ihn in eine bestimmte Richtung haben und June in eine andere. Er fühlte sich nun unter der Fuchtel von zwei Frauen. Das könnte der Schlüssel dafür sein, warum Peter später wieder eine starke Frau heiratete. Peter sagte, daß er seinem Vater übelnehme, daß er June gegenüber nicht mehr Initiative entwickelt habe, damit sie nicht so viel Druck auf ihn ausüben könne. Hier beendeten wir die Arbeit mit Peters Familie. Ich forderte Peter auf, nicht zu vergessen, wie er sich jetzt fühle; später wäre es gut, wenn er sich daran erinnern könnte, in welche Persönlichkeitsstruktur ihn seine Familie hineingepreßt habe.

Nun bat ich Anns alter ego, ihre Gefühle mitzuteilen. Sie sagte zu Ann, daß sie ein Muster erkennen könne. So wie sich Peter gegenüber seiner Mutter hilflos gefühlt habe, so auch gegenüber seiner Frau. Sie spüre, daß Peter auf Debbie eifersüchtig sei, weil sie eine engere Beziehung zum Vater habe als er. Ann sagte, das stimme alles. Sie sehe jetzt, wie passiv ihr Vater sei. Ihr Vater hätte derartig schlechte Gefühle zu seiner Schwester Debbie, daß die beiden seit dreißig Jahren nicht miteinander gesprochen hätten. Zum Bruch war es beim Tod von Großvater McConnell gekommen. „Als Großvater starb, machte er Peter zum Testamentsvollstrecker, aber Debbie fand, sie hätte das sein müssen. Das führte zum Zerwürfnis, das nun schon dreißig Jahre dauert. Vielleicht ist der tiefere Grund in den Gefühlen zu suchen, die Peter als Kind zu seiner Schwester hatte."

Mir kam ein Einfall. Ich bat die vier Rollenspieler ihre Positionen in der gegenwärtigen Szene wieder einzunehmen, und stellte Ann an die Stelle ihres Vaters. Ich ließ sie eine Weile ruhig stehen, bis Reaktionen in ihr aufkamen. Dann bat ich Debbie und June, ihre Gefühle und Gedanken mitzuteilen.

June sagte zu Peter (Ann): „Du bist das Glück meines Lebens und bedeutest mir alles."

Debbie zu Peter (Ann): „Geh weg von ihr (June)."

Die beiden wiederholten ihre Sätze ein paarmal, bis Ann, die in Peters Schuhen steckte, schließlich herausschrie: „Ich muß weg, ich muß aus diesem Sumpf heraus!"

Dann fragte ich Peter, der zuschaute, was er fühle. Er sagte, den Ärger könne er gar nicht mehr spüren, den er ursprünglich gegen seinen Vater gehabt hätte wegen seiner Passivität gegenüber June – als hätten die beiden Frauen einen Wall aufgerichtet. Peter wurde klar, daß ihm der Ärger auf seinen Vater nie zu Bewußtsein gekommen wäre.

Ann begann nun zu ahnen, daß auch sie vielleicht auf ihren Vater – den sie in so rosigen Farben gesehen hatte – böse sein könnte, weil er sie in keiner Weise vor den Übergriffen der Mutter geschützt habe. Ich forderte Ann auf, zu sagen oder *zu tun*, was jetzt gerade ihr Bedürfnis sei. Sie schrie einfach nur: „Ich möchte hier raus!", aber sie blieb in der Skulptur stehen, ohne sich zu rühren. Ich sagte ihr, ich hätte ihr die Anweisung gegeben, etwas zu sagen oder zu tun, sie sei jedoch stehen geblieben und habe nur geschrien. Ann staunte, daß ihr der Gedanke überhaupt nicht gekommen war, einfach wegzugehen.

Nun kam die Familie von Mary, Anns Mutter, an die Reihe. Ann suchte die Rollenspieler aus und begann sogleich, die Skulptur der Familie nachzubilden. Die Leichtigkeit, mit der sich Ann bewegte und die einzelnen Personen zurechtrückte, gab mir Zutrauen, daß sie aus dem Unbewußten handelte. Sie korrigierte immer wieder einzelne Haltungen, bis sie wirklich das Gefühl hatte, daß alles stimmte. Die Skulptur wird in Abbildung 19 dargestellt. Man sieht, daß die Mutter von der Familie in die verschiedensten Richtungen gezerrt wurde. Mary sagte, sie fühle sich durcheinander und machtlos.

Ich bemerkte, daß Ann von dem, was die Rollenspieler sagten, nicht berührt wurde, daß ihr Gefühl nicht ansprang. Ich forderte Ann deswegen auf, eine Rolle nach der anderen zu spielen und mit ihrer Mutter einen Dialog zu führen. Das war genau das Richtige! Beim Spielen der verschiedenen Charaktere wurde sie wieder ganz lebendig. Jede Person spielte sie anders, und das Ergebnis war, daß ihr der Geist, der in dieser Familie herrschte, unter die Haut ging. Ann

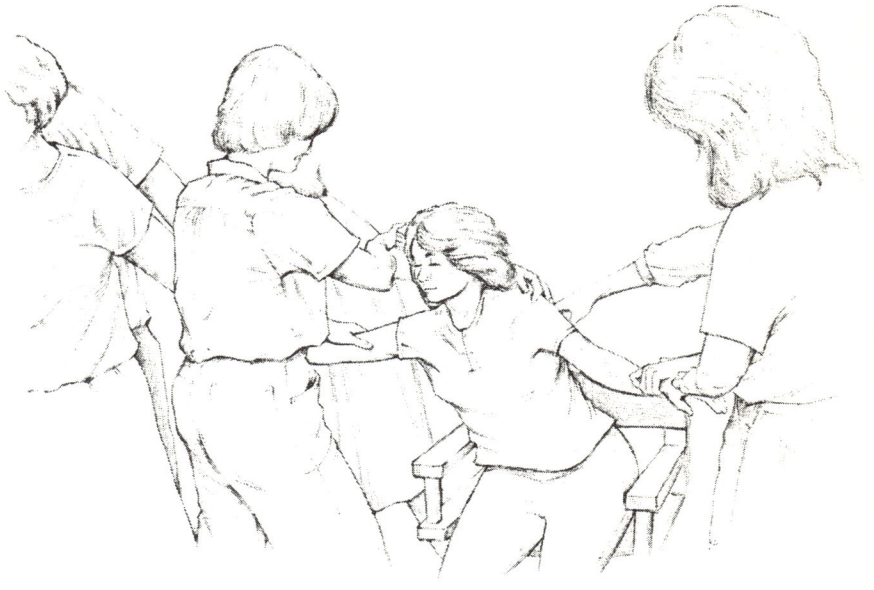

bekam in jeder Rolle Feedback von Mary, ihrer Mutter. Das schuf einen tiefen Gefühlskontakt zwischen den beiden, durch den sie ihre Mutter völlig anders erfahren konnte als unter deren Dominanz in der Kindheit.

Wörtliche Zitate vermitteln den Prozeß am besten. In der Rolle von Lee, dem jüngsten Kind in der Familie, sagte Ann: „Babe und ich gehen jetzt runter zur Eisenbahn. Wir wollen Geldstücke auf die Schienen legen und zuschauen, wie sie platt gewalzt werden. Danach gehen wir zum alten John und nehmen eins von seinen Pferden. Wir wollen ihm Heu aufbinden und es dann über den Hof scheuchen, bis das Heu überall rumfliegt. Dann wollen wir zum Kramer reiten und ein paar Äpfel stehlen und dort irgendwas anstellen. Du kannst mitkommen, wenn du willst. Naja, dann bleib eben zu Hause." Lee war offensichtlich ein Spaßvogel, der auch gern mal ein Risiko einging. Mary konnte sich den Spaß nicht zugestehen, auch wenn sie sich tief im Innern danach sehnte.

Nachdem Ann alle Personen gespielt hatte, bat ich die Rollenspieler wieder die Skulptur herzustellen. Ich forderte Mary auf, die Augen zu schließen und nach innen zu spüren. Sie sagte, daß sie sich verwirrt und hilflos fühle, daß ihr etwas in der Kehle stecke und ihr übel sei.

Dann forderte ich Ann auf, die Augen zu schließen und auf ihre Gefühle zu achten. Nach ein oder zwei Minuten öffnete sie die Augen und sagte zu Mary: „Ich verstehe jetzt, warum du bei deiner Heirat nicht viele Kinder haben wolltest, nachdem du in deiner Familie so herumgezerrt worden bist. Es macht mich traurig, daß du nach außen etwas ganz anderes darstellen mußtest, als du innen gefühlt und gedacht hast. Schade, daß du das nie durchbrechen und du selbst sein konntest. Du konntest nie mit Babe und Lee losziehen und Unsinn machen, einfach aus Spaß. Du mußtest immer das artige Kind sein und alles richtig machen."

Nun fragte ich Anns alter ego nach ihren Gefühlen. Sie könne verstehen, sagte sie, daß Mary sich in dieser Familie orientierungslos und hilflos fühle. Wahrscheinlich habe Mary nie ein echtes Selbstgefühl entwickelt, habe nie verstanden, wer sie eigentlich sei.

Nachdem Mary Ann und Anns alter ego gehört hatte, fragte ich sie erneut nach ihren Reaktionen. Mary sagte: „Es ist wirklich gut zu wissen, daß jemand versteht, wie es in meinem Innern aussieht. Ich glaube, es ist das erste Mal in meinem Leben, daß wirklich jemand versteht, wie es mir geht." Diese Äußerung von Anns Psychodrama-Mutter ließ Ann begreifen, wie wichtig es war, ihrer wirklichen Mutter Verständnis entgegen zu bringen.

Ich forderte Ann auf, mit ihrer Mutter direkt zu sprechen. Ann sagte: „Es freut mich, daß es dir gut tut, verstanden zu werden. Ich wußte nicht, daß dich keiner verstand und wie wichtig das für dich ist. Ich freue mich wirklich darüber." Sie sagte das in einem sehr sanften und mitfühlenden Ton. Zum Abschluß des ersten Tages fragte ich alle Rollenspieler, ob sie noch irgend etwas mitzuteilen hätten.

Diese Rekonstruktion fand an einem Samstagnachmittag und Sonntagmorgen statt. Bevor wir am Samstagabend auseinandergingen, entließ ich die Spieler aus ihren Rollen. Später werde ich erklären, warum das notwendig ist, und wie ich es mache.

116

7 Die Reise nähert sich dem Ziel

Als wir am nächsten Morgen mit der Familienrekonstruktion weiter-machten, berichtete Ann, es sei ihr jetzt erst richtig deutlich gewor-den, daß sie in ihrer Familie keine negativen Gefühle hatte aus-drücken dürfen; vielmehr sei von ihr erwartet worden, immer das fröhliche Kind zu spielen. Jeder Ausdruck von Unglück hätte ihre Eltern verletzt; sie hätten dann das Gefühl gehabt, keine guten Eltern zu sein, da sie der Überzeugung waren, daß gute Eltern glückliche und schlechte Eltern unglückliche Kinder produzieren.

Ich fragte Anns Rollenspiel-Eltern, Peter und Mary, ob sie irgend-eine Vorstellung hätten, wie es zu diesem Verbot negativer Gefühle gekommen sein könnte. Peter war das klar: Seine Eltern hätten zwei Kinder verloren, es laste ein enormer Druck auf ihm, seine Eltern glücklich zu machen; dazu müsse er sich ins Muster ihrer Vorstel-lungen fügen – müsse ein Musterkind sein. Diese Wertvorstellung habe er in sich aufgenommen und nach der Heirat mit Mary in seiner eigenen Familie weiter zur Richtschnur gemacht.

Mary sagte, daß sie als Kind unglücklich gewesen sei, aber immer so getan habe, als sei sie glücklich. Sie hätte sich fest vorgenommen, ihr eigenes Kind einmal wirklich glücklich zu machen; ihr Kind hätte also wieder unter dem Druck gestanden, „glücklich" zu sein. Mary sagte auch, daß sie am vorhergehenden Tag gegen Ende der Arbeit Traurigkeit in Anns Augen gesehen habe. Sie hätte eigentlich die Hand ausstrecken und sie berühren wollen, aber irgend etwas habe sie davon abgehalten.

Ann begann zu weinen und sagte: „Das ist wirklich traurig. Genau das hätte meine Mutter zu mir gesagt."

Mary wußte nun auch, was sie daran hinderte. Hätte sie zu Ann gesagt: „Komm, zeig deinen Schmerz, du brauchst ihn nicht so zu verstecken wie ich", dann wären die Dämme gebrochen, die sie ein Leben lang vor ihrem Leiden aufgerichtet hatte. Das empfand sie als zu bedrohlich.

In diesem Augenblick, in dem der Schmerz zum erstenmal zart berührt wurde, machte ich Ann deutlich, daß ihre Mutter das gleiche Problem hatte wie Ann: Auch sie habe in ihrer Familie ihre negati-ven Gefühle nicht zum Ausdruck bringen dürfen. Vielleicht könne sie ihre Mutter jetzt besser verstehen, denn sie wäre ihr darin ja ganz ähnlich. Anns Mitgefühl regte sich, und sie begann ihre Mutter in neuem Licht zu sehen. Ann sagte, daß sie dieses Verhalten nun wirklich nicht mehr fortsetzen wolle.

Zu Beginn der Arbeit an diesem Sonntagmorgen ließ ich einen nach dem anderen seine Gefühle mitteilen. Das Stimmungsbarometer stand auf hoch. Ann sprach als letzte. Sie sagte, es gehe ihr nicht gut. Sie spüre Traurigkeit über ihre Eltern und fühle sich innerlich wackelig. Ich machte Ann klar, daß sie gerade eine ihrer Regeln gebrochen habe. Obwohl jeder hier froh und munter sei, habe sie den Mut gehabt, den anderen zu zeigen, daß sie sich schlecht fühle. Wir redeten einige Minuten über dieses neue Verhalten. Sie sagte: „Gut, ich hab's also einmal geschafft, was soll ich jetzt tun?"

Ich sagte, sie solle sich selbst dafür anerkennen. Wenn sie ihr Muster einmal durchbrochen habe, könne sie es morgen wieder tun, und falls notwendig auch am nächsten Tag. Ich sprach langsam und gab ihr einige Minuten der Stille, um die Erfahrung in sich einsinken zu lassen und das gute Selbstgefühl auszukosten.

Nun nahm ich die Arbeit mit Anns Eltern, Peter und Mary, wieder auf. Um Peter und Mary wieder in ihre Rollen hineinfinden zu lassen und einige Neuankömmlinge ins Bild zu setzen, forderte ich die beiden auf, der Gruppe mitzuteilen, wer sie seien und was ihre Persönlichkeit charakterisiere.

Von Peter hörten wir das folgende: „Ich bin Peter. Ich bin Anns Vater. Ich bin eher ein ruhiger Typ und halte mich aus den Dingen heraus. Man hat vielleicht oft den falschen Eindruck von mir, weil in mir häufig etwas ganz anderes vorgeht, als ich außen zeige. In meiner Familie habe ich gründlich gelernt, meine Gefühle für mich zu behalten und mich rauszuhalten, einfach um zu überleben – jeder zerrte an mir. Meine Mutter wollte ein Musterkind. Sie meinte es gut mit mir, sie wollte wirklich, daß es mir gut ging. Meine Schwester versuchte andauernd, mich zu verändern und mir gute Ratschläge zu geben. Sie war älter und hat mir das Leben zur Hölle gemacht. Bis zum heutigen Tag kann ich sie nicht leiden; wir haben jahrelang nicht miteinander gesprochen, da liegt's also wirklich im argen. Und mein Vater? Ich bin ihm ziemlich ähnlich; er hat auch nicht viel von seinen Gefühlen gezeigt, das schien für ihn okay zu sein und für mich glaube ich auch. Als ich mir eine Frau suchte, war mir wichtig, daß sie ihren Job gut macht und für Frieden sorgt; eine Frau, die ich achten konnte, die zuverlässig war und mir den Rücken für meine Arbeit freihielt."

Was empfand Ann bei diesen Äußerungen ihres „Vaters"? „Er hat sich wohl die richtige gesucht, eine, die ihm den Haushalt schmiß, so daß er sich ganz seiner Arbeit widmen konnte. Sie macht ja auch den Eindruck, als wäre sie stark. Sie hat alles fest an der Kandarre. Ich glaube gar nicht, daß sie so stark ist, aber sie schafft es wirklich gut, diesen Eindruck zu erwecken. Als Hausfrau war sie perfekt."

Ich forderte Mary auf, zur Gruppe zu sprechen. Sie berührte dabei Erfahrungen am Vortag, von denen ich manches im vorhergehenden Kapitel noch nicht erwähnt habe. Sie sagte: „Heute bin ich 72. Ich bin zuverlässig; das habe ich in meiner Familie ausgiebig geübt. Ich mußte für meinen Vater sorgen und für meine älteren Brüder. Und gestern hatte ich plötzlich das Gefühl, daß sie mich alle sexuell mißbraucht haben. Ich konnte niemandem sagen, wie schrecklich verletzt ich war – niemand weiß, wie mir zumute war – aber ich sorgte dennoch für diese Familie. Ich sorgte für meine älteren Brüder, meinen Vater, meinen jüngeren Bruder und meine jüngere Schwester. Ich hatte das Gefühl, für sie alle verantwortlich zu sein, und sie konnten sich auf mich verlassen; am liebsten wäre ich weggerannt und hätte mich versteckt, aber ich war immer da. Ich hielt alles in mir verschlossen und habe vielleicht viel vergessen. Ich wollte viele Kinder haben und ihnen all das geben, was ich hatte entbehren müssen. Aber die Rechnung ging nicht auf. Ich bekam Angst, als mein erstes Kind da war und ich sah, wie blockiert ich war, wieviel Angst ich hatte. Es war viel schwerer, als ich gedacht hatte."

Ich sagte zu Mary: „Ist dir schon mal jemand begegnet, der als Kind geschlagen wurde und sich schwor, das niemals mit seinen eigenen Kindern zu machen, es dann aber doch tat? Oder jemand, der zu wenig Zärtlichkeit und Verständnis von seinen Eltern bekommen hatte und an seinen Kindern das alles gutmachen wollte, es aber nicht konnte?"

Mary bejahte.

Ich fragte sie, ob sie eine Erklärung dafür habe. Sie hatte keine.

Ich erläuterte folgendes: Selbst wenn wir ganz klar wissen, wie wir nicht sein wollen, schaffen wir es oft nicht, weil wir kein Vorbild haben. Wenn ein Kind in einer Familie aufwächst, in der es keine Zuneigung gab oder sie nicht gezeigt wurde, dann wird es sich als Erwachsener vielleicht vornehmen, seinen Kindern gegenüber zärtlich und liebevoll zu sein, aber er kann es nicht, weil das Vorbild fehlt; er weiß einfach nicht, wie man das macht. Da bleiben die Leute dann stecken. Das Kind, dem Gewalt angetan wurde, möchte keine Gewalt gegen seine Kinder ausüben, aber es weiß als Erwachsener nicht, wie man anders mit Frustration umgehen kann als zuzuschlagen.

Durch diesen Dialog mit Mary wollte ich Ann Gelegenheit geben, ihre Mutter zunehmend von innen zu verstehen.

Ich wandte mich zu Ann und fragte sie nach ihren Reaktionen.

„Ich glaube, das stimmt", antwortete sie. „Wenn ich daran denke, zu heiraten und Kinder zu haben, dann möchte ich wirklich, daß sie anders aufwachsen als ich, aber ich befürchte, daß ich nicht dazu in der Lage wäre, weil ich ja selbst noch nicht gelernt habe, anders zu sein." Kein Wunder, daß Ann mit 37 noch nicht verheiratet war.

Ann sagte dann, wie sehr sie die Vermutung der Mutter getroffen habe, daß sie sexuell mißbraucht worden sei. Sie habe immer schon eine dunkle Ahnung in dieser Richtung gehabt, weil die Mutter derartig negative Ansichten über Sex habe. Jack, der ältere Bruder, sagte, daß er am Tag zuvor im Rollenspiel auch dieses Gefühl gehabt hätte, daß er seine Schwester mißbraucht haben könnte. Mary sagte: „Als ich gestern in der Rolle drin war, konnte ich darüber nicht sprechen, als gebe es ein Verbot, dieses Thema zu berühren." Alle, die gestern Rollen in dieser Familie gespielt hatten, lachten auf, denn es war auch ihre Erfahrung gewesen. Das zeigt, wie sehr die Spieler mit den Charakteren eins werden, und daß das, was im Rollenspiel passiert, den tatsächlichen Verhältnissen sehr nahe kommt.

Ich forderte Ann auf, sich vorzustellen, welche Last ihre Mutter ihr Leben lang mit sich herumgeschleppt habe, wenn sie sexuell mißbraucht worden sei und niemals darüber habe reden können. Natürlich hat das ihre Haltung zur Sexualität beeinflußt. Dann fragte ich Mary, welche Art von Mann sie hätte heiraten wollen. Sie antwortete: „Jemand, der lieb mit mir sein würde und mich aus der Familie rausholen würde... Da in meiner Familie ständig etwas von mir verlangt wurde, suchte ich jemanden, der ruhig war und nicht so viele Ansprüche an mich stellte."

Ich bat Ann, zu erzählen, was sie von den kurzen vorhergehenden Ehen von Peter und Mary wisse, und wie Peter und Mary sich kennengelernt hätten. Eine der wichtigen Szenen im Psychodrama ist der Augenblick, in dem sich die Eltern begegnen. Ann wußte, daß sich ihre Eltern bei einer Tanzveranstaltung der Universität in ihrer Heimatstadt kennengelernt hatten. Wir setzten also den Tanz in Szene. Die Gruppenmitglieder fanden sich zu Paaren zusammen und tanzten zu Liedern, die uns aus jener Zeit einfielen. Im Rollenspiel konnte Ann nun ihre Eltern bei der Werbung beobachten – die Schüchternheit und den Kitzel, die zu dieser Situation gehören. Der Entdecker erlebt seine Eltern vielleicht zum erstenmal als Wesen mit sexueller Anziehung und sieht die lustige und spielerische Seite ihrer Persönlichkeit. Er gewinnt dadurch ein menschlicheres Bild von ihnen.

Nach der Tanzszene stellten wir dar, wie Peter am nächsten Tag Mary zum erstenmal in ihrer Familie besuchte. Die Beteiligten zeigen sich von ihrer menschlichen Seite, mit all dem Humor, dem Ernst, der Schüchternheit, die dazu gehören; die Grundeigenschaften, die die einzelnen in ihren Familien gelernt haben, treten mit aller Deutlichkeit zutage. Mary mußte natürlich das brave Fräulein zur Schau stellen und ihre Erregung und Abenteuerlust im Innern verbergen.

Dieser Abenteuerlust hatte Mary ein Ventil verschafft, indem sie während des zweiten Weltkrieges Fliegen gelernt hatte. Peter bewunderte das außerordentlich. Mary gab zu erkennen, daß dies der erste Mann sei, der sie für ihr Fliegen richtig anerkenne, und das machte Peter sehr anziehend für sie.

Nach den Werbungsszenen bat ich Peter und Mary, ihre Augen zu schließen und zu spüren, was sie zueinander hinzöge und warum sie heiraten wollten. Nach dem verbalen Austausch forderte ich sie auf, eine Skulptur zu machen: Peter und Mary am Tag ihrer Hochzeit. Abbildung 20 zeigt das Ergebnis.

Ich fragte Ann, wie die Skulptur auf sie wirke. Sie sähe zwei Leute, sagte sie, die sehr stolz aufeinander wären, sehr verliebt, und offensichtlich gleiche Träume und Hoffnungen hätten. An diesem Punkt fing Ann an zu weinen. Ich forderte sie auf, mit ihren Eltern zu sprechen. Sie sagte ihnen, wie sehr sie sich wünsche, sie zu dieser Zeit erlebt zu haben, sie sehe sie jetzt als warmherzige, gute, liebevolle Menschen. Es rührte Ann tief, diese Seite ihrer Eltern, die sie offensichtlich nicht erlebt hatte, wahrzunehmen. Durch einen Tränenschleier hindurch sagte sie zu Vater und Mutter, daß sie vielleicht

Abbildung 20: Peter und Mary am Tag ihrer Hochzeit

ihre Beziehung gestört habe; jetzt seien sie jung und vital und es sei sehr viel Liebe zwischen ihnen zu spüren.

Ich fragte Ann, ob es noch irgend etwas gebe, daß sie ihrer Mutter oder ihrem Vater sagen wolle, oder das sie tun wolle. Wir kämen jetzt zum Ende der Familienrekonstruktion. Sie sollte überprüfen, ob es noch etwas Unerledigtes gebe.

Ann, noch immer in Tränen, sagte zu ihrer Mutter, wie leid es ihr täte, daß ihre Mutter das, was jetzt da sei, in ihrer Ehe nicht habe leben können; sie verstehe jetzt, warum sie so habe handeln müssen, wie sie es getan habe. Ann ging auf ihre Mutter zu und umarmte sie; die beiden Frauen hielten einander in den Armen.

Während dieser Umarmung forderte ich Ann auf, sich den Augenblick ihrer Geburt vorzustellen, wie ihre Mutter sie in die Arme geschlossen und gestreichelt und für sie gesorgt habe. Sie sollte erleben, daß ihr die zärtliche Liebe, die sie jetzt spürte, sicherlich auch als kleinem Baby zuteil geworden sei. Das ist wichtig, denn unser Anfang hat großen Einfluß auf unser Schicksal, und die Vorstellung, die wir uns von unserer Geburt machen, ist wesentlich für unser Selbstwertgefühl.

Ann wandte sich nun ihrem Vater zu und umarmte auch ihn. Danach bat ich sie, neben mir Platz zu nehmen und nicht zu sprechen. Sie sollte die Erfahrung in sich einsinken lassen. Nach einer Weile fragte ich sie, ob sie noch irgend etwas tun oder sagen wolle, bevor wir die Rekonstruktion ganz beendeten. Ann: Es falle ihr nichts ein. „Mir scheint", sagte ich, „daß du noch eine Menge Fragen hast, zum Beispiel, was wohl in der Ehe schief gegangen ist, daß sie so wurde, wie du sie erlebt hast. Ich glaube, das sind wichtige Fragen. Aber ich glaube auch, daß du gerade eine sehr wesentliche Erfahrung gemacht hast, die allmählich ihre Wirkungen zeitigen wird, und dafür möchte ich dich um Geduld bitten. Das ist alles neu für dich – du siehst deinen Vater und deine Mutter nun völlig anders und hast ihre Dynamik verstehen gelernt. Bleib bei dem, was du jetzt erlebt hast; im Laufe der Zeit werden sich dir neue Fragen stellen, und du wirst dich mit ihnen auseinandersetzen können." Sie schien damit zufrieden zu sein, als wollte sie wirklich die neuen Wahrnehmungen und das neue Verstehen in sich aufnehmen.

Ich fragte Anns alter ego, ob sie etwas zu sagen habe. Sie sagte zu Ann, daß sie ihre Stärke bewundere, mit der sie sich in diesen zwei Tagen auf den Prozeß eingelassen habe und bereit gewesen sei, ihr Verhalten zu ihren Eltern zu verändern.

Ich fragte alle anderen Rollenspieler, ob sie in der Rolle noch etwas zu sagen hätten. Ann hörte mit der gleichen Offenheit zu, die sie der ganzen Rekonstruktion entgegengebracht hatte. Fast alle Botschaften drückten Liebe aus.

Nun mußten die Spieler wieder aus ihren Rollen entlassen werden. Ich leite sie durch folgenden Prozeß: Die Teilnehmer schließen die Augen und lassen die Erfahrungen, die sie in der Rolle gemacht haben, an sich vorüberziehen; sie machen sich die Bedeutung bewußt, die diese Erfahrungen für sie selbst haben. Sie danken der

Person, welche sie dargestellt haben, dafür, daß sie in ihren Charakter haben eindringen dürfen, verabschieden sich von ihr und nehmen das Namensschild ab. Sie nennen sich innerlich selbst beim Namen und stellen sich die Wohnung vor, zu der sie an diesem Tag zurückkehren werden, die Küche, das Bad, das Wohnzimmer – bis sie wieder ganz bei sich angekommen sind. Sie öffnen die Augen.

Ich fragte, ob jemand mitteilen möchte, was er oder sie bei der Familienrekonstruktion gewonnen habe. Mehrere Teilnehmer sagten, daß sie nun etwas in ihrem Leben und ihrer Familie verstehen könnten, was ihnen vorher rätselhaft gewesen sei, und wie froh sie wären, an der Rekonstruktion teilgenommen zu haben.

Ich glaube, daß diese Familienrekonstruktion deswegen so stark auf Ann wirkte, weil sie den Mut gehabt hatte, sich zu öffnen und ihre Gefühle tief zu durchleben. Ann hatte die Reise mit einem einseitigen Bild von Vater und Mutter und entsprechend einseitigen Gefühlen begonnen. Das waren die simplifizierten Wahrnehmungen eines Kindes. Nach der Erforschung der drei Familien verstand Ann die Vielschichtigkeit ihrer Eltern und die Kräfte, die sie geformt hatten. Diese neue Einsicht weckte in Ann neue Gefühle, insbesondere zu ihrer Mutter. Ärger, Haß und Kälte schmolzen dahin und verwandelten sich in Weichheit, Mitgefühl und Vergebung. Hatte Ann ihre Mutter vorher kaum berühren können, so schloß sie sie am Ende der Rekonstruktion unter Tränen in die Arme. Es war wirklich eine Reise ans Licht!

Noch eine abschließende Bemerkung: Ich habe nicht alle Szenen und Dialoge wiedergegeben, sondern mich auf die wesentlichen beschränkt. Die gesamte Arbeit, beginnend mit dem Interview, dauerte fünf bis sechs Stunden.

8 Die Nachwirkungen der Reise

Einige Fragen drängen sich auf: Werden die Wirkungen der Familienrekonstruktion von Dauer sein? Wird sich das Verhältnis von Ann zu ihren Eltern wirklich ändern? Wird Ann nun in der Lage sein, ihren Ärger und ihre negativen Gefühle besser zum Ausdruck zu bringen? Wird sie ihre eigene Kraft fühlen und weniger depressiv sein? Wird ihr Selbstwertgefühl wachsen?

Die Antworten auf diese Fragen hängen von verschiedenen Dingen ab. Aus meiner Erfahrung würde ich sagen, daß Anns neues Erleben und Wahrnehmen tief genug war, um bleibende Wirkungen zu zeitigen. Allerdings ist es damit nicht getan.

Eine solche Erfahrung muß als Anfang verstanden werden. Sie hat für Ann neue Bilder, neue Gefühle, neue Erfahrungen mit sich gebracht. Jetzt, wo die Tür offen ist, muß Ann immer wieder hindurchgehen und weiter fortschreiten. Sie muß das neue Wahrnehmen und Verhalten wiederholen und einüben. Es bedarf bewußter Anstrengung, um es in ihr Leben zu integrieren. Eine Familienrekonstruktion ist kein Wunder und keine magische Heilung. Sie ist ein machtvoller Anfang oder eine Energiespritze für das, was bereits begonnen hat.

Es ist absolut entscheidend, daß das neue Verhalten in den Tagen nach der Rekonstruktion immer wieder geübt wird. Das erinnert mich an einen Freund, der letztes Jahr zu einem Golfkurs ging. An jedem der fünf Tage mußte er unter den Augen eines Trainers 500 Schläge machen. Sobald er in seine alten Gewohnheiten zurückfiel, korrigierte ihn der Trainer. Um das neue Verhalten zur Gewohnheit zu machen, schlug er in fünf Tagen 2 500 Bälle, bekam Blasen an die Hände und Muskelkater in den Armen und Schultern. Und selbst nach diesen fünf Tagen sagte der Trainer zu meinem Freund mit aller Deutlichkeit: „Wenn Sie nicht ein ganzes Jahr intensiv weiterüben, dann haben Sie tausend Dollar verschwendet." Wenn solch ein Einsatz nötig ist, um den Bewegungsablauf und die Muskelreaktionen bei einem Golfschlag zu verändern, welcher Anstrengungen bedarf es dann, um aus eingefahrenen psychologischen Geleisen herauszukommen?

Vielleicht braucht Ann noch Hilfe, um das in die Tat umzusetzen, was durch die Familienrekonstruktion möglich wurde. Diese Hilfe muß nicht professionell sein. Es kann eine Gruppe von Gleichgesinnten sein, die sich unterstützen. Vielleicht helfen ihr auch nahe Freunde. Viele Entdecker sind bei den Anonymen Alkoholikern oder ähnlichen Gruppen. Der Leiter sollte darauf hinweisen, daß die Nachwirkungen der Rekonstruktion Monate, ja Jahre anhalten können. Ich vergewissere mich, ob dem Entdecker dafür Hilfe zur Verfügung steht, sei sie professioneller oder privater Art.

Ich glaube, daß Anns Erfahrung tief genug war, um ihre Beziehung zu ihrer Mutter zu verändern. Ich vermute, daß die neue Sichtweise und das neue Verständnis im Verhalten von Ann zu ihrer Mutter irgendwie durchschlagen wird. Es ist gut möglich, daß Mary sich verändert, wenn sie merkt, daß sie von ihrer Tochter verstanden wird. Wenn dieses Gefühl wächst, dann wird die wirkliche Mary vielleicht eines Tages das gleiche Gefühl haben wir ihr Double in der Rekonstruktion: „Zum ersten Mal in meinem Leben versteht mich jemand." Sollte das geschehen, so wird sich die Beziehung dramatisch ändern, so ähnlich, wie es Andrea im ersten Kapitel berichtet hat.

Kommt es nicht dazu, so ist deswegen nicht alles verloren. Ann kann nach wie vor daran arbeiten, sich von Marys alten Einmischungsversuchen nicht unterkriegen zu lassen und das Verständnis für sie zu bewahren. Das ermöglicht Ann, ihre Mutter so zu nehmen, wie sie ist, und sich nicht dadurch ins Boxhorn jagen zu lassen, daß sie sich nicht ändert. Wenn es Ann gelingt, ihre neue innere Einstellung und Reaktionsweise gegenüber der Mutter aufrecht zu erhalten, dann hat es die Mutter mit einer anderen Ann zu tun. Das Zweiersystem wäre verwandelt, selbst wenn Mary sich nicht von der Stelle gerührt hätte. Das kann im Laufe der Zeit nicht ohne Wirkung auf die Mutter bleiben. Selbst wenn der unwahrscheinliche Fall eintreten sollte, daß zwischen Ann und Mary nichts Neues passiert, dann wird die Familienrekonstruktion doch Anns Selbstgefühl gehoben haben. Vor der Rekonstruktion empfand Ann nur Ärger und Ablehnung für ihre Mutter. Sehr real, wenn auch nicht sichtbar, negierte Ann damit einen Teil von sich selbst, denn Mary ist Teil von Anns Wurzeln. Die Ablehnung, ja das Abschneiden eines Teils von sich selbst vermindert das Selbstwertgefühl.

Je öfter ich Familienrekonstruktionen leite, um so mehr sehe ich, daß zwei der wichtigsten Wirkungen vom Entdecker am wenigsten gesehen werden. Am Ende der Rekonstruktion weiß der Entdecker, daß er – oder sie – neue Einsichten und neues Verständnis gewonnen hat. Sie weiß, daß sie neue Erfahrungen gemacht und anders gefühlt hat. Vielleicht hat sie sogar die Überlebensregeln erkannt, die ihr bisher den Weg verstellt haben. Sie wird zum Ausdruck bringen, daß diese neuen Erfahrungen für ihr weiteres Leben große Bedeutung haben. Es gibt jedoch zwei andere Wirkungen der Rekonstruktion, die dem Entdecker meist gar nicht auffallen.

Die erste besteht darin, daß die Entdeckerin ihre Eltern als normale Menschen erfahren hat und nicht als Autoritätspersonen, unfehlbare Götter, denen sie ausgeliefert ist. Eine umfassende psychologische Erfahrung (nicht intellektuelles Erfassen) von Mama und Papa als Mary und Peter ist eine wesentliche Voraussetzung für dauerhaften Wandel im Entdecker. Die Macht, die die Eltern über den Entdecker ausgeübt haben, wird gebrochen oder aufgelöst, wenn sie auf die Ebene von ganz normalen Menschen heruntergeholt werden.

Warum haben die Eltern eine derartige Macht über Kinder, selbst wenn das Kind schon 37 Jahre alt ist? Warum ist es so schwer, die frühen Prägungen zu verändern? Der Grund besteht darin, daß ein Kind für sein Überleben von diesen Riesen abhängig ist und alles tun wird, um ihre Liebe und Zustimmung nicht aufs Spiel zu setzen. Das Kind belegt die Riesen mit gottähnlichen Qualitäten, schreibt ihnen Allwissenheit, Allmacht und Vollkommenheit zu. Solange die 37-jährige Tochter im Unbewußten immer noch dieses gottähnliche Bild ihrer Eltern herumschleppt, wird es ihr schwer fallen, sich gegen sie abzugrenzen. Erlebt sie die Eltern in der Familienrekonstruktion als gewöhnliche Menschen, dann ist der Würgegriff gelöst.

Ann hat Papa und Mama nun als Mary und Peter erlebt – mit Ängsten, sexuellen Bedürfnissen, Fehlern, Einsamkeit, Verletzlichkeit, Verwirrung, Unwissenheit. Ann merkt auf einmal: „Sie sind ja auch nicht anders als ich. Sie waren von ihren Eltern genauso abhängig, waren genauso unfähig, sich zu ändern. Auch sie konnten ihre Eltern nicht als Menschen sehen." Auf der unbewußten Ebene denkt sie: „Ich bin so mächtig wie sie. Also kann ich ändern, was ich will."

Ebenso entscheidend ist der zweite Nutzen, den die Entdecker meistens nicht sehen, nämlich die Erfahrung der eigenen Wurzeln.

Ich bin zunehmend davon überzeugt, daß im Grunde jeder weiß, daß er mehr ist, als was er zu sein scheint. Ein Mensch ähnelt einem Baum, der von einem gewaltigen Wurzelwerk erhalten wird, das unter der Oberfläche versteckt ist. Unser Selbstgefühl nährt sich aus dem ganzen Selbst, nicht nur aus dem Teil, der über der Erde sichtbar ist. Wenn die Familienrekonstruktion also den prägenden Erfahrungen nachspürt bis hinunter in die Wurzeln – und dazu gehören beide Großelternpaare – dann tritt zu Tage was gefehlt hat, vergessen oder unterdrückt war. Diese Erfahrung von Ganzheit nährt auf subtile und unbewußte Weise das Selbstwertgefühl des Entdeckers.

Das trifft sogar dann zu, wenn ein Teil des Baumes „krank" ist – wenn es in der Familie einen Kriminellen, einen Vergewaltiger, einen Verrückten oder einen Alkoholiker gibt. Durch die Familienrekonstruktion lernt der Entdecker, diese dysfunktionalen Aspekte von Familienmitgliedern oder sich selbst mit Mitgefühl zu verstehen. Wenn man Teile des Baumes versteckt oder nicht sehen will, dann beeinträchtigt man das eigene Selbstwertgefühl, denn die versteckte Botschaft in diesem Verhalten lautet: : „Irgend etwas an mir ist nicht okay." Das Annehmen der gesamten eigenen Geschichte, und dazu gehört auch das Begrenzte, enthält die Botschaft, daß man begrenzt sein darf; es gehört einfach zum Menschsein. Wenn also der Entdecker als Erwachsener allen seinen Wurzeln nachspürt, dann wächst sein Gefühl von Ganzheit, Fülle und Wert auf einer tiefen, unbewußten Ebene. Ich bin von diesen zwei positiven Wirkungen so überzeugt, daß ich eine Familienrekonstruktion selbst dann für eine lohnende Unternehmung halte, wenn der Entdecker keine großen Aha-Erlebnisse hat: Die Erfahrung der Eltern als gewöhnliche Menschen und die Erfahrung der eigenen lebendigen Wurzeln.

Ungefähr fünf Monate nach Anns Rekonstruktion erhielt ich einen Brief von ihr, den ich auszugsweise zitieren möchte:

Seit der Familienrekonstruktion hat sich meine Einstellung zu meiner Mutter auf subtile Weise gewandelt, wenn sich auch an unserem äußeren Verhältnis nicht viel geändert hat. Ich sehe meine Eltern nur ein paamal im Monat, mit meinem Vater telefoniere ich jedoch häufig. Das Bild von meiner Mutter hat sich vertieft, es hat durch ihre persönliche Geschichte eine neue Dimension gewonnen. Ich habe mehr Mitgefühl für sie und bin toleranter; aber ich bin immer noch nicht bereit, sie von der Verantwortung für den Einfluß freizusprechen, den sie auf das Leben der ganzen Familie gehabt hat. Ich fühle mehr Differenzierung zwischen ihr und mir. Wenn ich es in Worte fasse, dann hört es sich an wie ein Zitat aus einem Psychologielehrbuch: Ich fühle mich nicht mehr so verwoben mit ihr, spüre, daß ich eine eigenständige Identität habe, wir sind ja wirklich verschiedene Menschen; sie kann gemein und verrückt und sonst was sein, aber das heißt nicht, daß ich genauso sein werde, „wenn ich groß bin".

In meinem Leben hat sich viel geändert, angefangen mit meinem Job. Ich bekomme immer mehr zu tun, habe viel gelernt und habe großen Spaß daran. Ich unternehme viel mit Freunden. Oft komme ich am Montag müde zur Arbeit, wegen all der Aktivitäten am Wochenende! Am Mittwoch habe ich mich dann so weit erholt, daß ich wieder neue Pläne fürs Wochenende schmieden kann. Ich bin mit Männern ausgegangen! Ich habe ungefähr 15 Pfund abgenommen und trage wieder Make-up – das habe ich sieben Jahre lang nicht mehr getan – mit einem Wort, das Leben macht wieder Spaß. Ich lerne Tai Chi. Alles ist recht positiv und in Bewegung.

9 Was man aus Anns Reise lernen kann

Anns Familie ist einzigartig und doch gleichzeitig allen anderen Familien ähnlich. Die Dynamik der menschlichen Bedürfnisse, die in ihrer Familie wirksam ist, ist es auch in jeder anderen. Das zentrale Thema dieses Buches, ebenso wie von Anns Leben und allen Familiensystemen ist Selbstwert.

Selbstwertgefühl meint das Grundgefühl, das wir von uns selbst haben und mit uns herumtragen. Das Selbstwertgefühl kann hoch oder niedrig sein, je nachdem, ob wir gut oder schlecht von uns denken. Da so viel von diesem Selbstwertgefühl abhängt, kann man getrost sagen, daß unsere größte Lebensleistung darin besteht, zu einem hohen Selbstwertgefühl auf solider Basis zu gelangen. Das heißt nicht, daß wir dann gegen alle Einflüsse von außen resistent wären. Ein Zustand hohen Selbstwerts bringt Selbstvertrauen, hohe Energie, Kreativität und eine Fülle anderer positiver Einstellungen und Fähigkeiten mit sich. Dieser Zustand wird durch das Zusammenwirken verschiedener Faktoren herbeigeführt.

Im Zustand hohen Selbstwerts ist man fähig, sich selbst ganz und gar und ohne Bedingungen zu akzeptieren, zu achten und gern zu haben, und dazu gehören die Begrenzungen, Fehler und Narben, die die eigenen Schwächen verursacht haben. Eine Einstellung, die einen Teil des eigenen Selbst ignoriert, verurteilt oder verachtet, führt unweigerlich zu niedrigem Selbstwert. Ein Mensch mit dieser Einstellung erkennt meistens nicht einmal seine „guten" Seiten an. Wir alle kennen die Gefühle, die mit hohem oder niedrigem Selbstwert einhergehen. Hohes Selbstwertgefühl ist deswegen das große Entwicklungsziel im Leben. Um es zu erreichen, muß man wissen, aus welchen Elementen es besteht.

Hoher Selbstwert setzt voraus, daß man alles, was zu einem gehört, achtet und annimmt. Aus Erfahrung weiß ich, daß es bestimmte Schlüsselelemente gibt, die typischerweise ausgeklammert werden. Dazu gehört das Familiensystem. Es gibt oft Leute, die meinen, der Bereich ihrer persönlichen Realität ende an ihrer Haut.

Ein Mensch ist jedoch Teil eines Familiensystems, dessen lebendige Wurzeln mindestens drei Generationen zurückreichen. Wie oft ist ein Teil der Familie unbekannt oder wird absichtlich gemieden! Über den trunksüchtigen Großvater oder die Tante im Irrenhaus darf nie gesprochen werden, als würde dieser Teil der Familie nicht existieren. Die Botschaft ist klar: „Akzeptiere diesen Teil von dir nicht."

Eine andere Tatsache, der viele Menschen nicht gerecht werden, ist das Paradox von Einzigartigkeit und Gleichheit. So wie Kinder in der Schule Angst haben, eine Frage zu stellen, weil sie meinen, sie wären die einzigen, die etwas nicht verstanden hätten, so haben oft auch noch Erwachsene Angst, über sich zu sprechen. Aber jeder von uns steht vor Rätseln und Problemen. In dieser Hinsicht sind wir jedem anderen Menschen auf der Welt gleich. Einem solchen Verhalten liegt die Botschaft zugrunde: „Es ist unmenschlich, auf Fragen keine Antwort zu wissen."

Häufig werden Kinder so stark in das elterliche Muster hineingepreßt, daß sie ihre eigenen Gefühle nicht mehr spüren und nach dem, was sie wollen, nicht greifen können. Sie verleugnen ihre eigene Individualität so sehr, daß sie ihre besondere Eigenart gar nicht entwickeln. Die Botschaft, die sie empfangen haben, lautet: „Sei nicht du selbst."

Ein dritter wesentlicher Bereich, der oft abgelehnt und ausgegrenzt wird, sind die „negativen" Seiten, die Begrenzungen, Schwächen, Fehler, Sünden. Wenn diese Seiten nicht angenommen werden, dann wird eine Hälfte der Persönlichkeit abgeschnitten und verleugnet. Die volle persönliche Wirklichkeit wird nicht geachtet, nur die „positiven" Aspekte. Die Botschaft lautet: „Alles Negative ist unmenschlich."

Der vierte Bereich, der oft unbeachtet bleibt, ist das menschliche Bedürfnis nach drei verschiedenen Kommunikationsformen: Alleinsein, Nähe mit einem anderen Menschen und Eingebundensein in die Gesellschaft. Viele Menschen behalten ihr Innerstes für sich und teilen ihre tiefen Gefühle und Gedanken niemals mit. Sie trauen anderen nicht – oder trauen sich selbst nicht zu, daß sie mit Verletzungen und Vertrauensbrüchen, die im menschlichen Leben nicht auszuschließen sind, fertigwerden. Oder sie glauben, daß sie es nicht wert sind, daß sich irgend jemand für ihr Innenleben interessiert. Auf der anderen Seite sehe ich oft Menschen, die Alleinsein nicht ertragen können und sich an ihre Mitmenschen klammern. Wieder andere haben Angst, in der Gesellschaft ihren Platz einzunehmen. Jeder Schritt nach außen bedeutet für sie Streß. Hinter all diesem Verhalten stehen verschiedene Botschaften: „Du darfst niemandem trauen." „Du bist es nicht wert, daß man sich für dich interessiert." „Du genügst nicht, um mit dir allein zu sein und im Alleinsein Vergnügen zu finden." „Du wirst es in der Welt nie zu etwas bringen." So wird ein Teil der Persönlichkeit mißachtet und das notwendige Gleichgewicht zwischen den drei Kommunikationsformen gestört.

Das sind die vier Aspekte der Persönlichkeit, die so häufig mißachtet und abgelehnt werden. Dadurch setzt sich ein Mensch selbst herab und sein Selbstwertgefühl ist niedrig. Werden diese zentralen Aspekte geachtet und akzeptiert, dann kann die Persönlichkeit in ihrer ganzen Fülle zur Geltung kommen, und hohes Selbstwertgefühl ist die Folge.

Da hoher Selbstwert für das Wohlbefinden eines Menschen entscheidend ist, lohnt es sich, die Faktoren zu untersuchen, die ihn bestimmen. Am Ende dieses Kapitels habe ich diese Faktoren schematisch dargestellt. Manche Menschen werden so erzogen, daß sie kongruent kommunizieren, das heißt, ihre Gedanken und Gefühle klar und deutlich ausdrücken können. Andere nicht. Manche lernen Regeln, die ihnen erlauben, die menschliche Wirklichkeit in ihrer Gesamtheit anzunehmen, und sich mit ihr auseinanderzusetzen. Andere lernen Regeln, die diese Offenheit nicht zulassen. Manche bekommen ein Wertsystem und eine Lebensphilosophie mit, in der es Schwächen und Fehler geben darf. Andere müssen Schwächen verachten. Manche werden so erzogen, daß sie auch bei Bedrohung die Situation als ganzes im Auge behalten. Andere schneiden Teile der Wirklichkeit ab (z. B. der Ankläger die andere Person, oder der Beschwichtiger seine eigenen Bedürfnisse). Wenn uns beigebracht wird, einen Teil unserer Wirklichkeit auszugrenzen, dann bekommen wir die versteckte Botschaft: „Mit dir stimmt etwas nicht."

Wir wollen Anns Familienrekonstruktion nun noch einmal unter dem Aspekt des Selbstwerts betrachten. Hat sich Anns Selbstwertgefühl durch die Rekonstruktion verändert und wodurch wurde das bewirkt?

Anns Leiden an einer Mutter, die sie vereinnahmte und bedrohte, bedeutet, daß Ann ihre Mutter als eine mächtige Person erfuhr, die ihr die Botschaft gab: „Du darfst nicht du selbst sein" und „Teile von dir sind unannehmbar." Anns Selbstwertgefühl wird ständig geschwächt, denn in der Verstrickung mit der Mutter empfängt sie laufend Botschaften, die sie daran hindern, ihre ganze Persönlichkeit in Besitz zu nehmen.

Die Tatsache, daß sie die Chronik der beiden elterlichen Familien ausließ, zeigt, daß sie ihre familiären Wurzeln abschneidet. Damit verleugnet sie einen Teil von sich selbst. Das gleiche gilt für ihre Unfähigkeit, sich die Geburt der Mutter auszumalen: Sie schneidet die Mutter von sich ab und damit einen wesentlichen Teil von sich selbst. Ann bringt mit diesem Verhalten ihre Überzeugung zum Ausdruck, daß mit ihr etwas nicht stimmt.

Im Interview hatte ich Ann deutlich gemacht, daß die Kindheitserfahrungen die Mutter zu der gemacht hätten, die sie jetzt sei. Es war sehr wichtig, dies in Anns Bewußtsein zu bringen, denn sie glaubte unbewußt, daß ihre Mutter „eben so sei" – entweder durch Vererbung oder willentliche Entscheidung. Wenn wir durch unsere Gene völlig determiniert wären, gäbe es keine Hoffnung. Wäre andererseits unser gesamtes Verhalten das Ergebnis freier Entscheidung, dann gäbe es keinen Raum für Mitgefühl. Wenn wir uns ein komplizierteres aber doch realeres Bild der Persönlichkeit zu eigen machen und sie als Kombination aus Erbmasse, freiem Willen und frühen Prägungen sehen, dann wird Mitgefühl und Akzeptanz möglich. Mutters Geschichte auszulassen war für Ann die einfachste Möglichkeit, das düstere Bild beizubehalten, das sie ihr Leben lang von der Mutter gehabt hatte. Durch die Familienrekonstruktion erkannte Ann jedoch, wie die Mutter durch die besondere und komplizierte Dynamik ihrer Familie zu der Person wurde, die sie nun war. Am Ende der Reise konnte Ann ihre Mutter realistisch sehen (respektieren), ihre Kämpfe und ihre Stärken anerkennen (sie achten), Mitgefühl mit ihren Schwächen haben (Wärme empfinden) und sie schließlich liebevoll als menschliches Wesen mit dem Namen Mary umarmen (annehmen). Indem sie Mary annahm, nahm sie auch sich selbst an.

Wenn Ann ihren Ärger und ihren Schmerz versteckt, dann zeigt sie damit, daß sie diese Gefühle für unannehmbar hält. Von ihrem Vater Peter hatte sie die Regel gelernt: „Sei nicht ärgerlich." Sie lernte, ihren ärgerlichen Teil zu verurteilen und aus ihrer Persönlichkeit auszugrenzen. Das Ergebnis war niedriges Selbstwertgefühl. Indem sie von ihrem Ärger keinen Gebrauch machte, entging ihr die Erfahrung von Macht. Ohnmacht angesichts von Bedrohung untergräbt das Selbstwertgefühl. Ann hatte deswegen das Gefühl, der Zukunft ausgeliefert zu sein.

In der Rekonstruktion von Peters Familie entdeckte Ann zu ihrem Erstaunen, daß ihr Vater Peter von seinem Vater Larry gelernt hatte, wie er sich selbst wichtig fühlen konnte, indem er Ann hilflos machte. Solange er für seine hilflose Tochter sorgte, hatte er eine wichtige Funktion in der Familie. Und Ann spielte mit: sie verzichtete darauf, ihren Ärger auszudrücken und blieb hilflos. Ann merkte auch, daß sie von Peters Vater, ihrem Großvater, genauso behandelt wurde. Sie sieht nun plötzlich die Beschränkungen ihres Vates, den sie vorher idealisiert hatte. Ann ist fähig, ihren Vater mit seinen Schwächen zu akzeptieren und das öffnet sie für die Möglichkeit, das gleiche bei der Mutter zu tun. Ann lernt, die Schwächen und Fehler ihrer Eltern anzunehmen, und kann so eher ihre eigenen Beschränkungen akzeptieren.

Durch die Übermacht und Überfürsorglichkeit der Mutter June fühlte sich Peter in der Falle. Er verlor dabei das Empfinden für seine eigene Individualität. Damit war er für eine Ehe mit niedrigem Selbstgefühl prädestiniert, sofern er nicht noch lernte, Achtung für seine ganze Persönlichkeit zu entwickeln. Das scheint ihm nicht gelungen zu sein, denn er gab Ann gegenüber zu, daß er eine Frau geheiratet habe, die genauso dominant war wie seine Mutter. Es scheint, als hätte Peter den Schutz einer dominanten Frau gebraucht.

Ann wurde klar, daß auch ihr Vater seinen Ärger gegen seinen Vater Larry in sich hineinfraß. Sie sah, wie schwach er gegenüber beiden Eltern war. Allmählich nahm der Vater in ihren Augen menschliche Züge an; wie sie selbst hatte er Schwächen und Begrenzungen. Zum erstenmal empfand sie Ärger gegen ihn, weil er sie nicht vor der Mutter geschützt hatte.

Durch die Rekonstruktion von Marys Familie konnte Ann ihre Mutter in einem ganz neuen Licht sehen. Ann sah, daß Mary immer hundertprozentig korrekt sein mußte, und auf diese Weise keine Chance hatte, sie selbst zu sein mit den ihr eigenen Bedürfnissen und Wünschen. Ann konnte Mary nun verstehen und empfand Mitgefühl mit ihr. Sie sah Mary in ihrer Menschlichkeit. Sie konnte Mary annehmen und damit einen wichtigen Teil von sich selbst. Das führte zu erhöhtem Selbstwertgefühl.

Zu Beginn der Rekonstruktion von Anns eigener Familie berichtete Ann, daß die Erfahrung vom Vortag ihr eine wichtige Regel ihrer Familie deutlich gemacht habe, nämlich: „Zeige niemals negative Gefühle" oder „Du mußt immer glücklich sein". Eine solche Regel muß dazu führen, daß negative Gefühle, die zur menschlichen Existenz einfach dazu gehören, mißachtet werden. Wiederum wird Ann also dazu erzogen, sich selbst nicht voll anzunehmen – das Ergebnis ist niedriger Selbstwert.

Wie in Kapitel sieben dargestellt, wurden sich Peter und Mary darüber klar, wie sie diese Regel an Ann weitergegeben haben. Ann begriff plötzlich, daß sie in diesem Punkt ganz wie ihre Mutter war, nämlich unfähig, Ärger oder Traurigkeit zum Ausdruck zu bringen. Das brachte sie ihrer Mutter wieder einen Schritt näher.

An diesem Punkt gelang es Ann zum erstenmal die Regel zu durchbrechen: Während alle anderen sagten, wie toll sie sich fühlten, sagte Ann, es gehe ihr schlecht. Ich gab ihr sofort positives Feedback dafür – konträr zu dem Verhalten der Eltern in der Vergangenheit. Es sei nochmal wiederholt: Wenn jemand ein Gefühl verbirgt, dann drückt er damit aus, daß er dieses Gefühl nicht für okay hält und daß er glaubt: „Mit mir stimmt etwas nicht."

Ich will nun mit der Analyse der Familienrekonstruktion aufhören und den Rest der Analyse Ihnen überlassen. Lesen Sie noch einmal Kapitel sieben und betrachten Sie sich Anns Rekonstruktion mit den Kategorien, die ich hier erläutert habe. Sie lernen auf diese Weise Familien unter dem Gesichtspunkt von Selbstwert zu sehen und erkennen die Dynamik, die Regeln, Wertvorstellungen und Verhaltensmuster, aufgrund derer ein Mensch sich in seiner Ganzheit annehmen kann oder Teile abspalten muß. Dies ist eine Vorbereitung für die Übungen im Anhang, die Ihnen helfen sollen, sich aus Ihren eigenen familiären Verstrickungen zu befreien.

Richten Sie Ihre Aufmerksamkeit auf die Kommunikationslinien, auf die Überlebensregeln, auf die versteckten Wertvorstellungen in Anns Familie. Je besser Sie die Kräfte verstehen, die Anns Selbstwertgefühl geprägt haben, um so deutlicher wird Ihnen die Entwicklung Ihres eigenen Selbstgefühls werden. Wie haben sich die wichtigen Personen in Ihrer Kindheit zu Ihnen verhalten? Mit welchen Wertvorstellungen wurden Lebenserfahrungen interpretiert? Was hat Sie bedroht oder beunruhigt? Wie sind Sie mit Bedrohung umgegangen? Inwiefern haben diese vier Elemente bewirkt, daß Sie Teile von sich geachtet oder mißachtet, angenommen oder abgelehnt haben? All das hat Einfluß darauf, wie gut oder schlecht Sie von sich denken.

Abbildung 21: Bildekräfte des Selbstwertgefühls

Kommunikation
Wird meine Individualität anerkannt und gefördert, oder geht sie mir verloren, weil ich so sein muß, wie meine Eltern?

Werte
Sind die Wertvorstellungen flexibel und erweiterbar, oder haben sie „ewige Gültigkeit"?

SELBSTWERTGEFÜHL

Regeln
Sind die Regeln realistisch und anpassungsfähig oder absolut und unflexibel?

Bedrohung
Verhalte ich mich bei Bedrohung konstruktiv oder destruktiv?

Abbildung 21 gibt einen Überblick über die Prozesse, die das grundlegende Selbstwertgefühl eines Menschen, insbesondere eines Kindes prägen. Dieser Prozeß beginnt mit der Geburt, sobald das Kind der familiären Dynamik ausgesetzt ist, die zum Teil dysfunktional ist, und durchzieht Kindheit, Jugend und Erwachsenenalter. Wir gelangen zu einem positiven Selbstwertgefühl, wenn es uns gelingt, die dysfunktionalen Aspekte unserer Erziehung so zu verändern, daß wir unserem eigenen Selbst gerecht werden. Wenn wir diese Arbeit nicht auf uns nehmen, dann spalten wir Teile unseres Selbst ab, und unser Selbstwertgefühl kann nicht wachsen.

10 Kompaß und Landkarte des Reiseleiters

Jede Familienrekonstruktion ist für mich ein Abenteuer. Ich gehe davon aus, daß diese Familie anders ist, als alle Familien, die ich schon kenne. Ich weiß noch nicht viel über die Familie, obwohl ich aufgrund meines Eindrucks vom Klienten und seiner Vorbereitungen einige Vermutungen habe. Ich möchte allerdings meine Wahrnehmung der Person und ihrer familiären Wurzeln dadurch in keiner Weise einschränken. Meine Vermutungen sind nichts anderes als Türen, die ich öffnen werde, um nachzusehen, was wirklich dahinter ist.

Ich lasse mich von dem akuten Problem leiten, das der Entdecker beschreibt und das er bearbeiten will. Chris wollte sich zum Beispiel mehr behaupten können, insbesondere gegenüber Frauen. Als ich mir seine Hausaufgaben durchsah, suchte ich nach Anhaltspunkten, wie er diese übermäßige Nachgiebigkeit gelernt hatte und was er dadurch gewann. Meine erste Analyse bleibt jedoch eine reine Hypothese, und ich halte mich dafür offen, auf ein ganz anderes, vielleicht tieferes Problem zu stoßen, von dem weder der Entdecker noch ich zu Beginn der Reise etwas wußten. Als wir Chris' Familie rekonstruierten, wurde deutlich, wie stark seine Energie noch an seine Großmutter gebunden war, die starb, als er zehn Jahre alt war. Es war wichtig, diese Energie freizusetzen, indem er die Trauer noch einmal durchlebte, weinte und sich von seiner geliebten Großmutter verabschiedete.

Jede Familienrekonstruktion ist ein aufregendes Rätsel. Ich bin der Detektiv, der versucht, der verborgenen Dynamik der drei Familien auf die Spur zu kommen, damit ich und der Entdecker in Gemeinschaft mit der Gruppe das Rätsel lösen können. Meistens gelingt es uns, und die Schlußszene ist wie der letzte Stein eines Puzzles – plötzlich wird das ganze Bild sichtbar, zur allgemeinen Überraschung und Freude.

Ich bleibe während der Rekonstruktion meistens in der Nähe des Entdeckers, um in seinem Energiefeld zu stehen und die Schwingungen und feinen Bewegungen wahrzunehmen, die einem ungeschulten Beobachter entgehen. Ich kann daraus schließen, ob wir auf dem richtigen Weg sind, und was von Bedeutung ist. Wenn ich zum Beispiel ein plötzliches Aufwallen der Gefühle bemerke, dann verstärke und lenke ich diese Gefühle so, daß sie sich zu einer wichtigen Erfahrung verdichten. Die Nähe zum Entdecker gibt mir die Möglichkeit, solche Gelegenheiten am Schopf zu ergreifen, und ihn sanft in ein Erleben hineinzuführen, das vielleicht ein echter Durchbruch wird.

Meine Vorbereitung beginnt schon am Abend vorher. Ich stelle mich darauf ein, daß ich mit dem Augenaufschlag am nächsten Morgen lebendig, wach und aufnahmefähig bin. Bevor die Gruppenmitglieder ankommen, versuche ich mich zu zentrieren und auf das zu konzentrieren, was vor mir liegt. Sollte ich einmal dennoch zerstreut und träge sein, so weckt mich spätestens der Anfang der Arbeit auf; die Herausforderung schärft meine Sinne. Der Eröffnungsdialog mit dem Entdecker, in dem es darum geht, vertrauensvolle Nähe herzustellen, bringt mich mit voller Energie ins Hier und Jetzt. Ich bin dann in einem lockeren und gleichzeitig gespannten Zustand und kann mich frei wie ein Wild bewegen.

Wenn ich trotz allem feststelle, daß ich nicht richtig bei der Sache bin, dann versuche ich entweder mit mehr Disziplin und Energie ganz in die Gegenwart zu kommen, oder herauszufinden, was mich ablenkt. So bemerkte ich einmal in einer Familienrekonstruktion meine Nicht-Präsenz, und plötzlich ging mir auf, was meine Energie fesselte: Ich war nach einigen Monaten gerade in mein Haus nach Oklahoma zurückgekehrt und mußte feststellen, daß in meiner Abwesenheit die Möbel umgestellt worden waren. Außerdem hatte ich vor kurzem ein Haus in Kalifornien bezogen und fühlte mich dort noch nicht zu Hause. Beides zusammen gab mir ein Gefühl der Entwurzelung, das meine Energie absorbierte. Ich erklärte der Gruppe, was los war, und sie nahm es mitfühlend auf; einigen war aufgefallen, daß mit mir etwas nicht stimmte, und sie freuten sich darüber, daß ich mein Unbehagen artikulierte. Die Zerstreuung war weg.

Während sich die Teilnehmer einfinden und sich bei einer Tasse Kaffee beschnuppern, fühle ich mich meist ein bißchen steif – so wie die anderen auch. Ich bin froh über diesen Mangel an Selbstsicherheit, er verbindet mich mit der Gruppe. Ich spüre dann jedesmal selbst die Notwendigkeit, dafür zu sorgen, daß sich alle entspannen und wohlfühlen. Ich habe immer ein paar Übungen parat, die bewirken, daß sich keiner ausgeschlossen fühlt. Wenn ein Großteil der Leute neu ist, dann verwende ich mehr Zeit für diesen Integrationsprozeß.

Nach dem Interview mit dem Entdecker, das ich in Kapitel vier beschrieben habe, beginnt die Reise. Ich lasse mich dabei von den folgenden Prinzipien leiten:

1. *Die Aufmerksamkeit auf den Prozeß richten.* Mir ist klar, daß ich einen Prozeß leite, und nicht eine Person. Ich strukturiere mehr das schrittweise Vorgehen als die Erfahrung des Entdeckers. Im Fluß des Prozesses kann der Entdecker handeln und reagieren, so wie ein Fisch in der Strömung seinen eigenen Impulsen folgt. Der Prozeß, nicht die Person, ist von mir abhängig.

Die Kunst besteht darin, daß ich mich dem Prozeß nicht in den Weg stelle. Ich muß mich davor hüten, mit vorgefaßten Meinungen an die Arbeit zu gehen – welche Szenen wichtig sind und welche Dynamik in Gang kommen soll; andernfalls bestünde die Gefahr, den Entdecker mehr oder weniger bewußt in meine Vorstellungen hineinzumanipulieren. Es geht mir nicht darum, daß die Ergebnisse von jedem beklatscht werden, nur um im Nachhinein festzustellen, daß das eigentliche Ziel nicht erreicht wurde. Deswegen ist es so wichtig, die eigenen Vermutungen, Ahnungen und Spekulationen nicht zu ernst zu nehmen. Ich muß jederzeit bereit sein, die Richtung zu verändern. Ich versuche deswegen erst gar nicht, mir auf Grund der Hausaufgaben und Interviews schon ein klares Bild zu verschaffen, um was es geht. Ich setze mein Vertrauen auf den Prozeß – das Aussuchen der Rollenspieler durch den Entdecker, das In-Szenesetzen der Familien und die zunehmende Entfaltung der persönlichen Problematik. Ich bin von der Treffsicherheit der Methode – sofern sie richtig angewendet wird – überzeugt und weiß, daß die zentrale Dynamik zutage treten wird.

Die Art und Weise, wie eine Familienrekonstruktion zu Ende geht, zeigt mir, ob dem Prozeß genüge getan wurde. Nachdem die Spieler aus ihren Rollen entlassen wurden, tauschen die Teilnehmer ihre Erfahrungen aus. Dann geht die Gruppe langsam auseinander. Wenn sich nun der Entdecker und die Teilnehmer zu zweit und zu dritt zusammenfinden, um einander zu danken und sich gute Wünsche mitzugeben, und ich dabei einer unter vielen bleibe, dann weiß ich, daß der Prozeß funktioniert hat. Werde ich jedoch zum Zentrum der Aufmerksamkeit, dann sehe ich daraus, daß ich zu dominant war. Das Ziel der gesamten Familienrekonstruktion besteht darin, den Entdecker und die Teilnehmer in den Besitz ihrer Kraft zu bringen. Ich diene diesem Prozeß. Wenn er gelingt, dann ist der Entdecker der Mittelpunkt, dem die Energie der ganzen Gruppe zufließt.

2. *Den Schleier wegziehen.* Ich möchte alle Teilnehmer dazu bewegen, ihre tiefen und versteckten Gedanken und Gefühle wahrzunehmen und ins Bewußtsein zu heben. Ich fordere deswegen immer wieder dazu auf, die Augen zu schließen und nachzuspüren, was im Innern vor sich geht, und es dann der Gruppe zu berichten. Das Entschleiern verborgener Gefühle und Gedanken ist unumgänglich, wenn der Entdecker zu neuen Erfahrungen gelangen will.

3. *Den Entdecker zu neuem Handeln veranlassen.* Ich suche ständig nach Möglichkeiten, wie ich den Entdecker zum Akteur machen kann, insbesondere, wenn er von etwas angerührt wird. Ich fordere ihn dann zum Besipiel auf, zu dem Onkel hinzugehen, und ihm zu sagen, wie er ihn erlebt und was er über ihn denkt; oder ich bitte das alter ego direkt mit dem Entdecker zu sprechen; oder ich lasse den Entdecker die Körperhaltung einnehmen, in die er sein alter ego gerade gebracht hat. Ich ergreife jede Gelegenheit, um den Entdecker eine neue Erfahrung machen zu lassen.

Wenn der Entdecker alles intellektualisiert und emotionaler Beteiligung aus dem Wege geht, weil sie zu bedrohlich ist, dann lasse ich keine Möglichkeit aus, ihn oder sie in direktes Erleben hineinzubringen. Ein gutes Beispiel dafür ist meine Aufforderung an Ann, jede Rolle in der Familie ihrer Mutter zu spielen (siehe Kapitel sechs). Ann hatte jede emotionale Anteilnahme an der Szene oder ihrer Mutter vermieden. Indem sie in die Haut der verschiedenen Familienmitglieder schlüpfte, konnte sie sich emotional nicht mehr heraushalten und wurde tief berührt von dem, was ihrer Mutter in der Familie geschah.

Meine Richtschnur ist das akute Dilemma, in dem der Entdecker steckt. Wenn jemand dazu neigt, Ärger und Wut herunterzuschlucken, dann warte ich auf Anzeichen von Ärger und ermutige ihn dann dazu, den Ärger auszuspucken, anstatt ihn zu schlucken – eine neue Erfahrung. Sie kann befreiende Wirkung haben, besonders wenn der Entdecker merkt, daß der Ausdruck starker Gefühle weder die angegriffene Person noch ihn selbst umbringt. Eine neue Erfahrung mit starkem Affekt bringt sehr viel mehr als eine neue intellektuelle Einsicht.

4. *Die Lücken im System füllen.* Wenn der Entdecker viel über die Familie der Mutter weiß, aber von der des Vaters fast gar nichts, dann beginne ich in der Regel mit der väterlichen Familie und widme ihr mehr Zeit; es ist produktiver, als sich auf das Bekannte zu konzentrieren. Dahinter steht das Bedürfnis eines jeden Menschen, ganz zu werden. Wenn die väterliche Seite der Familie im dunkeln liegt, dann fehlt aus dem Familiensystem des Entdeckers ein großes Stück. Das mag einfach klingen, ich mache aber die Erfahrung, daß allein das Füllen einer solchen Lücke, selbst wenn sonst in der Rekonstruktion nichts Wesentliches geschieht, für den Entdecker eine riesige Hilfe ist. Das vollständige Bild der Familie führt auf geheimnisvolle Weise zu mehr innerem Frieden, größerer Selbstsicherheit und Stärke, mit einem Wort zur Ganzheit. Wenn ein wesentlicher Teil unseres Wurzelsystems fehlt, dann gehen wir gewissermaßen verkrüppelt durchs Leben. Selbst wenn die fehlenden Teile entstellt und negativ sind, hat ihr Mithineinnehmen doch heilsame Wirkung.

5. *Das Spektrum des Selbstgefühls erweitern.* Wenn jemand sein Leben für grau und langweilig hält, dann steuere ich auf lustige Szenen zu. Sieht sich jemand als durch und durch schlecht, dann versuche ich positive Aspekte lebendig zu machen, und umgekehrt negative, wenn sich jemand durch eine rosarote Brille anschaut. Es ist wichtig, daß der Entdecker die Mitglieder seiner Familie als Menschen aus Fleisch und Blut erlebt und aus stereotypen Vorstellungen herausfindet, egal, ob er sie zu Heiligen oder Teufeln stilisiert hat. Ich glaube, daß niemand total ernst oder heiter ist, dumm oder brilliant. Es geht darum, die Verletzlichkeit in der Stärke zu sehen und die Kraft in der Schwäche.

6. *Die Komplexität des Lebens erfahrbar machen.* Ich versuche, den Entdecker zu einer Wahrnehmung der Komplexität der menschlichen Persönlichkeit und der menschlichen Situation zu bringen. Als Kind ist es einfach unmöglich, diese Vielschichtigkeit zu erfassen. Wir entwickeln simplifizierte Vorstellungen mit den dazugehörigen starken Gefühlen und Einstellungen. Es ist eine große Befreiung, solch frühkindliche Weltvorstellungen fallen zu lassen. Wenn der Entdecker Mutter und Vater und ihre Lebenssituation in ihrer Kom-

plexität erfaßt, lernt er, sie in ihrer Menschlichkeit wahrzunehmen. Dadurch verändern sich seine Gefühle.

7. Äußere Einflüsse auf das System miteinbeziehen. Wenn äußere Einflüsse stark auf das Familiensystem einwirken, ist es wichtig, sie zu berücksichtigen. Einmal hatte ich einen Klienten, der aus einer Mormonengemeinschaft kam. Ich setzte jemanden auf einen erhöhten Stuhl mit der Bibel in der Hand, ließ ihn mit dem Finger nach oben weisen und sagen: „Tu immer Gottes Willen." Sobald der Einfluß der religiösen Autorität ins Spiel gebracht wurde, begann es in der Familienszene zu knistern und die Zusamenhänge wurden plötzlich verständlich.

Ein anderes Mal leitete ich die Familienrekonstruktion einer schwarzen Frau, die sich von ihrem Vater im Stich gelassen fühlte. Sie hatte keinerlei Vertrauen zu ihm, haßte ihn beinahe. Sie war entschlossen, selbst keine Kinder zu bekommen, da ihre eigene Kindheit so schrecklich gewesen war (in der Darstellung ihrer Mutter); ihr Vater vernachlässigte die Familie und trank zu viel. Über die Familie des Vaters hatte sie wenig Informationen und kaum innere Bilder. Aus ihren Hausaufgaben wußte ich, daß die Familien von Vater und Mutter nur sieben Kilometer voneinander entfernt gelebt hatten. Bei der Familienrekonstruktion achtete ich nun darauf, daß alle Mitglieder beider Familien in die Skulpturen einbezogen wurden, selbst dann, wenn die Szene eigentlich nur zwei oder drei Menschen betraf. Ich wollte die Entdeckerin erleben lassen, daß sie in einem familiären Netz groß geworden war, zu dem ganz besonders die Familie des Vaters gehörte, denn bei ihr hatten die Eltern in den ersten fünf Jahren ihrer Ehe gelebt. Bis zur Familienrekonstruktion war der Entdeckerin diese Tatsache gar nicht bewußt gewesen. Sie erkannte nun, daß die Familie des Vaters keineswegs total versagt hatte, wie die Mutter sie glauben gemacht hatte.

Die Beispiele zeigen den Einfluß eines äußeren Systems auf die Familie, im Falle der farbigen Frau ist es das erweiterte Familiensystem, im Falle des Mormonen die Kirche. Solche Einflüsse müssen mit ins Spiel gebracht werden, damit der Entdecker erkennt, inwieweit er und seine Familie davon geprägt wurden. Zu diesen externen Einflüssen, die tief in die Familien hineinwirken, gehören die Depression von 1930, die Verfolgung der Juden, die zwei Weltkriege, die Rolle der Kirche und die soziale Mobilität.

8. *Direkt kommunizieren.* Ich ergreife jede Gelegenheit, um die Rollenspieler dazu zu bringen, verkorkste Kommunikationsmuster zu durchbrechen. Wenn ich merke, daß Familienmitglieder Doppelbotschaften geben oder einen Teil ihrer Gefühle zurückhalten, dann lasse ich die Szene zu Ende gehen und fordere dann dazu auf, sie noch einmal zu spielen, aber diesmal auf alle Gefühle zu achten und sie direkt zum Ausdruck zu bringen. Ich bitte die Teilnehmer, ihre Augen zu schließen und sich alle Gedanken und Gefühle bewußt zu machen, besonders jene, die bisher noch nicht ausgesprochen wurden. Oder ich fordere sie auf, sich klar zu machen, was sie im Moment gerade wünschen und brauchen, und dementsprechend zu handeln. Der Entdecker kann nun erleben, daß ehrliche und offene Kommunikation in der Familie vielleicht zu ganz anderen Ergebnissen geführt hätte. Das ist eine wichtige Lektion.

9. *Widerstand überwinden.* Während der Familienrekonstruktion achte ich besonders auf die Punkte, wo ich Widerstand spüre, denn sie zeigen mir, in welchen Bereichen der Entdecker vielleicht Wesentliches blockiert. Fest aber sanft fordere ich den Entdecker auf, durch den Widerstand hindurchzugehen. Wenn er allerdings wirklich nicht will, dann respektiere ich das. Er oder sie ist noch nicht reif dafür. Es muß nicht alles in einer einzigen Familienrekonstruktion erledigt werden! Scheut der Entdecker zurück, dann setze ich mich damit auseinander und frage, welche Angst dahinter steckt. Ich betone, daß es in Ordnung ist, solche Gefühle zu haben. Ich möchte nur, daß dem Entdecker der Widerstand bewußt wird und die Funktion, die er für ihn hat.

Oft ist der Entdecker nicht dazu bereit, das neue Bild, das von Vater oder Mutter in der Szene sichtbar wird, anzunehmen, oder den Eltern gegenüber Gefühle einzugestehen. In diesem Fall frage ich: „Kannst du es wenigstens als eine Möglichkeit stehen lassen? Könntest du mit deinem Vater vielleicht schrittweise vorgehen? Du sagst ihm einen Satz und schaust dann, was die Wirkung ist? Vergiß nicht, du bist sicher. Es sind nicht deine wirklichen Eltern, und es ist gar nicht gesagt, daß du das im wirklichen Leben auch tun mußt – vielleicht ist es gar nicht mehr nötig, wenn wir es jetzt tun."

10. *Die Erfahrung aller Rollenspieler einbeziehen.* Jedes Gruppenmitglied, insbesondere jene, die Rollen spielen, haben etwas beizutragen. Ich frage deswegen fast immer jeden Rollenspieler nach

seinen/ihren Erfahrungen in der Szene. Es genügt nicht, nur mit den Reaktionen des Entdeckers und seines alter egos zu arbeiten.

11. *Nicht in der Vielfalt versinken: Weniger ist mehr.* Es ist mir wichtiger, daß der Entdecker an einigen Punkten wirklich in die Tiefe geht, als von einer Fülle von Ideen, Erfahrungen und Einsichten überschwemmt zu werden. Ich bleibe deswegen lieber bei einer Szene, die starke Gefühle hervorruft, als einer Idee von Vollständigkeit hinterherzuhasten. Man muß äußerst wachsam sein, um jedes Aufblitzen eines Gefühls wahrzunehmen. Manchmal wird es sofort wieder weggesteckt, weil es zu bedrohlich ist. Wenn ich schon in den ersten Minuten – vielleicht bei der Auswahl der Rollenspieler – bemerke, daß der Entdecker von etwas berührt wird, dann fordere ich ihn/sie auf, bei dem Gefühl zu bleiben, und es wachsen zu lassen und nach ein paar Minuten direkt mit den Personen zu sprechen. Manchmal kommt es schon in der ersten Stunde zum Durchbruch, und wir nutzen den Rest der Zeit, um das Neuland in Besitz zu nehmen. Ich bin bereit aufzuhören, wenn sich der Entdecker erschöpft fühlt. Es kommt oft vor, daß einer sagt: „Ich kann einfach nichts mehr aufnehmen." Eine Familienrekonstruktion kann wirklich sehr erschöpfend sein. Es sei nochmals gesagt: Auch Rom wurde nicht an einem Tag erbaut.

12. *Den Sinn hinter Inkongruenz suchen.* Wenn jemand seine Großmutter als stark, dominant und explosiv beschreibt und dann jemanden für die Rolle auswählt, der sanft und beschwichtigend ist, dann ist das inkongruent. Dahinter kann sich ein spezifischer Widerstand verbergen, dem man nachgehen sollte. Die Punkte des Widerstands sind auch die des Durchbruchs.

Einmal habe ich eine solche Inkongruenz durchgehen lassen. Teresa, die Entdeckerin, hatte einen weichen Mann gewählt, um die Rolle ihres starken, zu Wutausbrüchen neigenden Großvaters zu spielen, der seinen Sohn, Teresas Vater, stark beeinflußt hatte. Aufgrund dieser Inkongruenz konnte sich der Mann, der den Vater spielte, nicht recht in seine Rolle hineinfinden. Er spürte nicht den beherrschenden, oft wütenden Vater über sich. Während Teresas wirklicher Vater angesichts von Ärger und Wut ganz starr vor Schreck wurde, konnte sein Double nicht in diese Rolle schlüpfen. Die ganze Rekonstruktion lief schief, bis ich schließlich erkannte, was der Fehler war. Ich mußte intervenieren und die Figur des Großvaters austauschen. Dann mußte sich Teresa mit dieser Veränderung auseinanderzusetzen. Es wurde deutlich, warum sie die Rolle des Großvaters so falsch besetzt hatte. Sie wollte sich nicht mit ihrem verschüchterten Vater konfrontieren und hatte deswegen einen Großvater ausgesucht, der gar keinen unterdrückten Sohn hervorbringen konnte.

13. *Sich voll einsetzen.* Ich versuche immer in Kontakt mit meinen Gefühlen, Gedanken und inneren Bildern zu sein, mit dem, was ich gerne tun möchte und was mir Rätsel aufgibt. Selbst wenn ich plötzlich eine verrückte Idee habe – ohne die leiseste Ahnung, was sie zu bedeuten hat, aber an meiner Aufregung spüre, daß etwas dran ist, dann sage ich, daß ich gerne damit experimentieren möchte. Wenn ich Angst in mir bemerke, dann prüfe ich sie und frage mich, ob sie aus meiner eigenen Geschichte stammt, oder mit dem Prozeß der Familienrekonstruktion zu tun hat. Ich stelle immer wieder fest, daß ich selbst mein bester Kompaß bin. Ich vertraue mir mehr als irgend etwas oder irgend jemand anderem.

Meine eigenen Reaktionen stelle ich nur dann in Frage, wenn in meinem persönlichen Leben etwas nicht stimmt. Diese Art von Streß schränkt meine Wahrnehmungsfähigkeit ein und färbt sie bisweilen subjektiv; ich bin dann nicht in vollem Kontakt mit dem, was wirklich vor sich geht. Wenn ich unter persönlichem Streß stehe, dann reagiere ich mehr auf meinen eigenen inneren Zustand als auf den äußeren Vorgang der Familienrekonstruktion. Ruhe ich hingegen in mir selbst, dann liegt meine Aufmerksamkeit ungebrochen auf dem äußeren Prozeß.

Das sind die dreizehn Prinzipien, die mich bei einer Familienrekonstruktion leiten. Nur selten ist mir bewußt, daß ich nach diesen Prinzipien arbeite. Sie sind mir zur zweiten Natur geworden und vollziehen sich so automatisch wie Fahradfahren oder das Schlagen eines Golfballs. Sicherlich sind zeitweise auch noch andere Prinzipien am Werk, die ich nicht benennen kann. Diese dreizehn sind für mich jedoch entscheidend bei der Leitung einer Familienrekonstruktion.

11 Der Entdecker begegnet zwei grundsätzlichen Paradoxa

Um die Höhen menschlicher Erfahrung zu erreichen und in die spirituellen und mystischen Ebenen des Erlebens einzudringen, muß sich ein Mensch ständig mit Realitäten auseinandersetzen, die am besten als Paradoxa beschrieben werden, als scheinbare Widersprüche. Zwei dieser Paradoxa erscheinen mir für die menschliche Entwicklung ganz besonders wesentlich. Das eine kommt in den Worten zum Ausdruck: „Wer sein Leben erhalten will, der wird es verlieren, wer aber sein Leben verliert, der wird es finden." Und das andere in der Aufforderung: „Liebet eure Feinde." Die Familienrekonstruktion ist eine Reise, auf der man diesen beiden Paradoxa begegnet und sie im Erleben auflösen kann.

Manchmal hört man in der Therapie- und New Age-Szene Sätze wie: „Du kannst zum Meister deines Schicksals werden." „Dein Leben liegt in deiner Hand." „Mit positivem Denken kannst du alles erreichen." Die Legitimität solcher Sprüche rührt von der Tatsache her, daß so viele Menschen ihre eigene Persönlichkeit nicht entwickelt haben und deswegen opportunistisch, passiv, machtlos, hilflos und übermäßig abhängig sind. Sie haben die Grenzen ihrer Persönlichkeit nie abgesteckt, sind depressiv und fühlen sich schlecht. Mit so niedrigem Selbstwert bringen sie im Leben wenig zustande, viel weniger, als sie könnten. Der Menschheit geht der besondere Beitrag verloren, den sie leisten könnten, es verlieren also alle dabei.

Um diesem Phänomen entgegenzuwirken, setzen Therapeuten oft das Ziel, Kontrolle über das eigene Leben zu gewinnen, die Verantwortung für sich selbst zu übernehmen und weniger abhängig zu sein. Eine solche Absicht ist durchaus achtenswert, sie kann jedoch auch in die falsche Richtung ausschlagen, wenn die Vorstellung erweckt wird: „Du wirst dein Leben und dein Schicksal völlig in der Hand haben." Aus einem solchen Satz kann leicht die Botschaft herausgehört werden: „Du kannst es allein schaffen." Von da ist es nur ein Schritt zu der Einstellung: „Vertraue niemandem außer dir selbst." Derartige Selbstgenügsamkeit und Unabhängigkeit kann zur

Entfremdung führen. Man isoliert sich von der Liebesenergie, die in anderen Menschen vorhanden ist, im Universum und dem, was viele Gott nennen. Paradoxerweise führt das zum Verlust von Kontrolle und zu Machtlosigkeit, weil man von der Liebeskraft anderer abgeschnitten ist. Ein gewisses Maß an Vertrauen und Nachgiebigkeit gegenüber anderen ist notwendig.

Dieser scheinbare Widerspruch (Kontrolle ausüben versus Kontrolle aufgeben) wird in dem zitierten Bibelwort ausgedrückt: „Wer sein Leben erhalten will, der wird es verlieren, wer aber sein Leben verliert, der wird es finden." Die folgende Geschichte beschreibt, worum es geht.

Vor einigen Jahren verbrachte ich einige Wochen mit *Dr. Brugh Joy* in der Wüste von Kalifornien. Wir meditierten und fasteten und probierten verschiedene Methoden aus, um einen anderen Bewußtseinszustand zu erlangen. Während des dreitägigen Fastens entschloß ich mich zu einer langen Wüstenwanderung. Überall wuchsen scharfe, spitze Kakteen. Ich hatte Shorts und Tennisschuhe an. Am Anfang bemühte ich mich, die Kontrolle zu behalten und vorsichtig den Kakteen und dem Wüstengestrüpp auszuweichen, um mich nicht aufzukratzen. Ich hatte wenig Erfolg damit.

Dann faßte ich den Entschluß, mich meinen Füßen und der Wüste zu überlassen und den Versuch aufzugeben, mich vom Kopf her zu steuern. Ich vertraute mich der Wüste an und ließ mich von ihr lenken, in welche Richtung auch immer. Ich befand mich auf der Kuppe einer großen Anhöhe. Ich weitete meinen Blick, versuchte nicht mehr scharf zu sehen (was bei meiner starken Kurzsichtigkeit ohnehin nicht mehr ging, da ich meine Kontaktlinsen herausgenommen hatte) und ließ mich laufen. Ich wurde schneller, kam in ein rhythmisches Rennen hinein und plötzlich tanzte ich zwischen den Kakteen hindurch, geschmeidig hin und her schwingend. Ich war eins mit dem Raum unmittelbar vor mir, ohne prüfend vorauszuschauen. Ich vertraute etwas jenseits von mir, etwas, das ich nicht in Kontrolle hatte. Jetzt, wo ich nicht mehr bewußt versuchte, mich vor den Kakteen zu schützen und mich etwas Größerem überließ, erlebte ich Einheit und Verbundenheit. Es versteht sich von selbst, daß ich mich bei diesem langen Lauf vom Hügel herunter nicht ein einziges Mal gekratzt habe. Sein Leben verlieren und es finden... Vorher hatte ich versucht, es zu erlangen, und hatte es verloren.

Wenn man die Botschaft „Du bist deines Glückes Schmied" umdeutet in „Du allein hast dein Schicksal in der Hand", dann besteht die Gefahr eines subtilen Egoismus. Das „Ich kann" und „Ich bin" werden zum Zentrum des eigenen Lebens. Ich sehe das bei manchen Leuten, die sich „Gesundheit" auf die Fahne geschrieben haben. Sie sind derartig zwanghaft damit beschäftigt, ihren Körper mit gesunder Nahrung, Vitaminen und den neuesten Fitnessmethoden gesund zu halten, daß ich mich frage, ob das treibende Motiv nicht im Grunde Todesangst ist. Wie steht es mit ihrer Fähigkeit, den Tod anzunehmen? Frei und offen dem Tod entgegenzusehen, kann so entspannend wirken, daß man wirklich gesund wird; jagt man hingegen ständig seiner Gesundheit nach, so wird man vielleicht von diesem Streß erst krank.

Meiner Meinung nach besteht eine Lebensaufgabe darin, Kontrolle aufzugeben – um sie zu erlangen. Zu dieser Erfahrung kommt es im Prozeß der Familienrekonstruktion. Verläuft sie erfolgreich, dann überläßt sich der Entdecker dem Prozeß, ohne Erklärungen, ohne zu wissen, was ihn im Laufe des Tages erwartet, ohne das Ergebnis voraussehen zu können. Auf Grund dieser Unsicherheiten beginnt die Reise meist mit einem Gefühl der Angst, die sich allerdings zunehmend in Vertrauen verwandelt – zum Leiter, zur Gruppe und zum Prozeß als solchem. Je mehr dieses Vertrauen wächst und das Festhalten des Ichs aufgegeben wird, um so mehr kommt es zu diesem paradoxen Ergebnis, daß der Entdecker spürt, wie allmählich Selbstvertrauen und Ichstärke in ihm wachsen. Die Grenzen seiner bisherigen Wahrnehmung lösen sich auf, die dazugehörigen Gefühle verschwinden und machen Raum für umfassendere Wahrnehmungen und Gefühle – eine neue Identität schält sich heraus. Man fängt an, sich selbst, andere und die Welt neu zu sehen.

Dieses Neue fühlt sich zuerst sperrig an, und es dauert oft Monate, bis es aufblüht zu einem Gefühl integrierter Ganzheit. Am Ende der Tagesreise fühlt sich der Entdecker so, als hätte man sein ganzes inneres Mobiliar durcheinandergebracht, ohne es neu zu ordnen. Es dauert eine Weile, bis das Haus neu eingerichtet ist; man stellt etwas hierhin und dorthin, schaut es sich an, verändert es wieder, bis schließlich ein harmonisches Ganzes entstanden ist. Eine erfolgreiche Familienrekonstruktion initiiert einen Prozeß, in dem sich Vertrauen zu etwas enwickelt, das über das kleine Ich hinausgeht, und in dessen Verlauf die eigene Persönlichkeit neu geordnet – rekonstruiert – wird.

Eine wichtige Voraussetzung dafür ist, daß der Leiter der Familienrekonstruktion kein Interesse daran hat, Kontrolle über den Entdecker auszuüben oder ihn von sich abhängig zu machen. Der Leiter weiß, daß er Verantwortung für den Prozeß hat und nicht für die Person, und daß die Ichstärkung des Entdeckers eine der wesentlichen Aufgaben ist. Immer wieder habe ich *Virginia Satir* sagen hören: „Verantwortung für den Prozeß – nicht für die Person." Mit einem solchen Leiter wird der Entdecker die Erfahrung machen, daß Selbstaufgabe zu Selbstbestimmung führt.

Jede paradoxe Erfahrung dieser Art öffnet die Tür für weitere, so daß das Leben zu einer Kette von Sich-verlieren und Sich-finden wird. Lernt man, dem Großen zu vertrauen, so wird man vielleicht eines Tages riskieren, sich auf jene Erfahrungen einzulassen, die in der religiösen Literatur beschrieben werden als Einheit mit Gott, Buddha, dem Kosmos oder der universalen Liebesenergie.

Sich einer höheren Instanz anzuvertrauen, wurde von vielen als Durchbruch zu Frieden, Harmonie und Einheit beschrieben – ein Gefühl von Selbstbestimmtheit und Kraft. Das ist keine einfache Aufgabe; sie geht oft mit Schmerz und Kampf einher und führt nicht immer zum Ziel. Weise aller Kulturen haben davor gewarnt, sich bösen oder zerstörerischen Kräften zu überlassen. Für mich ist das ganz einfach daran abzulesen, ob die Individualität und Selbstbestimmtheit einer Person abnimmt oder zunimmt. Die Leute von Jonestown* sind ein Beispiel für Selbstaufgabe, die zu mehr Fremdbestimmung und Abhängigkeit geführt hat. Der Widerstandskämpfer Martin Niemöller, Gandhi und Jesus sind Beispiele für das Unterstellen unter einen höheren Willen; sie wurden zu großen Vorbildern der Selbstbestimmung und Unabhängigkeit, weil sie den Mut hatten, sich den Strömungen ihrer Zeit entgegenzustellen und das Leiden auf sich zu nehmen, das daraus resultierte.

Das zweite Paradox wird mit dem sonderbaren, unlogischen und praxisfernen Gebot ausgesprochen. „Liebet eure Feinde. Tut wohl

---

* Eine amerikanische Jugendsekte, deren Anhängerschaft sich gemeinschaftlich vergiftet hat.

denen, die euch hassen." Eine Abwandlung dieser Botschaft und, wie ich meine, eine Voraussetzung für ihre Erfüllung lautet: „Liebe den Feind in deinem Inneren, tu dem wohl, was dich von innen angreift." Wie können wir unseren Nachbarn lieben, geschweige denn unsere Feinde, wenn wir uns selbst nicht lieben und mit dem inneren Feind nicht versöhnt sind?

Alle Wachstumsbewegungen haben eine grundsätzliche Botschaft: „Verändere dich!" In der christlichen Religion heißt sie: „Werde vom Sünder zum Heiligen." Im Bildungssystem: „Bleib nicht dumm, eigne dir Wissen an." In allen Therapieformen lautet die Botschaft: „Werde gesund" und in der humanistischen Psychologie natürlich: „Werde menschlicher."

Die Botschaft „Verändere dich" könnte beinhalten: „So wie du bist, solltest du nicht sein", oder „Du bist nicht okay". Wenn dem so ist, dann könnten die diversen Wachstumsbewegungen eine Verstärkung von Selbstablehnung, Selbstverachtung und Selbsthaß zur Folge haben.

Wenn Wachstum auf das Erreichen eines zukünftigen Ziels ausgerichtet wird (zum Beispiel „Ich will diese Depression loswerden", „Ich werde nicht mehr sündigen", „Ich werde wieder laufen"), und wenn alles Glück vom Erreichen dieses Ziels abhängig gemacht wird, dann verbirgt sich darunter wahrscheinlich die Botschaft: „So wie ich bin, bin ich nicht okay. Ich mag mich nicht. Ich kann mich nicht ausstehen. Ich werde mich erst mögen, wenn ich nicht mehr depressiv bin, keine Sünden mehr begehe oder wieder laufen kann." Diese Botschaft wird um so wirksamer sein, je mehr alle Energien, Methoden und Theorien auf Veränderung ausgerichtet sind, anstatt darauf, sich selbst so, wie man ist, bedingungslos anzunehmen und zu lieben.

Wenn jemand von einem Seminar zum anderen flippt, von einem Therapeuten zum anderen, von einem religiösen Weg zum anderen, ohne daß er der ersehnten Veränderung irgendwie näher kommt, dann dürfte diese Botschaft am Werk sein: „Mit mir stimmt etwas nicht. Ich mag mich nicht." Manchmal befürchte ich, daß auch ich als Therapeut diese Botschaft zum Schaden meiner selbst und des Klienten unterstütze. Wenn ich sage, „Klar, ich helfe dir, dich zu verändern, ich helfe dir, zu dem zu werden, der du nicht bist", dann könnte ich im Klienten die Überzeugung verstärken: „Ich bin nicht okay."

Vielleicht sollte ich zu einem Menschen mit versteckter Selbstverachtung lieber sagen: „Nein, ich werde dir nicht helfen, dich zu verändern. Ich mag dich so, wie du bist. Ich nehme dich an, mitsamt deinen inneren Spaltungen."

Ich halte das für das zweite große Paradox des Lebens – und es hängt eng mit dem ersten zusammen. Wer sich selbst so mag, wie er ist, wird sich verändern; wer sich verurteilt, wird sich nicht ändern. Wer nach Veränderung strebt, verändert sich nie; wer den Kampf um Veränderung aufgibt, verändert sich. Sobald ich die zwanghafte und angstbesetzte Vorstellung aufgebe, daß ich mich verändern muß, scheint eine geheimnisvolle Dynamik einzusetzen, die die Veränderung bewirkt.

Warum besteht dieses Paradox? Warum verändere ich mich, wenn ich aufhöre, mich darum zu bemühen? Ich weiß nicht die ganze Antwort auf die Frage, aber zwei Dinge fallen mir dazu ein:

Zum einen: Lebende Organismen brauchen die Wärme der Liebe, um zu wachsen. Haß beendet Leben, er wirkt wie ein Todesurteil auf einen Organismus. Selbsthaß sagt, daß ich mich erst zerstören muß, bevor ich leben kann. Nur Selbstliebe läßt es zu, daß man sich wie einen Samen behandelt, der allmählich seine Schalen durchbricht und Blüten treibt.

Zum anderen: Wir binden enorme Energien mit Selbstverachtung und dem Ersehnen einer Zukunft, die anders sein muß. Manchmal ist die Energie eines Menschen so sehr in Selbsthaß gebunden, daß er davon geradezu gelähmt ist und alles Wachstum und alle Bewegung zum Stillstand kommen. Wenn wir uns selbst lieben, dann sind wir in der Gegenwart, wir lassen unsere Energie im Hier und Jetzt fließen und die Bewegung von Augenblick zu Augenblick führt uns weiter.

Familienrekonstruktion führt auf sehr schöne Weise zu diesem inneren Annehmen von sich selbst. Der Ausgangspunkt des Entdeckers ist fast immer der Wunsch, daß sich Vater oder Mutter ändern; sie sollen mehr Anerkennung, mehr Verständnis, mehr Liebe aufbringen, oder ein bestimmtes Verhalten ändern. Die Aufgabe des Leiters besteht darin, dem Entdecker zu helfen, diese Forderung an seine Eltern aufzugeben, oder zumindest die darin verborgene Überzeugung: „Wenn du dich nicht veränderst, bin ich unglücklich." Wenn jemand sein Selbstgefühl und seine Zufriedenheit von der Veränderung eines anderen Menschen abhängig macht, dann ist er zur Angst und niedrigem Selbstwertgefühl verurteilt; Frieden wird ihm nie vergönnt sein. Lernt der Entdecker jedoch im Laufe der Familienrekonstruktion seine Mutter und seinen Vater mit Verständnis und Mitgefühl zu akzeptieren, dann ist das eine Erlösung, selbst wenn ein Rest an Enttäuschung und Ärger zurückbleibt.

Es ist ein großer Augenblick, wenn der Entdecker im Prozeß der Familienrekonstruktion schließlich seine Eltern annimmt. Die Eltern im Rollenspiel verändern sich unmittelbar, sie hören auf, sich zu verteidigen und öffnen sich gegenüber dem Entdecker. Dieser macht die erstaunliche Erfahrung, daß die Aufgabe seiner Forderung nach Veränderung diese Veränderung bewirkt. Indem er den „Feind" liebt, verwandelt sich der Feind in einen Freund.

Manchmal kommt es nicht zu diesem happy end. Die Eltern sind in ihren alten Mustern so gefangen, daß sie sich nicht mehr verändern können, selbst wenn ihnen der Entdecker nun verständnisvoll und mitfühlend begegnet – die Verhärtung ist nicht mehr auflösbar. Das fordert vom Entdecker, den „Feind" anzunehmen, selbst wenn er ein Feind bleibt. Trotz des Akzeptierens des Feindes muß sich der Entdecker vielleicht vor ihm schützen, aber er kann es jetzt auf eine Weise tun, die auf die Eltern nicht zerstörerisch und bedrohend wirkt.

Wenn dieser Punkt durchschritten ist, dann fühlt sich der Entdecker erlöst; Frieden erfüllt ihn und das Gefühl der Ganzheit. Jetzt erst kann er sich selbst annehmen, so wie er seine Eltern angenommen hat, mit allen Stärken und allen Begrenzungen. Es scheint, als wäre die Forderung an die Eltern, sich zu verändern, eine Projektion eben dieser Forderung an sich selbst. Und schließlich ist das Annehmen der Eltern ja auch ganz direkt ein Annehmen eines großen Teils des eigenen Selbst, denn die Eltern sind ein Teil davon.

Eben das geschah mit Ann in Kapitel sieben. Der Ausgangspunkt ihrer Reise war das Nicht-Annehmen der Mutter, gepaart mit der Erkenntnis, das etwas verändert werden mußte. Wir sahen, wie Ann im Laufe des Tages ihre Mutter zu bewegen suchte, sie zu verstehen und anzuerkennen. Schließlich ließ Ann davon ab und akzeptierte statt dessen selbst ihre Mutter. Nun war der Weg plötzlich frei für Veränderungen in Ann, obwohl es so schien, als hätte die Mutter sich nicht verändert.

Wie kommt es, daß einer sich akzeptiert und ein anderer nicht? Wenn das Kind von seinen Eltern angenommen wird, dann lernt es, sich selbst anzunehmen. Wenn das Kind jedoch ständig kritisiert und jeder Fehler angeprangert wird, dann lernt es, sich selbst zu verurteilen, wenn nicht gar zu hassen. Viele Kinder werden mit der Botschaft aufgezogen „Sei perfekt". Da sie das nicht immer sein können, fühlen sie sich als Versager.

Aus all dem darf nicht geschlossen werden, daß man den eigenen Schwächen und Fehlern gegenüber blind und verantwortungslos sein soll. Sich selbst lieben beruht auf dem Verständnis, daß jeder bestimmte Grenzen hat und Fehler macht. Man kann sogar absichtlich Fehler machen und willentlich jemandem weh tun. Es ist normal, wenn auch mal Ärger, Haß und Rachegefühle in einem aufsteigen. Es ist normal, andere zu verletzen und verletzt zu werden. Es ist sogar normal zu sterben – so begrenzt sind wir. Mit dieser Haltung können wir unsere Schwächen, Fehler und Sünden betrachten. Wir können sie ehrlich anschauen, ohne etwas leugnen zu müssen. Und dadurch können wir einen Weg finden, das nächste Mal anders zu handeln, wenn wir wieder in einer solchen Situation sind.

Akzeptiert man sich selbst, dann kann man sich das alles mit Verständnis, Nachsicht und Mitgefühl anschauen, während jene, die sich selbst verachten, ihre Schwächen und Beschränkungen leugnen müssen. Mit einem solchen Mangel an Aufrichtigkeit gehen Gefühle der Verwirrung einher, Verurteilung, Ärger, Verzweiflung oder Depression. Familienrekonstruktion kann Menschen helfen, die zu einer solchen Haltung erzogen wurden. Die folgende Geschichte ist dafür ein recht dramatisches Beispiel. Achten Sie darauf, wie die Entdeckerin immer wieder so angenommen wird, wie sie ist.

Sally war eine 50jährige Frau, die sich in ihrer Familienrekonstruktion weigerte, irgendwelche Informationen und Bilder aufzunehmen, die von ihren alten Vorstellungen abwichen. Nachdem wir uns durch die Familie des Vaters und der Mutter durchgekämpft hatten, unterbrach ich die Familienrekonstruktion und sagte ihr, ich wollte mit der Gruppe überprüfen, ob mein Seismograph in Ordnung sei; ich hätte den Eindruck, daß Sally sich jedem neuen Bild widersetze, das ihrer alten Sichtweise nicht entsprach. Alle Gruppenmitglieder stimmten dem zu.

Sally hatte von sich und ihrer Familie das Bild, daß jeder mit

Armut und Unglück geschlagen war; sie fühlte sich arm und benachteiligt, obwohl sie wußte, daß sie es in Wirklichkeit nicht war. Mutter und Vater stammten aus bäuerlichen Verhältnissen in Österreich. Die Rollenspieler freuten sich über den Kindersegen, das Dorfleben und die Kirchenfeste. Sally weigerte sich zu glauben, daß sie überhaupt glücklich sein konnten.

Rückblickend merke ich, daß ich vorher hätte wissen können, daß es so kommen würde; im Interview hatte Sally schon die Befürchtung geäußert, daß die Gruppe sie ablehnen würde, wenn sie nicht bereit wäre, etwas zu verändern. Wir gingen darauf ausgiebig ein und versicherten ihr, daß wir sie auf jeden Fall annehmen würden, auch wenn sie sich auf keine Veränderung einließe; es wäre offenbar äußerst wichtig für sie, ihr Bild von Benachteiligung aufrechtzuerhalten.

Trotz Sallys Widerstand gegen neue Sichtweisen wollten wir alle die Familienrekonstruktion zu Ende führen. Ich bat Sally, sich aufs Sofa zu setzen, ein paarmal tief durchzuatmen und sich zu entspannen. Sie sollte aufhören, sich mit den Szenen der Rekonstruktion herumzuschlagen. Von jetzt an sollte sie einfach nur noch zuschauen, wie in einem Kino, und die Eindrücke nicht weiter in sich hineinlassen als bis kurz hinter die Augen. Um das deutlich zu machen, zog ich mit meinem Finger seitlich einen Strich über ihr Gesicht. Ich bat sie nur darum, am Ende eine kurze Filmkritik abzugeben.

Von nun an stand ich nicht mehr neben ihr, sondern in der anderen Hälfte des Raumes. Sally sollte sich dem Film allein aussetzen, nicht in meinem Energiefeld. Ich war der Regisseur des Films und erlaubte ihr, sich aus der aktiven Rolle in der Familienrekonstruktion zurückzuziehen.

Wir machten also weiter. Wir waren an dem Punkt angekommen, wo sich Sallys Vater und Mutter zum erstenmal begegneten – im schönen Bergland Österreichs. Danach heirateten die beiden und kamen nach Amerika. Bei jeder Geburt eines neuen Kindes veränderte die Familie die Skulptur. Sally war das dritte Kind.

Das Kind danach kam zwei Jahre später. Bei der Geburt starben Mutter und Kind. Die drei Kinder wurden in ein Waisenhaus gebracht. Sallys Double berichtete immer wieder, daß sie sich allein und verlassen und voller Angst fühle. Die beiden älteren Geschwister hatten andere Gefühle.

Dann ging der Vater zurück nach Österreich, um eine Stiefmutter für die drei Kinder zu finden; er brachte seine neue Frau nach Amerika und holte die Kinder wieder nach Hause. Nach einem Jahr bekamen Sallys Vater und die Stiefmutter ein Kind – einen Buben (die ersten drei waren Mädchen). Nach jeder neuen Veränderung fragte ich die Rollenspieler nach ihren Reaktionen. Sally hatte nach wie vor das Gefühl, es sei ihr etwas gestohlen worden, und sie hatte Angst; nicht so die beiden älteren Schwestern.

Bei der Geburt des Buben arrangierte sich die Familie zu einer neuen Skulptur. Ich fragte die Person, die Sally spielte, was sie tun könnte, um ihre Angst zu mindern, und ermunterte sie, ihre Position zu verändern. Sie verließ ihre Schwestern, an die sie sich geklammert hatte, und ging langsam zu ihrem Vater hinüber, der Stiefmutter und dem neugeborenen Baby. Sie legte die Hand des Vaters auf ihre Schulter. Die Angst wurde weniger.

Nachdem sie ihren alten Platz wieder eingenommen hatte, fragte ich sie, was sie davon abhielt, an die Seite ihres Vaters zu gehen. Sie antwortete, das hätte ihn gefreut, sie wollte ihm aber keine Freude machen. Damit war klar, daß sie Ärger und Rachegefühle gegen ihren Vater hegte.

Wieder forderte ich Sally auf, ihre Position so zu verändern, daß die Angst nachließ. Sie kuschelte sich an ihren Vater und berührte ihren neuen Halbbruder. Wieder berichtete sie, daß ihre Angst geringer sei, aber sie hätte Widerstand dagegen, weil es ihren Vater nur noch mehr freuen würde.

Ich fragte Sally, ob noch Angst da sei; sie bejahte. Also forderte ich sie auf, das zu tun, was alle Angst zum Verschwinden brächte. Sie trat zwischen Vater und Stiefmutter, umarmte beide und ließ sich umarmen. Nun sei alle Angst weg. Ich machte sie darauf aufmerksam, daß sie durch die liebevolle Zuwendung zu ihrem Vater den Ärger und die Rachegelüste aufgegeben und ihm in der Tat Freude bereitet habe. Ich stellte Sally vor die Alternative, ihre Angst und ihr Rachebedürfnis zu behalten und dem Vater weh zu tun, oder dem Vater Freude zu bereiten und ihre Angst und ihr Rachebedürfnis los zu werden. Sie verließ die Seite des Vaters, kehrte zu ihren Schwestern zurück und sagte, daß sie wieder Angst habe. Ich sagte: „Das ist also deine Entscheidung: Lieber behältst du deine Angst ein Leben lang, als deinem Vater Freude zu machen."

Ich erklärte, das Kino sei nun zu Ende. Die ganze Zeit hatte ich die wirkliche Sally beobachtet, die in den „Film" völlig versunken war und immer wieder zustimmend mit dem Kopf nickte. Ich bat die Rollenspieler, ihre Gefühle mitzuteilen, entließ sie aus ihren Rollen und fragte, ob noch irgend jemand kurz sagen wollte, was er selbst dabei gewonnen habe, wir hätten nicht mehr viel Zeit. Nur wenige äußerten sich, da es schon spät war. Sally gab ein kurzes Statement ab.

Als sich die Gruppe auflöste, kam Sally zu mir, sah mir scharf in die Augen und fragte: „Was soll ich tun? Soll ich mir das nun zu Herzen nehmen oder nicht?" Ich sagte, das liege bei ihr, sie könne das am besten entscheiden. Ich sagte ihr auch, daß ich natürlich verstünde, warum sie sich so sehr benachteiligt fühle, sie wäre es ja auch tatsächlich. Erst die Mutter verlieren, dann den Vater, als man sie ins Waisenhaus gesteckt habe, dann wieder heraus aus dem Waisenhaus und dort die Beziehungen verlieren, dann eine neue Frau an der Seite des Vaters akzeptieren müssen und mit der Geburt des Halbbruders die Rolle der Jüngsten einbüßen. Natürlich würde das einem kleinen Mädchen ungeheure Angst machen, und es wäre nur allzu naheliegend, daß es dafür dem Vater die Schuld gebe. Kleine Kinder können noch nicht die ganze Realität erfassen. Ich sagte ihr, daß es für mich wirklich in Ordnung sei, wenn sie ihre alte Sichtweise behalten wolle – und meinte das ernst: Vielleicht war es für Sally besser, den Kampf um Veränderung aufzugeben und sich im Rahmen ihres alten Selbstbildes zu entspannen.

Als die Gruppe nach einem Monat für die Familienrekonstruktion eines anderen Mitgliedes wieder zusammenkam, fragte mich Sally, ob meine Äußerung, daß sie sich nicht zu verändern brauche, nur ein Trick gewesen sei. (Nach neun Jahren Therapie mit den verschiedensten Therapeuten kannte sie alle Schliche und Methoden, inklusive der paradoxen Intervention.) Ich sagte nein.

Sally fragte weiter: „Glaubst du, daß ich mich verändere, weil du mir sagst, daß ich mich nicht verändern soll?" Ich antwortete zweierlei: Erstens wäre es durchaus aufrichtig von mir gemeint gewesen, daß sie sich nicht ändern müsse, denn es könnte sein, daß auf einer tiefen Ebene eine Veränderung wirklich nicht gut für sie wäre. Vielleicht wäre es für ihre Identität notwendig, die alten Vorstellungen aufrecht zu erhalten, eine Veränderung wäre zum gegenwärtigen Zeitpunkt zu bedrohlich. Ihre alten Bilder hätten eine wichtige Funktion für sie. Ich würde sie so respektieren, wie sie sei, mit all dem, was im Inneren vorginge und mir verborgen wäre.

Zweitens wüßte ich, daß sich eine Person tatsächlich dann verändert, wenn ihr gesagt wird, daß sie sich nicht ändern soll oder braucht. Ich wüßte das aus meiner Erfahrung. Ob das für sie so wäre, wisse ich nicht, aber ich hätte es ihr nicht gesagt, um sie in die Veränderung hineinzumanipulieren.

Ich sagte zu Sally: „Ich vertraue dir aufrichtig, Sally, und ich möchte, daß du wirklich weißt, daß du dich nicht verändern mußt. Vielleicht ist es viel besser für dich. Ich glaube, daß du das auf einer tiefen Ebene weit besser weißt als ich. Wenn du dich nicht veränderst, dann tut dir deine alte Vorstellungswelt einen Dienst und ist für dich richtig."

Eine große Last schien von Sally abzufallen. Ich erkannte sie aufrichtig so an, wie sie war. Das stand in Widerspruch zu der Art und Weise, wie sie mit sich in all den Jahren umgegangen war. Sie hatte sich selbst verurteilt. Sie hatte von sich gefordert, sich zu verändern, hatte sich paradoxerweise aber nicht geändert. Wenn Sally sich so annimmt, wie sie ist und die Forderung nach Veränderung aufgibt, dann ist eben das eine Veränderung, die weiteren Wandel nach sich ziehen wird.

Ich möchte mit einer Bemerkung über direkte Kommunikation schließen. Die offene Kommunikation mit Sally, ohne irgendwelche Gefühle und Gedanken zurückzuhalten (um sie oder mich zu schützen), war mein Weg, mich selbst anzunehmen. Wenn ich ein Gefühl oder einen Gedanken verberge, dann ist darin die Botschaft versteckt, daß mit diesem Gefühl oder Gedanken etwas nicht stimmt und also mit mir etwas nicht in Ordnung ist.

Meine Aufforderung an Sally, mit mir vollkommen ehrlich zu sein, ist eine positive Bestätigung für alles, was in ihr ist. Wenn ich ihr zeige, daß ich auch Gefühle des Ärgers und der Ablehnung annehmen kann, dann sage ich ihr, daß ich sie mit all ihren Teilen akzeptiere. Will ich jedoch von bestimmten Gefühlen und Gedanken lieber nichts wissen, dann dränge ich sie auf subtile Weise dazu, mir nur die „guten" Dinge zu erzählen; damit sage ich ihr, daß ich ihre negativen Seiten ablehne.

Das ist ein entscheidender Punkt. Jede Kommunikation, die nicht ganz offen ist, bedeutet, daß für mich oder andere etwas nicht akzep-

tabel ist. Deswegen ist eines der wichtigsten Prinzipien der Familienrekonstruktion, daß kongruente Kommunikation ermöglicht wird.
Vor allen Dingen muß der Leiter ehrlich sein. All das heißt nicht, daß
es nichts Privates geben dürfte. Keine Regel schreibt vor, daß wir
immer alles sagen müssen. Wollen wir es einmal nicht, dann können
wir ehrlich sagen, „das ist meine Privatsache", oder „ich möchte es
dir nicht sagen", oder „ich habe jetzt nicht die Zeit oder Energie
dafür".

In jeder offenen und ehrlichen Kommunikation äußert sich Selbstakzeptanz, während Hinterm-Berg-halten Selbstablehnung bedeuten kann. Da die Familienrekonstruktion kongruente Kommunikation fördert, sowohl in den Familienszenen wie innerhalb der Gruppe, kann der Entdecker das Paradox erleben: Wer sich selbst akzeptiert, wird sich verändern, und wer sich verändern muß, bleibt wie
er ist.

Die Familienrekonstruktion läßt den Entdecker also die Lösung
jener zwei grundsätzlichen Paradoxa des Lebens erfahren: „Wer sein
Leben erhalten will, der wird es verlieren, wer aber sein Leben verliert, der wird es finden" und „Liebet eure Feinde" (im Innern wie
im Äußeren).

12 Die Ziele einer Familienrekonstruktion und die Qualitäten eines kompetenten Leiters

An diesem Punkt ist es vielleicht nützlich, die Ziele der Familienrekonstruktion zusammenzufassen. Manche dieser Ziele beschreiben den Schlußpunkt der Tagesreise (zum Beispiel die Erhöhung des Selbstwerts), andere sind Zwischenstationen. Sie sind nicht immer klar voneinander abgegrenzt, aber sie sind doch unterschiedlich und wichtig genug, um als eigenständiges Ziel beschrieben zu werden. Der Leiter sollte den Prozeß so lenken, daß der Entdecker die folgenden Ziele erreichen kann (ihre Reihenfolge ist nicht unbedingt eine Aussage über ihre Wichtigkeit).

Ziele

1. *Das Selbstwertgefühl erhöhen.* Das höchste Ziel besteht vielleicht darin, dem Entdecker zu einem besseren Selbstwertgefühl zu verhelfen. Wie wir in den Kapiteln zwei und neun gesehen haben, spielen dabei viele verschiedene Faktoren eine Rolle.

2. *Anschluß an die eigene Kraft finden.* Die Entdeckung der eigenen Kraft hat viel mit Selbstwert zu tun, ist aber doch nur einer von vielen Faktoren, die darauf Einfluß haben. Am Ende der Familienrekonstruktion und in den darauf folgenden Monaten, wenn die Ergebnisse langsam ins Alltagsleben einsickern, spürt der Entdecker, daß sein Selbstwert weniger von anderen abhängig ist, sein Selbstvertrauen wächst und damit seine Zuversicht und sein Mut. Die Folge ist, daß sich seine Bedürfnisse und Wünsche eher erfüllen. Er fühlt sich weniger als Spielball äußerer Kräfte.

3. *Die Familie von Mutter und Vater und die eigene Herkunftsfamilie neu erfahren.* Wenn der Entdecker einfach nur die selben Erfahrungen noch einmal durchlebt, ist wenig gewonnen. Neue Erfahrungen sind unvermeidlich, sofern der Entdecker sich nicht dagegen sträubt,

die neuen Bilder und Informationen in sich hineinzulassen. Oft weiß der Entdecker zum Beispiel über die Familie eines Elternteils mehr als über die andere. Die Familienrekonstruktion bringt über den unbekannten Teil viel ans Licht. Die prägendsten Erfahrungen haben sich meist in der frühen Kindheit ereignet, als das Kind unfähig war, die Zusammenhänge zu erkennen. Nun als Erwachsener, können sich die starren Schwarz-weiß-Bilder auflösen und die Nuancen des Familienmusters und der einzelnen Familienmitglieder ins Bewußtsein treten.

4. *Aktiv in den Prozeß eintauchen, so daß kritische Szenen neu durchlebt werden können.* Dieses Ziel hängt eng mit dem vorhergehenden zusammen, aber geht tiefer. Wenn der Entdecker den verschiedenen Szenen wie in einem Theaterstück zuschaut, dann kann ihm das neue Erfahrungen der Familie vermitteln. Hier geht es darum, daß der Entdecker die Zuschauerrolle verläßt und aktiv mitspielt, sozusagen selbst mit auf der Bühne steht. Dies ist dann angebracht, wenn der Entdecker in einer bestimmten Szene eine dysfunktionale Verhaltensweise gelernt hat, die es aufzulösen gilt. Der Entdecker hat durch aktives Handeln in der rekonstruierten Szene die Chance, mit einer bedrohenden oder einengenden Situation neu umzugehen.

5. *Mutter und Vater als Personen wahrnehmen.* Solange man seine Eltern nur in ihrer Elternrolle sieht und nicht als Menschen, bleiben die frühen Prägungen ungebrochen erhalten. Sieht er sie jedoch mit ihren Schwächen und Stärken so wie sich selbst, dann löst sich die Macht, welche die Eltern über das Kind ausgeübt haben, auf. Der Entdecker kann seine verhärteten, einseitigen und unrealistischen Bilder fallen lassen (zum Beispiel: Vater der Sündenbock, Mutter die Heilige, oder Mutter die Hexe, Vater der arme Unterdrückte). Die Eltern sind dann nicht länger Götter oder Teufel sondern normale Menschen mit ihren lichten und ihren dunklen Seiten, genau wie der Entdecker selbst.

6. *Sich versöhnen und sich doch selbst schützen.* Dieses Ziel geht einen Schritt weiter als das vorhergehende. Oft wird man das an einem einzigen Tag nicht erreichen, aber es kann sich als Wirkung der Familienrekonstruktion im Laufe der Zeit einstellen.

7. *Unerledigte Probleme zum Thema machen.* Die akuten Probleme des Entdeckers weisen der Familienrekonstruktion die Richtung und haben Einfluß auf die Auswahl der Szenen. (Zum Beispiel lang aufgestauter Ärger gegen einen Elternteil oder Angst vor der Sexualität des anderen Geschlechts.) Der Leiter wird jede Gelegenheit nutzen, an die Wurzeln eines solchen Problems zu kommen.

8. *Inkongruentes Verhalten durch kongruentes ersetzen.* Eines der wichtigsten Vehikel dysfunktionaler Dynamik in einem Familiensystem ist unaufrichtige Kommunikation, sei es, daß etwas verborgen wird oder die Botschaften in sich widersprüchlich sind. Wenn man in der Familienrekonstruktion auf ein solches Muster stößt, dann löst man es dadurch auf, daß man den Entdecker und sein alter ego dazu anleitet, eine entsprechende Szene mit kongruenter Kommunikation neu durchzuspielen. Der Entdecker macht die Erfahrung: Es geht auch anders.

9. *In den meisten Familienrekonstruktionen richtet der Entdecker unbewußt mehr Energie darauf, daß sich seine Eltern ändern, als daß er sich selbst ändert.* Das Ziel besteht darin, den Entdecker erkennen zu lassen, daß er damit am Wesentlichen vorbeigeht. Eine solche Ausrichtung der Energie enthält die Botschaft: „Ich kann nur glücklich sein, wenn du dich änderst", oder „Es ist deine Schuld, daß ich die bin, die ich bin". Jemand anders wird beschuldigt und die Übernahme von Verantwortung vermieden.

10. *Statt auf die Anerkennung von anderen angewiesen zu sein, sich selbst annehmen lernen.* Das ist ein Aspekt des vorhergehenden Zieles, aber so wesentlich, daß ich es als eigenes Ziel hervorhebe. Es wird oft dann erreicht, wenn der Entdecker seine Eltern so annimmt, wie sie sind. Selbstakzeptanz ist die Grundlage eines guten Selbstwertgefühls.

11. *Weiße Flecken auf der Landkarte des Familiensystems füllen.* Wenn der Entdecker bestimmte Aspekte oder Menschen aus seinem Familiensystem ausblendet, dann muß der Leiter dafür sorgen, daß sie ins Spiel kommen, zum Beispiel Humor, Ärger oder Sexualität. Sollte der Entdecker ein adoptiertes Kind sein, dann ist es ganz wichtig,

den biologischen Eltern den ihnen gebührenden Platz zu geben, selbst wenn der Entdecker sich nur mit seinen Adoptiveltern beschäftigen will. Die wirklichen Eltern lebendig werden zu lassen, hat immer erstaunliche Wirkung: Der Entdecker kommt mit seinen Wurzeln in Kontakt.

Qualitäten des Leiters

Jetzt möchte ich zusammenfassend darstellen, welche Eigenschaften ein kompetenter Leiter einer Familienrekonstruktion meiner Ansicht nach in sich ausgebildet haben sollte. Das ist für potentielle Leiter ebenso von Belang wie für jene, die sich einen Leiter aussuchen wollen. Einige dieser Qualitäten sollte jeder haben, der anderen in ihrem Wachstum hilft. Ich werde sie nur kurz aufzählen, weil das Thema in der einschlägigen Literatur ausgiebig behandelt wird, und lieber auf jene Eigenschaften näher eingehen, von denen ich meine, daß sie für den Prozeß der Familienrekonstruktion spezifisch sind.

Allgemeine Eigenschaften

Ein kompetenter Leiter sollte...

1. dem Entdecker Liebe und Respekt entgegenbringen, seine Persönlichkeit achten und ganz auf sein Wohl bedacht sein.
2. eine geschulte Beobachtungsfähigkeit haben, die ihn zu einem echten Sherlock Holmes macht.
3. über reiche Erfahrungen im Leben und in der Arbeit mit anderen Menschen verfügen.
4. mit dem eigenen Selbst in Kontakt sein; das befähigt ihn, mit seinen eigenen Gefühlen und Gedanken ehrlich zu sein und sich einfühlen zu können.
5. seiner Intuition und seinen Ahnungen vertrauen, sofern er mit sich im Einklang ist.
6. objektiv bleiben und sich nicht durch die Ereignisse der Familienrekonstruktion in seine eigene Problematik hineinziehen lassen.
7. sich klar und ehrlich ausdrücken.
8. sich darüber im Klaren sein, daß bei der Leitung einer Familien-

rekonstruktion Fehler passieren können; er sollte fähig sein, sie offen einzugestehen, und sich dabei selbst annehmen können.

9. Der Leiter sollte davon überzeugt sein
   - daß die Leute zu 98 Prozent ihr Bestes geben;
   - daß jeder emotionale Ausbruch ein Versuch ist, sich vor einer vorgestellten Gefahr zu schützen;
   - daß „negatives" Verhalten eine bestimmte Funktion für die Person hat und zum Ausgangspunkt von Transformation werden kann;
   - daß jede Eigenschaft im Keim ihr Gegenteil enthält, welches zur Grundlage des Wandlungsprozesses werden kann; (im Beschuldigen steckt die Fähigkeit zum Selbstschutz, Sensibilität kann in übermäßige Empfindlichkeit umschlagen.)
   - daß in jeder Person menschliches Wachstum angelegt ist und das Bedürfnis nach Liebe, Achtung, Zuwendung, Verständnis und Versöhnung etc., selbst wenn alle äußeren Daten dagegen sprechen;
   - daß sich ein Mensch im Grunde selbst heilt und andere nur gute Bedingungen für den Prozeß des Wachstums und der Heilung schaffen können;
   - daß Veränderung und Wachstum ein Prozeß sind, und nicht alles an einem einzigen Tag oder mit einem einzigen Leiter getan werden muß.

All diese Überzeugungen helfen dem Leiter, dem Entdecker zu vertrauen und ihn anzunehmen.

Qualitäten, die für den Leiter einer Familienrekonstruktion besonders wichtig sind

Er sollte...

10. mit dem Prozeß der Familienrekonstruktion vertraut sein. Dazu gehören die verschiedenen Schritte, die Dynamik, die Ziele und Prinzipien, die in diesem Buch dargelegt werden.
11. sich immer von neuem von der eigenen Herkunftsfamilie frei machen, so daß er im Prozeß der Familienrekonstruktion nicht

von seiner persönlichen Problematik eingeholt wird. Es ist hilfreich, wenn der Leiter sich selbst einer Familienrekonstruktion unterzogen hat. Das Familiensystem birgt seine eigene Problematik, die auf der individuellen Ebene oft nicht gelöst werden kann. Das zeigt die Geschichte eines Mannes, der zu mir mit der Absicht kam, eine Familienrekonstruktion zu machen. Er war seit einigen Jahren in Individualtherapie gewesen und war selbst therapeutisch tätig. Als er mit der Rekonstruktion seiner Familie an der Reihe war, weigerte er sich. Ein Jahr später kam er wieder in eine Gruppe und wieder wollte er, als es so weit war, seine Familie nicht rekonstruieren. Seine Familienerfahrung war so schmerzhaft, daß er immer wieder davor zurückschreckte, damit intensiv in Berührung zu kommen. In seiner eigenen Therapie hatte er sich mit individuellen Problemen auseinandergesetzt, die zwar auch mit seiner Familie zu tun hatten, ihn aber doch nicht so sehr bedrohten wie die Konfrontation mit dem ganzen System.

12. in systemischen Kategorien denken. Es besteht ein großer Unterschied zwischen einem Therapeuten, der in den Kategorien des Familiensystems wahrnimmt, denkt und fühlt, und einem, der individuell oder psychoanalytisch vorgeht. Der erste behandelt das ganze System, der zweite nur das Individuum. Der Systemtherapeut hat immer die Wechselwirkung zwischen dem System und dem Individuum im Blick und achtet auf die Systemdynamik ebenso wie auf die individuelle psychologische Dynamik. Die praktischen Unterschiede zwischen beiden Ansätzen sind auffallend. Auf einer Familientherapiekonferenz erlebte ich, wie ein psychoanalytisch orientierter Therapeut mit einer Familie arbeitete. Die Interventionen richteten sich jeweils nur auf eine Person, ohne daß der Therapeut die Wirkung auf die anderen Familienmitglieder in Betracht zog. Bei anderer Gelegenheit beobachtete ich einen Therapeuten, der aus der Sozialarbeit kam; bei jedem Schritt überprüfte er, wie das ganze Familiensystem auf die Arbeit mit einem einzelnen Mitglied reagierte und ging darauf ein. Ein Systemtherapeut ist ohne weiteres bereit, die Familienmitglieder des Klienten miteinzubeziehen, selbst wenn er schon monatelang allein mit dem Klienten gearbeitet hat. Für viele Individualtherapeuten ist das ein Problem.

13. über dramaturgische Fähigkeiten verfügen. Da eine Familienrekonstruktion aus einer Serie psychodramatischer Szenen besteht, die als Skulptur, verbal oder pantomimisch zum Leben erweckt werden, muß der Leiter eine gewisse Neigung zum Dramatischen haben. Dazu gehören lebendige Fantasie, Humor, spontane und kreative Einfälle, Gefühl für den Fluß der Handlung mit ihrem rhythmischen Crescendo und Diminuendo und die Fähigkeit, verschiedene Ebenen zugleich wahrzunehmen, die Szene als Ganzes zu erfassen und Augenblicke emotionaler Verdichtung am Schopf zu ergreifen.

14. deutlich unterscheiden können, zwischen dem Lenken des Prozesses und dem Lenken der Person. Die Aufgabe des Leiters besteht darin, den Prozeß so zu lenken, daß die Darsteller der Szenen die Freiheit haben, sie selbst zu sein. Der Leiter führt nicht Regie über die Darsteller; die einzelnen Charaktere produzieren den Stoff des Stückes selbst. Mit anderen Worten, der Leiter kennt den Text nicht, er weiß nicht, ob es eine Komödie oder Tragödie wird. Er ist kein Theaterregisseur. Sogar das Thema des Stückes kann sich im Laufe des Prozesses verändern, wenn nämlich andere und tiefere Probleme zutage treten, als dem Entdecker zu Beginn bewußt waren, und sich damit seine Ziele ändern. Die Ziele einer Familienrekonstruktion sind allgemeiner Art, in deren Rahmen sich die Dynamik einer individuellen Familie entfalten kann. Die persönlichen Ziele des Entdeckers, die Beiträge der Rollenspieler und die spezifische Dynamik dokumentieren die Einzigartigkeit jeder Familie und jedes Entdeckers. Deswegen ist keine Familienrekonstruktion gleich.

In dieser Hinsicht ist es leicht, eine Familienrekonstruktion zu leiten. Man muß kein Experte in allen Feinheiten der Familiendynamik sein oder über jahrelange Erfahrung verfügen, um die Charakteristika bestimmter Familientypen sofort festzumachen. Der Leiter braucht die spezifische Problematik einer Familie nicht im vorhinein zu analysieren, um seine Arbeit dann darauf auszurichten. Wenn der Prozeß richtig gelenkt wird, dann werden die Rollenspieler von sich aus die wesentliche Struktur und die Dynamik eines Familiensystems offenbaren.

13 Reiseberichte

In Kapitel vier habe ich auf verschiedene Möglichkeiten hingewiesen, wie man eine Gruppe zum Zweck der Familienrekonstruktion bilden kann. Eine besteht darin, zwölf oder fünfzehn Menschen zu finden, die sich regelmäßig treffen, gewöhnlich einmal im Monat. Die Gruppe bleibt solange zusammen, bis alle Mitglieder ihre Familie rekonstruiert haben. Alle Mitglieder, auch der Leiter, machen in einer solchen Gruppe tiefgehende Erfahrungen. Die folgende Beschreibung stammt von einer Frau, die vor einigen Jahren an einer Gruppe teilnahm. Ich leitete sie zusammen mit meiner Frau Anne.

Als Teilnehmerin in einer Gruppe zur Familienrekonstruktion machst du einmal im Monat eine Reise, die tief in das Leben eines anderen Menschen und seiner Familie hineinführt. Du staunst darüber, wie anders jede Familie ist und doch gleich. Wenn du dich losläßt – Gefühle und Fantasien, Ahnungen und Einsichten frei kommen läßt – dann durchlebst du jene eigentümliche Mischung von Licht und Dunkel, die das Leben ausmacht: Liebe und Haß, Furcht und Mut, Leben und Tod, Freude und Leid, Zweifel und Klarheit, Hoffnung und Enttäuschung, Gut und Böse, Groll und Vergebung.

An einem Tag in deinem geschäftigen Leben machst du dich dafür frei, dich mit den großen Themen deines Lebens und des Lebens der anderen auseinanderzusetzen. Durch Erfahrung und Kontemplation gelangst du in einen heiligen Raum. Dein Herz wird empfänglich und deine Seele weit, und mit einem Seufzer der Dankbarkeit kannst du „Ja" zum Leben sagen. Du fühlst dich gleichzeitig stark und zerbrechlich, spürst deine Verbundenheit mit den anderen, weißt, daß du sie brauchst und was du ihnen gibst.

Jeden Monat öffnet eine andere Person ihr Leben vorbehaltlos vor der Gruppe und du erlebst mehr und mehr, was Vertrauen sein kann. Das Geheimnis einer Person wird in deine Hände gelegt, und du hütest es wie einen kostbaren Schatz, um dich irgendwann selbst den anderen anzuvertrauen.

Bei jedem einzelnen und in der Gruppe wachsen Sanftheit, Stärke und Einfühlungsvermögen. Wenn du nach Hause zurückkehrst, dann weißt du, daß das Leben den Tod besiegt, daß Liebe stärker ist als Haß, daß Härte in Barmherzigkeit umschlagen kann, und daß jeder Mensch, unabhängig von seinen Talenten, kostbar ist wie eine Blume. Das Wunder des Menschen entfaltet sich einmal im Monat vor deinen Augen und Ohren, du erlebst es mit Körper, Geist und Seele, und du hast das Gefühl, über das Leben selbst hinaus zu wachsen.

Dies wird um so eher geschehen, je mehr du dich dem Prozeß mit all deiner Energie, all deinem Mut und all deiner Liebe überläßt. Du überschreitest dann die gewohnten Grenzen deiner Existenz.

Auch wenn man nicht der Entdecker ist, kann man bei einer Familienrekonstruktion sehr viel gewinnen, besonders dann, wenn man eine Rolle spielt. Die Tatsache, daß man dafür ausgesucht wurde, spricht dafür, daß man in gewisser Hinsicht dem Familienmitglied ähnelt, das man spielen soll. Was beim Spielen aufgerührt wird, kann einen direkten Bezug zum eigenen Leben haben.

Aber auch jene, die einfach nur zuschauen, tun das oft mit großem Nutzen. Dies zeigt der folgende Bericht eines Gruppenmitglieds, das keine aktive Rolle zu spielen hatte und die ganze Zeit über nur zuschaute.

Gestern nachmittag brach der Damm. Es dauerte nur einen Augenblick und die Flut hält immer noch an und schwemmt die unterdrückten Gefühle von vierzig Jahren nach oben.

Am Ende von Bettys Familienrekonstruktion forderte uns Anne, Bills Frau und Cotherapeutin, auf, in der Vorstellung mit unserem Vater in Kontakt zu treten. Es gelang mir sehr gut und ich besprach mit ihm viele neue Einsichten, die ich bei der Familienrekonstruktion gewonnen hatte. Ein Glücksgefühl durchströmte mich, so als wäre ich wieder zwölf Jahre alt und säße mit ihm im Auto auf einer Fahrt quer durch den mittleren Westen.

Ich mußte mich von meinem Vater verabschieden, und Anne sagte, ich sollte das gleiche mit meiner Mutter machen. Mein Körper wurde steif und weigerte sich. Ich öffnete die Augen und starrte auf den Boden, während andere mit ihrer Mutter sprachen. (So wie Betty, die während ihrer Familienrekonstruktion nicht mit ihrer Mutter sprechen konnte.) Ich war total verkrampft und in meinem Kopf waren die Worte: „Du kannst/mußt es noch einmal ertragen."

Anne sagte, wir sollten den Besuch bei der Mutter abschließen und mit einem guten Freund in Kontakt treten. Ich entspannte mich und schloß die Augen, aber statt eines Freundes schob sich ein ganz anderes Bild in mein Gesichtsfeld – ein dunkles, rundes Loch, dessen Rand von mattem Licht umgeben war. Eine Stimme in mir sprach mir liebevoll Mut zu, ich sollte das Bild ruhig genauer anschauen. Das Bild wurde immer schärfer, und plötzlich sah ich, daß es eine Vagina war. Im selben Moment hörte

172

ich von einer anderen Stimme deutlich den Satz: ‚Vielleicht bist du der Vater deiner Schwester.‘ Und dabei hörte ich wieder die erste Stimme, die sagte: ‚Jetzt bist du dafür bereit.‘

Alles mögliche kam mir in den Kopf, aber am stärksten war das Gefühl: „Oh, das habe ich die ganze Zeit versteckt.“ Der Hintergrund ist folgender: Vor ungefähr drei Jahren hatte ich unter Hypnose herausgefunden, daß ich von meiner Mutter irgendwie sexuell mißbraucht worden war; aber ich hatte eine undurchdringliche Wand davor aufgebaut, die der Therapeut nicht mit mir durchbrechen konnte. Seitdem hatte ich ohne wirklichen Erfolg immer versucht, über diese Mauer zu schauen. Nun war mir plötzlich alles klar, und so viele Ungereimtheiten meines Lebens offenbarten ihren Sinn. Als Junge wußte ich, daß meine Mutter irgend etwas Sexuelles mit mir tat, und als sie schwanger wurde, hatte ich die Idee, daß ich der Vater sein könnte. (Vielleicht hätte ich es wirklich sein können – ich war ein frühreifer Zwölfjähriger, aber das spielt jetzt keine Rolle mehr, vierzig Jahre später.) Jedenfalls wußte ich, daß ich niemals darüber sprechen durfte, was wohl ziemlich vernünftig war; man stelle sich nur vor, was es für Folgen für mich und meine Familie gehabt hätte, wenn herausgekommen wäre, daß ich der Vater meiner Schwester bin oder sein könnte.

Das Erstaunliche an dieser ganzen Offenbarung ist, daß ich mich irgendwie belustigt fühle. Wie albern ist es doch, die Fehlinterpretation eines Zwölfjährigen von Sex vierzig Jahre lang mit sich herumzuschleppen, oder, falls mein Eindruck doch richtig gewesen sein sollte, mich noch mit fünfzig Jahren davon beeinträchtigen zu lassen. So vieles in meinem Leben ist schief gelaufen, nur weil mich die Vorstellungswelt des Zwölfjährigen unbewußt regierte. Und so kam meine Geschichte ans Licht:

1. Als wir uns auf die Rekonstruktion vorbereiteten, weigerte ich mich strikt, die blinden Flecken in meinem Familiensystem auszufüllen, selbst als wir nachdrücklich dazu aufgefordert wurden. In meiner Familie pflegte man dunkle Geheimnisse mit Lügen zuzudecken. Als in Bettys Rekonstruktion an Geheimnisse gerührt wurde, konnte ich das unmittelbar auf mich beziehen; vor Monaten, als die Gruppe gerade begonnen hatte, hatte sie ausgerechnet mir ein Familiengeheimnis anvertraut. Offensichtlich war mir anzusehen, daß ich dafür der Richtige war. Ich hatte jetzt jedoch keine Lust mehr, diese Tradition fortzusetzen.

2. Mein Leben lang habe ich alles gelesen, was ich über Sex und sexuellen Mißbrauch nur irgendwie finden konnte, als wollte ich einem dunklen Geheimnis auf die Spur kommen; aber es führte zu gar nichts bis zu diesem Augenblick der Erleuchtung, als der ganze Mist in meinem Hirn plötzlich Sinn machte. Ich hatte mich mit Bettys 91jährigen Großvater identifiziert, und konnte, wie er, aus sicherem Abstand die ganze Familiengeschichte überschauen. Dadurch wurde viel verdrängte Information zugänglich.

3. Mir wurde plötzlich klar, warum ich allergisch darauf war, wenn mich irgend jemand zu etwas zwingen wollte, insbesondere Frauen. Diesen Knopf drückte Anne, als es um die Reihenfolge bei der Rekonstruktion ging. Mir schien, daß sie die Entscheidung darüber träfe, und aller Widerstand richtete sich gegen sie, obwohl Bill an dem Prozeß genauso beteiligt war.

4. Seit der Rekonstruktion, die jetzt schon eine Woche her ist, gehen mir immer neue Lichter auf, als würde ich in einer Familienchronik blättern, deren Seiten bisher versiegelt waren. Das Gefühl zu meiner Mutter ist einfach Traurigkeit, daß sie so sein mußte, wie sie war, und wahrscheinlich nie verstanden hat, was sie getan hat, so wenig wie ich bis dahin gewußt habe, was unter den sieben Siegeln versteckt war.

Was wohl herausgekommen wäre, wenn ich der Entdecker gewesen wäre? Mir scheint, ich war's.

Ein Beispiel für die tiefe Wirkung, die das Spielen einer Rolle haben kann, ist der Bericht einer etwa siebzigjährigen Frau:

Ich habe oft darüber gesprochen, wie wertvoll es für einen selbst sein kann, wenn man in einer fremden Familie eine Rolle spielt, aber erst seit dem Workshop mit Bill Nerin weiß ich es aus eigener Erfahrung.

Cynthis bat mich, in ihrer Familie die Großmutter zu spielen. Ich nahm die Rolle ohne Zögern an, aber als sie ihre Großmutter als paranoide Schizophrene beschrieb, realisierte ich mit Schrecken, daß das ja meine eigene Mutter war. Ich wußte, daß es nicht einfach sein würde, eine paranoid-schizophrene Großmutter zu spielen, die zur Gewalt neigte, ablehnend war und ihre Kinder körperlich und emotional mißhandelte.

Als ich in die Rolle hineinkam, verstand ich wie nie zuvor, warum sich meine Muter so verzweifelt an meinen Vater geklammert hatte, und warum sie ihre Töchter als Rivalinnen empfand und als Bedrohung. Als sich der Großvater im Psychodrama aus meiner eifersüchtigen Umklammerung etwas zu lösen versuchte, durchlebte ich die Verzweiflung meiner Mutter. Ich spürte ihre Furcht, daß ihr irres Verhalten gerade den Menschen wegtreiben konnte, den sie am meisten brauchte: ihren Mann. Und ich fühlte etwas von ihrer Angst und ihrer Wut, wenn ihr Mann sich seinen Töchtern liebevoll zuwandte.

Am Ende dieser Familienskulptur hörte ich Bill das Wort „Angst" sagen, und ich dachte: Ja, ich hatte Angst, als ich die Rolle der Großmutter übernehmen sollte, die meiner Mutter so ähnlich war. War Angst das Grundgefühl meiner Mutter, vor der ich mich selbst in meiner Kindheit so sehr gefürchtet hatte?

Auf der Fahrt nach Hause dachte ich weiter darüber nach, und zum erstenmal in meinem Leben fühlte ich Mitleid mit meiner Mutter. Ich sagte sogar laut die Worte: „Du arme Kleine." (Sie war tatsächlich sehr klein.)

174

Ich hatte ein Gefühl der Erlösung, aber von was? Dann erkannte ich, daß ich vom Ärger erlöst war, den ich siebzig Jahre lang gegen meine Mutter gehegt hatte, und daß jetzt die Energie freigesetzt war, die diesen Ärger am Leben gehalten hatte. Zu sehen, welche Wirkung ihr Terror auf meinen Vater, meine Schwester und mich gehabt hatte, erfüllte mich mit tiefer Traurigkeit und Mitleid. Weil ich nun nicht mehr von Ärger beherrscht war, konnte ich mir auch anschauen, was ich Gutes von ihr bekommen hatte. Das war schwer, aber es war doch etwas da: Die Liebe zu schöner Musik und Kunst; und die guten Manieren, die sie mir nicht mit dem erhobenen Zeigefinger beigebracht hatte, sondern einfach durch ihr Vorbild. Ich sagte laut: „Dafür danke ich dir, Mutter."

Oft habe ich darum gebetet, daß Gott mich vom Haß auf meine Mutter erlöst; ich wollte meine Energie nicht länger damit verschwenden, jemanden zu hassen. Schließlich hat mich Gott durch Bill Nerin erhört.

Das sind herausragende Beispiele dafür, wie jemand, der offen und motiviert ist, sich mit den Charakteren einer fremden Familie identifiziert, ins Drama hineingezogen wird und dadurch einen großen Durchbruch in seinem eigenen Leben erzielt.

In einer Familienrekonstruktionsgruppe wächst im Laufe der Monate das wechselseitige Vertrauen und das Gefühl der Geborgenheit immer mehr. Die Mitglieder breiten ihr Leben in aller Offenheit aus. Siege werden gefeiert und Unglück mit Trauer nachempfunden. Die Gruppe hilft jedem einzelnen, sich aus den Verstrickungen seiner Familie zu lösen und das Selbstwertgefühl zu erhöhen.

14 Weitere Anwendungsmöglichkeiten der Familienrekonstruktion

Die Methode der Familienrekonstruktion und die Prinzipien, die ihr zugrunde liegen, können außer in der therapeutischen Gruppe von zehn oder mehr Teilnehmern auch in anderen Zusammenhängen angewandt werden. Ein Beispiel dafür ist die Ausbildung von Erziehern und Lehrern. Man kann eine Minirekonstruktion inszenieren, um – meist unter viel Gelächter – zu demonstrieren, wie die fünf grundsätzlichen Verhaltensmuster (siehe Kapitel zwei) in der Familie gelernt werden.

Mein Frau Anne benutzt diese Methode gern in ihren Seminaren. Sie holt aus dem Publikum drei Leute, die die Rollen von Vater, Mutter und einem zweijährigen Kind spielen. Die Szene: Feierliches Weihnachtsessen. Beide Eltern haben ihre Familien eingeladen. Alle Rollen werden besetzt. Anne instruiert die Familie der jungen Mutter, daß sie korrekt und konservativ ist, während es die Familie des jungen Vaters mit Sitte und Anstand weniger genau nimmt. Ein Bruder in dieser Familie trinkt und eine Tante in der Familie der Mutter hört schlecht.

Die Rollenspieler sind schnell mit großem Spaß bei der Sache. Man kann sich ausmalen was passiert. Die Familie der Mutter kommt pünktlich an und betritt das Haus in aller Form durch den Haupteingang. Die Familie des Vaters kommt zu spät und geht durch die Küchentür. Es dauert nicht lange, und alle liegen sich in den Haaren. Nach dreißig Minuten fragt Anne das „zweijährige Kind" nach seinen Reaktionen. Durch seine Schilderung wird deutlich, wie ein kleines Kind die unterschiedlichen Verhaltensmuster seiner Eltern assimiliert, die Art der Kommunikation und des Umgangs mit Bedrohung, die Regeln und die Wertvorstellungen.

Anne benutzt die Prinzipien der Familienrekonstruktion noch auf andere Weise. Sie unterteilt die Anwesenden in vier Gruppen: Die Erstgeborenen, die mittleren Kinder, die Jüngsten und die Einzelkinder. Jede Gruppe tauscht sich darüber aus, wie es war, in dieser Position aufzuwachsen. Anne bittet ein Mitglied der Gruppe, Protokoll zu führen und hinterher die Ergebnisse vor der ganzen Gruppe zu referieren. Es ist jedesmal erstaunlich, wie unterschiedlich die Erfahrung jeder Gruppe ist. Die Erstgeborenen fühlten sich besonders verantwortlich und mußten den anderen ein Beispiel geben; die Jüngsten fühlten sich jünger als sie tatsächlich waren und empfanden das Heranwachsen als langsamen Prozeß; die mittleren Kinder waren entspannter, und die Einzelkinder fühlten sich sehr früh erwachsen.

Beinahe komisch ist es, wenn zwischen den Untergruppen bei den Berichten vor der ganzen Gruppe die gleiche Rivalität ausbricht wie unter Geschwistern. Die mit der Geburtenfolge einhergehende Konkurrenz tritt in jeder Familienrekonstruktion zutage und kann die Beziehung von Geschwistern prägen, selbst wenn sie schon über siebzig sind.

Auch in der Einzeltherapie können die Elemente der Familienrekonstruktion auf verschiedene Weise genutzt werden. Allein die Niederschrift der drei Familienstammbäume, wie in Kapitel drei beschrieben, macht dem Klienten deutlich, daß die Wurzeln seiner persönlichen Thematik im Familiensystem zu suchen sind. Auf diese Weise erweitert sich der Horizont, und der Klient hat nicht mehr länger das beißende Gefühl, daß sein Problem aus seiner eigenen Persönlichkeit entspringt. Die Stammbäume können dem Therapeuten wichtige Hinweise geben, zum Beispiel, daß die Klientin das einzige Mädchen unter vier Brüdern ist, daß eine Frau trotz Heirat den Namen ihres Vaters behalten hat, daß vor der Geburt des Klienten ein Geschwisterkind starb, daß die Eltern geschieden wurden, als der Klient noch ein kleines Kind war, und nach der Scheidung schnell wieder heirateten – alles Umstände, die großen Einfluß auf die Entwicklung der Persönlichkeit haben.

Die Grundannahme ist die, daß der Knoten im Leben eines Menschen meist dort entstanden ist, wo er sich mit Bedrohung auseinandersetzen mußte, mit dem Streß des Überlebens. Diese Bedrohung erlebt das Kind in seiner Herkunftsfamilie und dort entwickelt es seine Strategie, damit umzugehen. Die Familienstammbäume bringen die einschneidenden Fakten ans Licht.

Oft lasse ich den Klienten eine Skulptur von Vater und Mutter machen, um zu verdeutlichen, welche Beziehung die Eltern zueinander hatten, als er (oder sie) aufwuchs. Dabei bin ich der Vater und die Klientin (der Klient) die Mutter. Dann fordere ich den Klienten auf, mich in die Position des Kindes zu bringen. Oft führt das zum Kern der Bedrohung und zeigt, was jetzt im Erwachsenenleben das Problem ist. Nun lasse ich den Klienten die Position des Kindes einnehmen (die Skulptur der Eltern stellt er sich vor, wobei ich in der Position des Vaters bleibe). In dieser Situation soll er sich nun neu verhalten und zwar so, daß das Kind bekommt, was es braucht. Zuletzt lasse ich den Klienten das gegenwärtige Dilemma mit einer Skulptur zum Ausdruck bringen und fordere ihn/sie wieder auf, sich darin anders zu verhalten (meist hat das Kind vorher den Ausweg schon gefunden).

Die Methode ist leichter anwendbar, wenn ich mit einer weiblichen Co-Therapeutin arbeite, oder wenn der Klient seinen Partner oder andere Mitglieder der Familie mitbringt. Wenn Anne oder ich mit einem Paar oder einer ganzen Fmailie arbeiten, dann raten wir unseren Klienten, uns beide hinzuzuziehen. Wir haben festgestellt, daß unsere Möglichkeiten dann vielfältiger sind und wir schneller auf den Punkt kommen. Wir können die Partner bitten, uns so aufzustellen, wie jeder von ihnen die Beziehung sieht, und zwar gleich bei der ersten Sitzung. Sie sind sehr überrascht, wenn sie hören, was wir denken und fühlen! Obwohl sie uns von ihrer Geschichte und ihrem Problem noch kaum etwas erzählt haben, verstehen wir offensichtlich ihre Dynamik. Man kann sich vorstellen, wie sehr das Vertrauen wächst, wenn das schon in der ersten halben Stunde geschieht.

Sofern die Zeit noch reicht, bitten wir die Klienten in der ersten Sitzung, spätestens in der zweiten, uns so aufzustellen, wie jeder von ihnen die Beziehung haben möchte. Nun lassen wir sie die ursprüngliche Haltung einnehmen, so wie jeder von ihnen die gegenwärtige Beziehung in der Skulptur dargestellt hat, und bitten sie, sich ganz langsam, ohne zu sprechen, in den gewünschten Zustand zu verwandeln; dabei sollen sie genau beobachten, was sie beim Übergang von der Gegenwart zur Zukunft empfinden, welchen Ängsten sie begegnen, welche Hindernisse sie überwinden, was sie leisten müssen, um ihre ideale Beziehung zu erreichen.

Nachdem beide Partner die eigenen Skulpturen und die des Partners durchschritten haben, bitten wir sie, ihr inneres Erleben mitzuteilen. Oft kommt dabei das wesentliche Material für den therapeutischen Prozeß zutage. Wenn das Problem sehr tief versteckt ist, dann lassen wir die Herkunftsfamilien der beiden Partner aufstellen: Vater, Mutter und kleines Kind. Diese Szenen liefern uns oft den Schlüssel, mit dem wir eine Blockierung lösen können.

Oft lasse ich einen Klienten Familienszenen in der Fantasie rekonstruieren; anstatt also mit körperlichen Skulpturen zu arbeiten, benutze ich die Fantasie. Das folgende Beispiel stammt aus der Arbeit mit Chris, dessen Bericht in Kapitel eins wiedergegeben ist. Ein Jahr nach seiner Familienrekonstruktion kam er wieder zu mir, um über sein Verhältnis zu Frauen zu sprechen. Er sagte, daß er Schwierigkeiten habe, sich einer Frau zu nähern, und allmählich fürchte, daß es ihm nie gelingen werde. Nachdem wir kurz über das Problem gesprochen hatten, sagte ich ihm, daß ich eine Fantasiereise mit ihm machen wolle. Ich brachte ihn in einen tiefen Trancezustand; als kleiner Junge sollte er in einer bestimmten Szene seiner Mutter sagen, daß er nicht tun wolle, was sie von ihm verlange. Ich ließ ihn das gleiche mit seiner geliebten Großmutter tun (der Mutter seiner Mutter) und mit seiner Freundin.

Es schien mir wichtig, daß Chris die Szene mit allen drei Frauen durchspielte; die Freundin stand für die Gegenwart, von der Mutter hatte er höchstwahrscheinlich diese Überlebensregel gelernt und bei der Großmutter wandte er sie an. Auch ohne diese Vermutung hätte ich alle drei Frauen mit einbezogen, denn jede spielte eine wichtige Rolle in Chris' Leben. Nachdem er diese drei Szenen in der Fantasie durchgespielt hatte, sagte er, es sei ihm leicht gefallen, zu seiner Mutter und zu seiner Freundin nein zu sagen, aber bei seiner Großmutter wäre es sehr schwer gewesen. Ihr Kummer über seine Weigerung gab ihm das Gefühl, ein Egoist zu sein, und das machte ihm Schuldgefühle.

Ich forderte Chris auf, in der Fantasie zu seiner Mutter zurückzugehen und ihr zu sagen, welches Problem er mit der Großmutter habe. Wie würde die Mutter reagieren? Er fühlte sich besser, als er seine Mutter sagen hörte: „Nimm es nicht ernst", aber er fühlte sich dennoch verpflichtet, seine Großmutter versöhnlich zu stimmen. Ich ließ ihn in der Fantasie wieder zu seiner Mutter gehen, und ihr sagen, was er gerade mir gesagt hatte, und bat ihn, auf jede Transaktion genau zu achten. „Sei ehrlich mit deiner Mutter", riet ich ihm, „und bringe jedes Gefühl und jede Reaktion zum Ausdruck, die du im Gespräch mit ihr spürst".

Es verging viel Zeit, bis Chris wieder die Augen öffnete und mir mitteilte, daß seine Mutter sich sehr angegriffen gefühlt habe. „Sie versteht nicht, warum ich mit meiner Großmutter nicht zurechtkomme und warum ich mich schuldig fühle. Ich wurde wütend auf meine Mutter, schrie sie an und ging hinaus." In dieser Szene brach Chris seine Überlebensregel: er wehrte sich gegen die Übermacht seiner Mutter. In der Familienrekonstruktion war er dazu nicht fähig gewesen.

Ich ließ Chris dann in der Fantasie am nächsten Tag zu seinem Vater gehen und ihm das Problem mit der Großmutter schildern und die Auseinandersetzung mit der Mutter. „Schau mal, wie dein Vater reagiert", sagte ich, „und bring auch bei ihm deine Gefühle ehrlich zum Ausdruck."

Nach einiger Zeit öffnete Chris die Augen und beschrieb seine Erlebnisse so: „Dad sagte: ‚Warum gehst du nicht jeden Dienstag zu deiner Großmutter zum Essen? Da ist doch wirklich nichts dabei.' Ich sagte ihm, daß für mich eben doch etwas dabei sei. Ich würde sie lieber anrufen, wenn ich Lust hätte, sie zu besuchen, anstatt jeden Dienstag dazu verpflichtet zu sein. Dad fand das okay, aber er war doch enttäuscht von mir. Ich sagte ihm, daß ich Großmutter vielleicht sogar öfter besuchen würde, wenn ich entscheiden könnte, wann es mir paßt." Chris sagte, daß er sich bei alledem sehr gut gefühlt habe.

Ich brachte den Vater ins Spiel, um die „Gestalt" zu vervollständigen. Es sind immer alle Mitglieder einer Familie, die eine bestimmte Struktur aufrecht erhalten. Ich wußte, daß es sich lohnen würde, den Vater mit einzubeziehen, obwohl es so schien, als würde die dysfunktionale Dynamik nur zwischen Chris, seiner Mutter und seiner Großmutter laufen. Die Fantasiebegegnung mit dem Vater zeigte, daß auch er für die Durchsetzung der Regel sorgte, die Frauen auf Kosten der eigenen Bedürfnisse zufrieden zu stellen. In der Fantasie brach Chris bei beiden Eltern die Regel und folgte seinem eigenen Willen. Auf diese Weise setzte er sich mit allen Personen auseinander, die diese unsinnige Regel im System aufrecht erhielten. Das führte zu einem guten Gefühl.

Zuletzt empfahl ich Chris, sich diese Fantasiereise in den kommenden Monaten wieder ins Gedächtnis zu rufen. Damit beendeten wir die Sitzung.

Im folgenden erzählt Chris, wie er die Geschichte erlebt hat. Die kursiven Einfügungen sind meine Kommentare zur Dynamik der Familienrekonstruktion.

Vor ungefähr zwei Monaten war ich bei Bill. Ich weiß nicht mehr genau, worüber wir sprachen, aber ich glaube, es hatte mit meiner Beziehung zu meiner Freundin zu tun, mein Gefühl von Verantwortung, meine Unsicherheit etc. Wie dem auch sei, am Ende der Sitzung forderte mich Bill auf, die Augen zu schließen und mir eine Situation vorzustellen, in der meine Mutter und Großmutter etwas von mir verlangten, was ich nicht tun wollte. Ich stellte mir vor, daß ich ihnen sagte, was meine Bedürfnisse seien und daß ich mich weigerte, ihren Willen zu erfüllen.

Da er in einem anderen Bewußtseinszustand war, kann er sich an vieles nicht mehr erinnern.

Als ich wieder draußen war, dachte ich, daß es eine nutzlose Übung gewesen sei. Ich verstand nicht, wofür sie gut sein sollte, noch schien sie irgendeine Wirkung zu haben. Nach einigen Stunden fiel mir auf, daß ich sehr verspannt war, besonders mein Gesicht, und daß ich mich körperlich schlecht fühlte. Während der nächsten Tage war ich depressiv und fühlte mich einsam. Mein Magen tat weh. Irgendwie hatte ich Angst. Ich war wütend auf mich selbst und enttäuscht. Das dauerte ungefähr zehn Tage und wurde dann allmählich besser. Ich wußte nicht, was los war, sah jedenfalls keinen Zusammenhang mit der Sitzung bei Bill, außer daß dadurch vielleicht wieder alte, schlechte Erinnerungen hochgekommen waren.

Chris hatte sich durchgesetzt und ging damit das Risiko ein, die Zustimmung von Mutter, Vater und Großmutter zu verlieren. Er fühlt sich einsam, weil er das etablierte Beziehungsmuster mit der Großmutter zerrissen hatte. Allmählich festigt sich Chris innerlich in der neuen Beziehung und fühlt sich dementsprechend besser.

Zwei Monate später war ich wieder bei Bill. Er fragte mich, ob sich nach der letzten Sitzung irgend etwas geändert hätte. Ich sagte nein. Nach einer halben Stunde fiel mir jedoch ein, daß ich mich nach der Sitzung sehr schlecht gefühlt hatte und es mir jetzt so gut ging wie schon Jahre nicht mehr. Das sagte ich Bill, und mir dämmerte, was eigentlich vor sich gegangen war. Diese Sitzung hatte offensichtlich weit mehr bewirkt, als ich je vermutet hatte.

Familienrekonstruktion war für mich schon immer ein Rätsel. Welcher Mechanismus liegt ihr zugrunde? Was geht psychologisch wirklich vor?

Jene Sitzung hat jedenfalls die Macht des Unbewußten deutlich gemacht. Was wirklich geschieht, weiß ich nicht, aber offensichtlich wurde während der Fantasiereise etwas in mir frei gesetzt, das körperlich und psychisch auf mich einwirkte. Nach der Sitzung fühlte ich mich zwei Wochen lang in jeder Hinsicht miserabel; damals hatte ich keine Ahnung warum. Ich war von mir enttäuscht. Dann ging es allmählich aufwärts und mittlerweile fühle ich mich körperlich und seelisch sehr, sehr gut und stark.

Dieser Fall illustriert verschiedene Punkte. Er zeigt, wie das Material der vorhergehenden Familienrekonstruktion jetzt fruchtbar angewendet werden konnte. Ich wußte aus der Rekonstruktion von Chris, wie wichtig es für ihn war, seine Großmutter glücklich zu machen. Andere zufrieden zu stellen, insbesondere Frauen, schien Chris' Überlebensregel zu sein. Als Chris später wieder zu mir kam, weil er seine Distanz zu Frauen überwinden wollte, konnte ich unmittelbar an die Szenen seiner Familienrekonstruktion anknüpfen. Sie hatte den Prozeß angestoßen, der durch die Fantasiearbeit ein wesentliches Stück voran kam.

Zuletzt sei noch eine weitere Anwendungsmöglichkeit der Familienrekonstruktion geschildert, und zwar bei der Beratung von Führungskräften. Das Leitungspersonal einer psychiatrischen Institution hatte meine Frau Anne eingeladen, weil es untereinander Probleme gab. Anstatt sich direkt damit zu beschäftigen, schlug Anne vor, die Familie eines der Beteiligten zu rekonstruieren. Das schien ein merkwürdiger Ansatz. Wie sollte die Familienrekonstruktion einer Person die Probleme der ganzen Gruppe lösen? Die Ärzte hatten jedoch Vertrauen zu Anne und stimmten zu.

Einige Wochen später hörte Anne von den Psychiatern, daß sich ihre Probleme in der Folge tatsächlich gelöst hätten. Wie war das zu erklären? Hier einige mögliche Antworten:

Bei der Familienrekonstruktion enwickelte sich bei den Ärzten, die die verschiedenen Rollen spielten, Sensibilität für die menschlichen Grundkonflikte, die wir alle früher oder später durchleben. Es wurde Mitgefühl und Verständnis für die dargestellten Familienangehörigen wach, und dieses Einfühlungsvermögen übertrugen die Teilnehmer in einer unbewußten Analogie aufeinander.

So wie sie nachfühlen konnten, daß ein bestimmtes Verhalten von Mitgliedern der drei Familien dazu diente, sich vor Bedrohung zu schützen, so konnten sie nun erkennen, daß auch ihr Verhalten untereinander dieser Quelle entsprang: sich bedroht fühlen und sich vor Bedrohung schützen. Und so wie in der Familienrekonstruktion kongruentes Verhalten erlebt werden konnte, so öffneten sich Möglichkeiten für kongruentes Verhalten im Führungsteam.

In der Familienrekonstruktion lernte der Entdecker Mutter und Vater als Menschen kennen und sah sie nicht länger als Rollen; ebenso konnten die Ärzte nun den Direktor und seine Stellvertreter als Menschen aus Fleisch und Blut wahrnehmen. Am Ende der Rekonstruktion teilte jeder den anderen mit, was er oder sie dabei über die eigene Familie und gegenwärtigen Konflikte gelernt hatte. Es entstand ein Gefühl der Gemeinsamkeit angesichts der Tatsache, daß jeder eine weite Reise hinter sich gebracht hatte – vom Schoß der Mutter bis zum heutigen Tag. Dieses Gemeinschaftsgefühl wurde im Lauf des Tages immer stärker durch die warme Anteilnahme, die das ganze Team der Entdeckerin entgegenbrachte.

Alle Teammitglieder erlebten die Dynamik der Kommunikation, der Regeln, der Wertvorstellungen und des Umgangs mit Bedrohung innerhalb eines Familiensystems. Dadurch ging ihnen auf, welche Dynamik in ihrem eigenen Team funktional und welche dysfunktional war. Im Grunde war die Rekonstruktion eine Metapher, die einen Tag lang ausgespielt wurde, so als hätte Anne auf die Probleme des Teams geantwortet: „Da fällt mir eine Geschichte ein. Es war einmal..." Und diese Geschichte war das lebendige Portrait einer Familie mit allen Problemen und allen Lösungsmöglichkeiten, denen Menschen begegnen, wenn sie sich zu einem System zusammenfügen, zum Beispiel dem Leitungsgremium eines psychiatrischen Krankenhauses.

Das ehrliche Portrait eines Familiensystems über mehrere Generationen verbindet alle, die es miterleben. Der weltweite Erfolg des Films „Roots" bezeugt das. Familienrekonstruktion ist eine psychologische Variante von „Roots". Ich glaube, daß die Prinzipien der Familienrekonstruktion mit einiger Fantasie in den verschiedensten Zusammenhängen angewendet werden können. Ich habe hier nur einige Beispiele dargestellt, die durch die Übungen im Anhang erweitert werden. Ich hoffe, daß Ihre eigene Fantasie angeregt wird, um die Methoden der Familienrekonstruktion schöpferisch in ihren Alltag oder ihre therapeutische Praxis einzubringen.

15 Zusätzliche Kraft: Mann und Frau als Co-Therapeuten

Die Psyche ist aus vielen verschiedenen Teilen zusammengesetzt. Unsere Aufgabe besteht darin, diese Teile zu einem harmonischen Ganzen zusammenzufügen. Im Laufe unserer Entwicklung müssen wir die Gegensätze in uns integrieren, als da sind: Weichheit und Härte, Intuition und logischer Verstand, Selbstbehauptung und Nachgiebigkeit, Selbstgefühl und Gefühl für andere, Stabilität und Flexibilität, Sex und Zärtlichkeit. Eines der Hauptprobleme, auf das ich immer wieder stoße, ist die Integration unserer männlichen und weiblichen Seite – eine lebenslange Aufgabe.

Das Problem zeigt sich in dem sozialen und psychologischen Phänomen des Sexismus, richte er sich nun von Männern gegen Frauen oder von Frauen gegen Männer. Ich glaube, daß dieses uralte Phänomen nur die Tatsache spiegelt, daß ein Mensch seine männliche und weibliche Seite nicht integrieren kann. Ich vermute, daß Männer Frauen deswegen herabwürdigen, weil sie ihre eigene Weiblichkeit nicht anerkennen, und umgekehrt.

Diese Unfähigkeit zur Integration beider Seiten entsteht, wie ich meine, durch unsere Erziehung. Wenn ein Kind von Eltern großgezogen wird, die ihre Gleichheit und Unterschiedlichkeit nicht respektieren, dann erlebt es einen Mann und eine Frau, deren Persönlichkeit noch nicht die Reife der Integration erlangt hat. Hat das Kind jedoch Eltern, die sich gegenseitig in ihrem Wachstum bestärken, dann erlebt es echte Integration des Weiblichen und Männlichen. Es hat dann die besten Voraussetzungen, um in seiner eigenen Persönlichkeit die männliche und weibliche Seite zu einem schöpferischen Ausgleich zu bringen.

Wenn die Familienrekonstruktion von einem Mann und einer Frau geleitet wird, die die männliche und weibliche Seite in sich zur Einheit gebracht haben, sind die besten Voraussetzungen gegeben, um die eigene Geschichte zu heilen. In dem Augenblick, in dem der Entdecker wieder in seine Kindheitserfahrungen eintaucht, ist er in den Händen von zwei Leitern (den symbolischen Eltern), deren innere Einheit für ihn eine neue Erfahrung ist. In einem Zustand großer Intensität und Offenheit kann der Entdecker mit einem Therapeutenpaar, das seine Gleichheit und seine Unterschiede achtet, eine neue, heilende Elternerfahrung machen. Sein Unbewußtes ist geöffnet, und er wird nun fähig, die männliche und weibliche Seite in seiner eigenen Persönlichkeit in Einklang zu bringen.

Ein gutes Beispiel dafür ist der Fall von Jennie, deren Familienrekonstruktion ich zusammen mit meiner Frau Anne leitete. Ihre Mutter ordnete sich dem Vater unter, war aber gleichzeitig in sexueller Hinsicht manipulativ. Vater und Mutter hatten ihr jeweiliges Verhalten von ihren Eltern übernommen. Jennies Mutter hatte von ihrer Mutter Unterwürfigkeit und Manipulation gelernt, und Jennies Vater von seinem Vater Dominanz. Jennie war als Kind sexuell mißbraucht worden. Sie hatte demzufolge große Schwierigkeiten, ihre männliche und weibliche Seite zu integrieren. Diese Integration war das Hauptziel der Familienrekonstruktion.

Ohne es zu wissen, wählte sie als alter ego eine Frau, die auch sexuell mißbraucht worden war und die zwischen Selbsthaß auf ihre Weiblichkeit und Haß gegen die Männer hin und her schwankte. Als alter ego näherte sie sich den Männern und entfernte sich dann wieder in steter Folge. Jennie hatte diese Frau instinktiv aus einer Gruppe von 38 Menschen herausgefischt.

Im Laufe der Rekonstruktion entstand folgende Situation (dabei hatte ich die Führungsrolle, unterstützt von Anne): Jennies Mutter hatte sieben Brüder und eine Schwester. Obwohl in der Gruppe ungefähr gleichviel Männer und Frauen waren, wählte Jennie Frauen, um die Rollen der Brüder ihrer Mutter zu spielen. Ich stellte sie alle zusammen auf. Als Jennie sich ihnen gegenüber sah, mußte sie tief Luft holen und sagte: „Ich habe ja lauter Frauen gewählt, um die Brüder meiner Mutter zu spielen – ich will sie vor diesen ganzen Männern schützen!" Ich spürte bei Jennie eine subtile Unterwürfigkeit und Zurückhaltung mir gegenüber. Anstatt sie nun zu bewegen, ihre Wahl zu überdenken und vielleicht anders zu treffen, sagte ich: „Mal sehn, was passiert."

Ich bat Jennies „Mutter", die Augen zu schließen und auf ihre Gefühle zu achten; sie war von ihren Brüdern umgeben, die von Frauen gespielt wurden. Während sie ihre Augen geschlossen hatte, tauschte ich leise die Frauen gegen Männer aus. Ich forderte sie auf, die Augen zu öffnen, die Situation in sich aufzunehmen, die Augen wieder zu schließen und auf ihre Gefühle zu achten. Sie sagte sofort, daß sie sich schon mit geschlossenen Augen von der männlichen Energie überwältigt gefühlt habe. Ohne hinzuschauen hatte sie gewußt, daß die Frauen durch Männer ersetzt worden waren.

Dann fragte ich Jennie, was sie tun wolle. Sie entschied sich nun doch für Männer. Nachdem sie die Rollen neu besetzt hatte, fragte ich Jennie und ihr alter ego nach ihrem Gefühl. Jennie sagte, sie hätte jetzt ein besseres Gefühl, aber etwas Angst. Ihr alter ego sagte: „Bill, ich finde, du hast das wirklich gut gemacht. Ich fürchtete, du würdest Jennie auffordern, Männer auszusuchen. Statt dessen hast du einfach nur den Unterschied demonstriert und hast Jennie die Entscheidung treffen lassen." Diese Äußerung kam so von Herzen, daß sie mich sehr berührte. Nach der Rekonstruktion stand mir diese Szene vor Augen, und ich spürte, wie wichtig sie war, um Jennie die Integration ihres männlichen und weiblichen Teils zu ermöglichen.

Ich glaube, daß das Verhältnis von Anne und mir eine wesentliche Voraussetzung für diesen Prozeß war. Jennie hatte den ganzen Tag über und schon vorher im Interview erlebt, daß unsere Energie harmonisch zusammenfließt und Geben und Nehmen im Gleichgewicht sind. Sie konnte erfahren, was es heißt, wenn der männliche und weibliche Teil integriert sind.

Zudem bin ich überzeugt, daß ich Jennies verhaltene Unterwürfigkeit und Reserviertheit mir gegenüber überhaupt nur aufgrund des positiven Energieflusses zwischen Anne und mir spüren konnte. Diese Empfindung veranlaßte mich, ihre Wahl zu achten und nicht zu sagen: „Wie wär's, wenn du Männer statt Frauen nehmen würdest?" Wäre Jennies Problem nicht Integration gewesen, dann hätte ich keine Angst bei ihr gespürt und hätte ihr ohne weiteres den Vorschlag gemacht. Wäre ich selbst in diesem Augenblick nicht integriert gewesen, dann wäre ich nicht sensibel für ihr Bedürfnis gewesen.

Ich war jedoch fähig, Jennie gewähren zu lassen, als sie in diesem kritischen Augenblick ihre Mutter vor Männern schützen wollte (ihre eigene weibliche Seite vor der männlichen). Getragen von meiner Achtung konnte sie sich entschließen, ihre Mutter mit ihren Brüdern zu vereinigen (nämlich ihre eigene weibliche und männliche Seite). Dadurch, daß ich auf Dominanz verzichtete, war eine Atmosphäre von Gleichheit zwischen Mann und Frau geschaffen, und Jennie mußte ihre Mutter nicht mehr vor Männern schützen. Annes offenkundige Zustimmung zu dem ganzen Prozeß vertiefte die Erfahrung.

Wenn die beiden Leiter in einer Weise kooperieren, daß das Selbstwertgefühl gesteigert wird – kongruente Kommunikation, keine starren Regeln, flexible Wertvorstellungen und realistischer Umgang mit Bedrohung und Streß –, dann lebt der Entdecker an diesem Tag der Familienrekonstruktion in einer neuen „Familie" und macht neue Erfahrungen. Die Gruppe wirkt als mächtiges Analogon für die eigene Familie. Da die beiden Leiter Mann und Frau sind, werden sie mit Mutter und Vater identifiziert. All das spielt sich im Unbewußten ab.

Ich kann mich nicht erinnern, daß je ein Entdecker oder ein Gruppenmitglied dieses Phänomen direkt angesprochen hat. Schon oft hat jemand zu Anne oder mir gesagt, wie sehr ihn unsere gute Zusammenarbeit beeindruckt hätte, aber noch nie hat sich jemand zu dieser Analogie zwischen Therapeuten und Eltern, bzw. Gruppe und Familie geäußert.

Ein anderer Vorteil der Kooperation zwischen Mann und Frau bei der Leitung einer Gruppe resultiert aus der Tatsache, daß wir alle in einer sexistischen Gesellschaft groß geworden sind; das ist nicht spurlos an uns vorübergegangen. So ist bei Männern häufig eine gewisse Mißachtung der intellektuellen Fähigkeiten von Frauen anzutreffen und bei Frauen die unbewußte Angst, von Männern beherrscht zu werden. Zu den Narben des Sexismus kommt die biologische Tatsache hinzu, daß ein Mann, eben weil er keine Frau ist, sich in die Nuancen des weiblichen Wesens nicht einfühlen kann; das gleiche gilt umgekehrt. Wenn also eine Familienrekonstruktion von einem Mann und einer Frau geleitet wird, dann entsteht ein Gleichgewicht zwischen beiden Seiten und das psychische Feld wird erweitert, in dem der Entdecker ein tieferes Verständnis gewinnen kann.

Ein weiterer Vorteil besteht darin, daß einer eventuellen Vorliebe des Entdeckers für Mann oder Frau gut begegnet werden kann. Ist zum Beispiel eine Frau Männern gegenüber voreingenommen, dann braucht sie diese Hemmung nicht erst zu überwinden, sondern kann ihr Vertrauen zunächst auf die weibliche Leiterin setzen. Wenn Anne und ich zusammen arbeiten, dann respektieren wir eine solche Einstellung, wohl wissend, daß darunter ein Problem verborgen ist, daß im Laufe des Prozesses bearbeitet werden muß. Im Fortgang der Familienrekonstruktion erlebt die Entdeckerin das Vertrauen zwischen Anne und mir, und in dieser Atmosphäre kann auch ihr Vertrauen zu mir wachsen. Wenn sie ihre Vorsicht mir gegenüber aufgibt und festellt, daß sie von mir geachtet wird, dann hat sie einen wichtigen Schritt zur Überwindung ihrer Voreingenommenheit getan, die sie vielleicht daran hindert, ein warmes Verhältnis zu einem Mann herzustellen.

Oft ist einer der beiden Leiter mehr im Vordergrund als der andere. Während einer die Familienrekonstruktion aktiv anleitet, sich in der Nähe des Entdeckers aufhält und dessen Reaktionen genau beobachtet, kann der andere im Hintergrund sein Augenmerk auf die ganze Situation richten; er wird sie vielleicht auf einer anderen Ebene erleben, andere Gefühle, Gedanken und Eingebungen haben als der aktive Leiter, und mit seinen Einsichten den Prozeß bereichern. Schon oft haben sich die wichtigen Durchbrüche einer Familienrekonstruktion dann ereignet, wenn einer von uns aus dem Hintergrund erkennt, daß der Kern des Problems tiefer liegt als das, was in der Szene in Erscheinung tritt.

Das heißt natürlich nicht, daß dem aktiven Leiter tiefere Einsichten versagt sind; auch in der Mitte des Energiefeldes kann man Dinge sehen, die einem von weiter außen entgehen. Es ist eine Bereicherung, wenn das Geschehen aus beiden Perspektiven beobachtet wird.

In manchen Situationen können beide Therapeuten gleichermaßen aktiv und kreativ sein. Einmal wollte ein Entdecker die Familienrekonstruktion plötzlich abbrechen. Zuerst versuchten wir, aus ihm den Grund für die plötzliche Entscheidung herauszubekommen. Er war aber so überwältigt, daß er keine Ahnung hatte, was vor sich ging. Wir forderten ihn auf, sich hinzusetzen und tief durchzuatmen. Anne und ich setzten uns zu ihm. Ich artikulierte die Seite, die aufhören wollte, und sagte in etwa: „Ich kann John verstehen. In seiner Haut würde ich auch nicht weitermachen wollen. Da sieht es ungefähr so aus: Ich habe Angst vor meinem Vater. Vielleicht müßte ich ihm entgegentreten. Das habe ich nie getan. Er kann so schreckliche Wutanfälle bekommen. Ich habe Angst, daß er mich in einem Wutausbruch töten könnte. Ich bin zehn Jahre alt. Wenn ich mich wehre, dann wird er mich schlagen und umbringen. Er hat mich schon öfter mit seinem Gürtel geschlagen."

Dann sagte Anne: „Ich verstehe, daß du als kleiner, zehnjähriger Junge schreckliche Angst hast. Ich bewundere deinen Überlebensinstinkt. Da du fürchtest, daß dich dein Vater umbringen könnte, ist es nur vernünftig, ihn nicht zu reizen. Du verdankst es deiner Vernunft, daß du nicht noch mehr geschlagen und vielleicht getötet worden bist. Und da du erst zehn Jahre alt bist und so schreckliche Angst hast, kam es dir natürlich nie in den Sinn, mit deinem Vater mal zu sprechen, wenn er in besserer Stimmung war und sich selbst weniger bedroht fühlte. Es kam dir überhaupt nie die Idee, ihm zu sagen, wie sehr du dich vor seinen Wutausbrüchen fürchtetest, daß du vor Angst kein Wort mehr hervorbringen könntest, und daß du dir wünschtest, er würde weniger trinken; wie weh es dir täte, daß deine Mutter so litte, wie bedroht er sich fühlen müsse und wie schuldig. Mit zehn konntest du natürlich nicht verstehen, was in deinem Vater vorging, wenn er wütend war, wie hilflos er sich im Grunde fühlte."

Wir verfielen in Schweigen. Nach einer Weile stand John leise auf und sagte, daß er weitermachen wolle. Wir hatten die Gefühle zum Ausdruck gebracht, die ihn so überwältigt hatten, und ihm dadurch ermöglicht, wieder Klarheit zu gewinnen; er konnte jetzt dazu stehen, daß er sich im Alter von zehn Jahren vor seinem Vater geschützt hatte, und konnte Mut fassen, die Szene noch einmal zu durchleben und seinem Vater zum ersten Mal ehrlich zu sagen, wie er sich fühlte.

Durch diesen Dialog zwischen Anne und mir konnte sich John vom Gefühl des Bedrohtseins distanzieren; was vorher innen abgelaufen war, konnte er nun außen sehen und hören, und dann im Innern integrieren. Als Anne und ich vorher versucht hatten, ihn zu bewegen, direkt an das Problem heranzugehen, war es zu nah, zu bedrohlich. Erst als wir den Kampf zwischen seinen beiden Seiten nach außen verlegt hatten, konnte er es wagen. Unser Schweigen danach gab ihm Gelegenheit, das Gesagte in sich aufzunehmen und sich das herauszusuchen, was für ihn stimmte. Er wurde nicht direkt gedrängt, weiterzumachen.

Es hätte auch andere Möglichkeiten gegeben, John aus dem Zustand der Bedrohung herauszuhelfen, zum Beispiel durch Kommunikation mit dem alter ego, das sich wahrscheinlich nicht überwältigt fühlte. Vielleicht hätte auch das alter ego die beiden Seiten zum

Ausdruck bringen können. Oder ich hätte mich hinter John stellen und seine Angst artikulieren können, und hinter dem alter ego die andere Seite. Ich glaube jedoch, daß es für John, auf Grund des Vertrauens zu Anne und mir eine große Hilfe war, den Dialog zwischen seinen zwei Seiten aus unserem Mund zu hören.

Ich habe einige von vielen Möglichkeiten beschrieben, wie Anne und ich schöpferisch zusammenarbeiten, Möglichkeiten, die uns allein nicht offen stehen. Aus all diesen Gründen ist es eine Bereicherung für den Entdecker und alle Beteiligten, wenn die Familienrekonstruktion von einer Frau und einem Mann geleitet wird.

16 Entdeckungen eines langjährigen Reiseleiters

In den vielen Jahren, in denen ich Familienrekonstruktionen geleitet habe, sind immer wieder bestimmte Themen aufgetaucht, die sich zu bleibenden Eindrücken und Erkenntnissen verdichtet haben. Ich habe dabei mehr über das Familiensystem gelernt, als aus irgendeiner anderen Quelle. Dies möchte ich nun im letzten Kapitel darstellen.

Ein Kind kann abstruse Urteile fällen. Solche Urteile werden sehr lange aufrechterhalten und können lebensbestimmende Wirkung ausüben. Zum Beispiel kann ein Kind der Meinung sein, daß ein Elternteil durch und durch gut ist und der andere durch und durch schlecht; oder es werden aus zufälligen Ereignissen irrationale Schlüsse gezogen: ein Kind, das nachts allein aufwacht und von Angst gepackt wird, zieht den Schluß, daß es von seinen Eltern nicht geliebt wird; oder es ist überzeugt, daß die Mutter den Bruder mehr liebt, weil diese einmal in einem Kampf seine Partei ergriffen hat. Kein Wunder, daß Eltern die Einstellungen von Kindern oft nicht nachvollziehen können, und so hört man von Eltern häufig den Satz: „Wie konntest du das so mißverstehen!" Unreif, wie ein Kind noch ist, kann es zu den seltsamsten Schlüssen gelangen.

Der „unschuldige" Elternteil kollaboriert in gewisser Weise mit dem „schuldigen" Elternteil. Wenn ein Ehegatte depressiv ist, was trägt der andere dazu bei? Wenn einer hypochondrisch ist, welche Rolle hat der andere in diesem Spiel? Wenn der Vater sich nicht um die Kinder kümmert, wie verhält sich die Mutter? Das dysfunktionale Zusammenspiel der beiden Partner kristalliert sich meist erst im Laufe der Zeit durch eine Reihe von Wechselwirkungen heraus.

Ein Beispiel: Am Anfang macht der Vater den Versuch, für das Baby mit zu sorgen. Er stellt sich dabei auf Grund seiner Unerfahrenheit und Erziehung ziemlich linkisch an. Die Mutter sieht seine Unbeholfenheit, hat Angst um das Kind und tut lieber alles selber. Der Vater hat den Eindruck, daß er weggestoßen wird, und fühlt sich noch unfähiger. Nach drei oder vier Jahren kümmert sich eigentlich nur noch die Mutter um das Kind, Vater schafft nur noch das Geld heran. Dem Kind fällt das auf. Es hört, wie die Mutter dem Vater Vorwürfe macht, daß nur sie für das Kind verantwortlich sei; dabei vergißt die Mutter völlig, welche Interaktionen im ersten Jahr stattgefunden haben, die zu dieser starren Rollenverteilung geführt haben. Dem Kind kann sich nun die Vorstellung einprägen: „Arme Mutter muß die ganze Arbeit machen, und Vater hilft nicht so, wie er sollte."

Am Zustand eines Familiensystems haben alle seine Mitglieder Anteil. Diese Aussage ist eine Erweiterung der vorhergehenden. Um bei dem angeführten Beispiel zu bleiben: auch das Kind trägt dazu bei, daß nur die Mutter für es sorgt und sich der Vater zurückzieht. Ein Kind mit mehr Durchsetzungsvermögen würde vom Vater mehr Aufmerksamkeit fordern. Das Ergebnis wäre ein anderes. So habe ich es als äußerst wichtig erkannt, daß man nicht eine Person in der Familie für deren Probleme verantwortlich macht. Alle Familienmitglieder tragen ihren Teil zu einem bestimmten Zustand bei. Man darf also nicht einen zum schwarzen Schaf machen, und damit alle anderen entlasten. Jeder trägt ein gewisses Maß an Verantwortung. Die Frage lautet nicht: „Wer hat die Schuld?", sondern: „Wie kann jeder Verantwortung übernehmen?"

Eltern versuchen, von ihrem Kind zu bekommen, was sie von ihrem Ehepartner nicht bekommen. So mag eine Mutter, die von ihrem Mann nicht verstanden wird, beim Sohn oder bei der Tochter „Verständnis" und Unterstützung suchen, oder ein Vater, der seiner Frau entfremdet ist, in einem seiner Kinder die Quelle der Befriedigung. Den Eltern ist eine derartige Vereinnahmung der Kinder meistens nicht bewußt. Für die Kinder bedeutet sie eine schwere Belastung.

Wenn ein Mitglied des Systems das, was es wirklich braucht, durchsetzt, dann gewinnen meist alle dabei. Wenn sich die Bedürfnisse einer Person im System ändern, und diese Person nach der Erfüllung seiner Bedürfnisse strebt, dann ist das zunächst eine Störung des Systems. Das System hat sich auf eine bestimmte Bedürfnisstruktur und deren Befriedigung eingespielt. Diese Struktur wird gestört, wenn neue Bedürfnisse auftauchen.

Dies geschieht in jedem Familiensystem, wenn das heranwachsende Kind mehr Freiheit braucht, um sich entfalten zu können. Oft widersetzen sich die Eltern und das ganze System dieser Notwendigkeit. Wenn sich der Widerstand verhärtet, gibt die betroffene Person (sei es Kind oder Erwachsener) oft den Kampf um ihre Bedürfnisse auf; in einem solchen Fall leidet das ganze System darunter. Bleibt das Kind „Kind", selbst wenn es 25 Jahre alt ist, dann werden die Eltern nicht gezwungen, den für sie notwendigen Wachstumsschritt zu vollziehen. Steht das Kind den Kampf durch, dann müssen die Eltern über ihr Elterndasein hinauswachsen und den Lebenssinn in neuen Quellen suchen. Das fördert ihr Wachstum.

In der Familienrekonstruktion bitte ich oft den Entdecker oder sein alter ego, sich das zu holen, was er oder sie braucht. Tut er es, dann erlebt er, daß nach einer Phase des Kampfes und des Schmerzes alle davon profitieren.

Die drei wichtigsten Lektionen. Würde mich jemand fragen: „Wenn du jemandem nur drei Lektionen beibringen könntest, welche wären es?", dann würde ich folgendes antworten:

1. Wie man emotionalen Schmerz durchlebt, anstatt sich davon abzulenken, denn darin liegt das größte Wachstumspotential.
2. Wie man mit Meinungsverschiedenheiten und Bedrohung konstruktiv umgeht.
3. Daß man Fehler machen darf.

Nachdem ich so viele Menschen durch die Familienrekonstruktion geführt habe, sehe ich, daß die Neigung allgegenwärtig ist, Schmerz und Kampf auszuweichen. Natürlich tut Schmerz weh (und wer will das schon?). Das Problem besteht darin, daß wir in der Regel nicht lernen, mit Schmerz und Leiden so umzugehen, daß wir dabei gewinnen. Es ist ganz normal, daß Eltern ihre Kinder vor Schmerz bewahren wollen, aber das kann auf funktionale und dysfunktionale Weise geschehen. Dysfunktional ist es, wenn beim Kind die Botschaft ankommt: „Hab keine Schmerzen" (denn Schmerzen sind schlecht), oder „Riskiere bloß nicht, daß du dir weh tust" (nimm lieber Medikamente oder Drogen, oder tu sonst etwas, um den Schmerz nicht zu spüren). Selbst Therapeuten erliegen dieser Versuchung, wenn sie einen Klienten möglichst schnell wieder auf die Beine bringen, anstatt ihn den Schmerz erfahren zu lassen, so daß er daraus lernen kann und die tiefen Ursachen geheilt werden können.

Unser Verhalten bei Meinungsverschiedenheiten und Bedrohungen ist eine Form des Umgangs mit Schmerz. In der Regel wird uns nicht beigebracht, wie wir mit Ärger und Konflikt so umgehen können, daß wir Lösungen finden, die allen Mitgliedern des Systems zugute kommen. So entstehen Blockierungen, an denen das ganze System leidet.

Viele Menschen stehen unter der Tyrannei ihres Vollkommenheitsanspruchs. Was für ein wunderbares Weihnachtsgeschenk wäre für jeden die (innere) Erlaubnis, Fehler machen zu dürfen.

Systeme wollen so bleiben, wie sie sind. Systeme widersetzen sich dem Wandel, selbst wenn er ihnen nützt. Wenn in einer Familienskulptur dem Entdecker gesagt wird, daß er sich das holen soll, was er braucht, und die Rollenspieler die Anweisung haben, ihren Impulsen zu folgen, dann pflegen sie sich zunächst dem neuen Verhalten des Entdeckers zu widerstzen – entsprechend dem Spruch: „Der Teufel, den du kennst, ist besser als der Engel, den du nicht kennst". Da die Energie des Systems darauf gerichtet ist, beim Bekannten zu bleiben, ist es für die schwächeren Mitglieder fast unmöglich, Wandel zum Guten herbeizuführen. Aus diesem Grund befasse ich mich zuerst mit dem stärksten Mitglied der Familie oder der Person, die am meisten leidet, weil dies meist der Angelpunkt zur Veränderung des Systems ist.

Sehr häufig kommt in der Familienrekonstruktion Widerstand auf, wenn der Entdecker gegen Ende des Tages genügend neue Bilder gesehen hat, daß das emotionale Netz, das er um die alten Bilder geknüpft hat, zu zerreißen beginnt. An diesem Punkt kommt das Identitätsgefühl des Entdeckers ins Schwanken. Dessen Grundlage sind frühe Wahrnehmungen und Gefühlsreaktionen, insbesondere in bezug auf die Eltern. Hat jemand von seinen Eltern das Bild, daß sie immer mit ihm unzufrieden sind, dann sieht er sich selbst als Versager mit all den dazugehörigen Gefühlen. Wenn er anfängt, die Eltern in einem neuen Licht zu sehen (indem er zum Beispiel versteht, daß sie deswegen an ihm herumnörgeln, weil ein Versagen des Kindes für sie zu bedrohlich wäre), dann entwickeln sich neue Gefühle zu den Eltern. Mitgefühl regt sich und die Verhärtung löst sich. Das Identitätsgefühl kann nicht mehr so bleiben, wie es war. Obwohl es zweifellos eine Verbesserung ist, sich nicht mehr als Versager zu sehen, widersetzt sich der Entdecker häufig einer solchen Veränderung. Lieber hält er an seiner alten Versageridentität fest, als die Unsicherheit zu ertragen, die eine Veränderung des kindlichen Selbstbildes mit sich bringt – sie ist zu bedrohlich. So viel Jahre hat man damit gelebt und seine ganze Welt danach eingerichtet. Es zu verändern, heißt, die eigene Welt zu verändern.

Ein Mensch besteht in einem sehr realen Sinn aus seiner ganzen Familie; seine Grenzen werden nicht durch seine Haut definiert. Damit meine ich nicht nur, daß die entscheidenden Prägungen in der Familie geschehen, wie in Kapitel zwei beschrieben. Die Familie reicht noch tiefer in die Existenz eines jeden Menschen hinein.

Stellen wir uns einmal vor, auch wenn es ein unerreichbares Ideal ist, daß ein Mensch so autonom wird, daß jede seiner Regeln, Wertvorstellungen und Verhaltensweisen frei gewählt ist. In der Psyche dieser Person wirken keine unbewußten Mechanismen, die er von seinen Eltern gelernt oder übernommen hat. Dieser völlig autonome Mensch ist also ganz er selbst. Er kann von sich sagen: „Außer meinen Genen wirkt keine fremde Kraft in mir. Alles andere entspringt meiner eigenen Wahl und Selbstbestimmung." Und doch ist dieser Mensch auf einer ontologischen Ebene mit seiner Familie identisch; würde er irgendeinen Teil seiner Familie ausgrenzen, so hätte er von sich ein Gefühl der Unvollständigkeit.

Aus diesem Grunde ist es dysfunktional, wenn die Beziehung zu den Eltern abgebrochen wird, um mit dem eigenen Leben zurechtzukommen. Kürzlich war eine Frau bei mir, die mir erzählte, daß sie sich jahrelang von ihrer Familie hätte zurückziehen müssen. Wenn sie versuche, Verständnis und Mitgefühl aufzubringen, dann käme wieder das Gefühl in ihr auf, dadurch ausgelöscht zu werden – als wäre sie unauflöslich verstrickt. Sie müsse dann wieder zu ihrer Härte und ihrem Ärger zurückkehren, um den nötigen Abstand zu gewinnen, ihre Grenzen spüren zu können und sie selbst zu sein.

Ich fragte sie, ob ihre Eltern sich vielleicht deswegen so zu ihr verhielten, weil sie sich bedroht fühlten. Sie stimmte dem zu – ja, sie sei schon selbst zu dieser Einsicht gekommen, aber gerade dadurch käme wieder dieses Gefühl des Ausgelöschtseins über sie. Ich entgegnete, daß sie vielleicht noch keine Möglichkeit gesehen habe, wie ihre Eltern anders mit der Bedrohung umgehen könnten, anstatt sie

„fertigzumachen", oder wie sie selbst eine andere Lösung finden könnte, als sich von ihren Eltern zu trennen.

Sie blickte zu mir auf und lächelte, als wollte sie sagen: „Auf die Idee bin ich nie gekommen." Sie schien zu ahnen, daß es doch eine Möglichkeit gibt, ihre Eltern in ihr Leben einzubeziehen und doch sie selbst zu bleiben. Sie hatte gespürt, daß es keine wirkliche Lösung war, sich von ihren Eltern abzuschneiden, um sich zu schützen. Tief im Innern war eine Stimme, die ihr sagte, daß sie immer unvollständig bleiben würde, wenn sie ihre Familie nicht annehmen könne.

Worum es hier geht, wird im Falle von adoptierten Kindern ganz besonders deutlich. Wenn ein Baby eine Woche nach der Geburt adoptiert wird, dann stammen außer den Eindrücken während der Schwangerschaft und der ersten Lebenswoche alle Prägungen von den Adoptiveltern. Und doch fühlen sich Menschen, die adoptiert werden, erst dann vollständig, wenn sie sowohl ihre Adoptiveltern wie ihre biologischen Eltern in der Familienrekonstruktion lebendig werden lassen. Ein Mensch ist in psychologischer Hinsicht auch seine Familie.

Um schnell helfen zu können, konzentriere ich mich sofort auf die Überlebensregel. An Hand von Martins Fall wird klar, worum es geht: Martin kam in einer Ehekrise zu mir. Er war erschüttert und verwirrt über das, was sich zwischen ihm und seiner Frau Barbara abspielte. Er fühlte sich in einer ausweglosen Lage und fürchtete, daß ihr Konflikt auf Scheidung zutrieb. Er sagte, daß ihn der Ärger mit seiner Frau aus der Fassung bringe und er ihren Ausbrüchen machtlos gegenüber stehe.

Ich fragte ihn, was in ihm vorgehe, wenn Barbara wütend werde. Er sagte, er fühle sich beschuldigt und habe Angst – Angst, weil er fürchte, daß sie sich so in ihre Wut hineinsteigern könne, daß sie gewalttätig werde (was schon ein paarmal vorgekommen sei). Wenn er beschuldigt werde, dann verteidige er sich und gebe dem andern die Schuld. Er verlange von Barbara, daß sie sich einmal selbst frage, was mit ihr los sei, daß sie in solche Wut gerate („Wenn du nicht wärst, dann ginge es mir gut"). Natürlich spürt Barbara die Anklage von Martin und wird nur noch wütender, was sich manchmal bis zum körperlichen Angriff steigert. Dieser circulus vitiosus führt zu gar nichts, außer daß Martin in größere Verzweiflung gerät.

Ich fragte Martin, wie er sich fühle, wenn Barabara ihn beschuldige. Er sagte, er sei erst bestürzt und dann ärgere er sich. Ich fragte weiter: „Und wie fühlst du dich, wenn du dich ärgerst?" Er antwortete: „Ich fühle mich hilflos." „Und wie fühlst du dich, wenn du dich hilflos fühlst?" „Ich bin verzweifelt und in Panik."

Ich forderte ihn auf, die Augen zu schließen und sich als Kind in seinem Elternhaus zu sehen. „Stell dir eine Szene vor, in der du dich hilflos fühlst", sagte ich, „du versagst irgendwie, kannst nicht tun, was man von dir verlangt. Beobachte, was vor sich geht."

Nach einer ganzen Weile begann sein Mund zu zucken, Tränen rannen ihm über die Wangen und der Kiefer verspannte sich. Er öffnete seine Augen und beschrieb folgende Szene: Er sei fünf Jahre alt gewesen, seine Mutter habe von ihm verlangt, die Küche zu fegen. Er habe es getan, aber die Mutter sei wieder hereingekommen, habe ihm ärgerlich den Besen aus der Hand gerissen und ihm gezeigt, wo überall noch Dreck auf dem Boden läge, dazu die Worte: „Du wirst nie lernen, irgend etwas richtig zu machen." Er habe sich zerschmettert und vollkommen wertlos gefühlt.

Martin faßte im Stillen den Entschluß, niemals mehr zu versagen. Er war fortan bemüht, besser zu sein als andere, und das gelang ihm auch auf den Gebieten, wo seine Stärken lagen; aber er vermied absolut jede Aktivität, bei der er vielleicht hätte versagen können. Heute ist er ein erfolgreicher Geschäftsmann, läßt sich aber auf kleine Dinge nicht ein, die jeder Teenager zuwege bringen könnte. In seiner Kindheit lernte er, daß er nicht überleben würde, wenn er je versagte, hilflos wäre oder die Kontrolle verlöre. Seine Überlebensstrategie bestand darin, immer recht zu haben und jeden Fehler, der ihm angelastet wurde, von sich zu weisen.

In seiner Geschichte sind alle Elemente vorhanden, die auftauchen, wenn jemand mit bestimmten Aspekten seines Lebens nicht zurechtkommt. Die Ausgangsposition:

I. Martin mißt Barbaras Ärger eine bestimmte Bedeutung zu („Mir wird gesagt, daß ich etwas falsch gemacht habe") und fühlt sich beschuldigt.

II. Aufgrund dieser Interpretation fühlt sich Martin
   a) Bestürzt
   b) Ärgerlich
   c) Hilflos
   d) Verzweifelt, in Panik.
   Das Gefühl der Bedrohung bis zur Panik ist ein untrügliches Zeichen dafür, daß es ums Überleben geht.

III. Martins Überlebensregel tritt in Funktion: „Wenn du versagst, liebe ich (Mutter) dich nicht"; Martins Unterbewußtsein macht daraus: „Dann sterbe ich."

IV. Martin schützt sich vor dieser Bedrohung. (Zu Barbara sagt er: „Bei dir stimmt was nicht, sonst würdest du nicht so wütend"; damit sagt er zu sich selbst: „Ich bin kein Versager, ich habe keine Schuld – sie hat Schuld.")

Da Martins Überlebensstrategie darin besteht, nie im Unrecht zu sein, muß er natürlich jeden Fehler leugnen. Er tut das, indem er anderen Vorwürfe macht – offensichtlich eine dysfunktionale Strategie.

Das sind die Elemente dysfunktionalen Verhaltens. Drei der vier Elemente sind gelernt: Die Interpretation eines Ereignisses, die Überlebensregel und die Überlebensstrategie. Dadurch, daß mir dieser Mechanismus klar wurde, gelingt es mir, schnell an den Kern eines Problems zu kommen. Wenn also jemand zu mir kommt und Hilfe sucht, dann weiß ich, daß das dysfunktionale Verhalten ein Reaktionsmuster auf Bedrohung darstellt. Ich suche zuerst nach der Art der Bedrohung. Die Interpretation, die der Klient dem bedrohlichen Ereignis gibt, rührt Gefühle auf. Ich untersuche diese Gefühle, um festzustellen, ob es um die Überlebensregel geht. Da ich weiß, daß außer den Gefühlen alles in der Kindheit gelernt wurde, gehe ich an die Quelle dieses Lernens.

Ich habe so verschiedene Ansatzpunkte, um zu helfen: die Interpretation, die Überlebensregel und die Überlebensstrategie. In diesem Buch finden sich Beispiele für alle drei Einstiegsmöglichkeiten. Sie werden alle in der Familienrekonstruktion genutzt.

In der Familienrekonstruktion tritt unter Ärger oft Verletztheit zutage und immer Hilflosigkeit. Als ich einmal mit einer Gruppe von Leuten arbeitete, die alle die Qualen der Scheidung durchmachten, forderte ich sie auf, sich eine Situation vorzustellen, in der sie ärgerlich waren, ohne sich dabei hilflos zu fühlen. Niemand fand eine Situation, in der unter dem Ärger nicht ein Ohnmachtsgefühl versteckt gewesen wäre.

Wenn ich also Menschen dabei helfe, mit ihrem Ärger zurechtzukommen, dann suche ich nach Möglichkeiten, ihr Ich zu stärken. Je mehr sie aus ihrem Ohmachtsgefühl herauskommen, um so mehr verschwindet der Ärger. Oft bedeutet das, daß man eine Situation in neuem Licht sieht und andere Durchsetzungsmöglichkeiten entdeckt als die immer gleichen, vergeblichen Versuche der Vergangenheit.

Ein Beispiel dafür ist Jeff, dessen Frau ihn wegen einem anderen Mann verlassen hatte. Er wollte seinen Ärger loswerden. Er war böse auf sie, aber im Grunde fühlte er sich zurückgestoßen, verletzt und hilflos. Er hatte nur eine schwache Ahnung, warum er sich so hilflos fühlte. Wir entdeckten gemeinsam, was dieses Gefühl der Hilflosigkeit erzeugte: Seine Angst, nicht aus der Einsamkeit herauszukommen, seine Unfähigkeit sich selbst zu versorgen, was Kochen und Haushalt angeht, und vor allem seine Unfähigkeit, sich selbst okay zu finden. Die Scheidung hatte seinen Stolz verletzt und sein Gefühl von Männlichkeit – er bezweifelte, ob er überhaupt noch für eine Frau attraktiv sei.

Jeffs Selbstbewußtsein war durch die Scheidung ruiniert. Das drückte sich in Sätzen aus wie: „Mit mir stimmt etwas nicht", oder „Ich bin nichts wert". Er war so niedergeschlagen, daß seine Fantasie und Kreativität völlig gelähmt waren. Gefangen in Ärger und Wut richtete er seine Energien nur auf ein einziges Ziel – seine Frau zurückzugewinnen. Das trieb sie nur weiter von ihm fort. Selbst nach der Scheidung versuchte er noch immer, unbewußt die Ehe zu retten und hoffte auf ein Wunder. Er saß wirklich in der Klemme.

Anstatt den Ärger direkt anzugehen, half ich Jeff, aus seiner Hilflosigkeit herauszukommen. Er merkte allmählich, daß er sich ganz gut um sich selbst kümmern konnte. Nach zwei Monaten besuchte er sogar einen Kochkurs und machte dort neue Bekanntschaften. Er stellte eine Putzfrau ein, die einmal in der Woche kam. Dann half ich ihm dabei, sich seiner menschlichen Qualitäten bewußt zu werden. Es dauerte nicht lange, und eine Frau aus seinem Kochkurs begann sich für ihn zu interessieren. Er merkte, daß er doch kein totaler Versager als Mann war. Sein Gefühl der Hilflosigkeit verschwand allmählich und damit auch der Ärger auf seine frühere Frau.

Auch einem anderen Mann konnte ich aufgrund der Erkenntnis helfen, daß Ärger aus einem Ohnmachtsgefühl erwächst. Dieser Mann hatte Angst vor der Wut seiner geschiedenen Frau, so sehr, daß er fürchtete, sie könnte ihn umbringen. Ich öffnete seinen Blick für das, was sie in ein so extremes Gefühl der Hilflosigkeit brachte. An der Oberfläche war es ihre Angst vor finanzieller Unsicherheit. Darunter war die Furcht, nie mehr eine gute Arbeit zu finden, da sie das Gefühl hatte, nichts zu können – sie sah also keinen Weg, sich aus eigener Kraft je wieder gut zu fühlen.

Nachdem der Mann das erkannt hatte, veränderte er die finanzielle Regelung so, daß sie ihr Geld bis zu ihrem Lebensende von einem unabhängigen Treuhänder erhielt, so daß sie von ihrem früheren Mann nicht mehr abhängig war. Ihr Gefühl der Ohnmacht ließ allmählich nach und auch die Wut auf ihren Mann. Heute verdient sie 30 000 Dollar im Jahr und die Beziehung zu ihrem geschiedenen Mann hat sich normalisiert.

In der Familienrekonstruktion zeigt sich, daß die meisten Menschen mehr darauf aus sind, ihre Eltern zu ändern als sich selbst. Sicherlich stimmen viele der Ansicht zu, daß das Selbst der Ort der Veränderung ist. Im Laufe einer Familienrekonstruktion kann man aber immer wieder erleben, wie der Entdecker seine Anstrengung unbewußt darauf ausrichtet, seine Eltern zu verändern. Diese Forderung äußert sich in seinem Bemühen, die Eltern zu bewegen, ihn zu verstehen und anzunehmen. Das ist ein ganz natürliches Bedürfnis, denn als Kinder waren wir auf die Liebe, die Fürsorge und das Verständnis unserer Eltern angewiesen.

Dieses mehr oder minder subtile Bedürfnis, nicht sich selbst sondern die Eltern zu verändern, tritt in der Einzeltherapie weniger hervor, aber auch dort kann ein Großteil der Energie des Klienten davon absorbiert werden. Dahinter verbirgt sich der Vorwurf: „Wenn du nicht wärst, dann wäre ich glücklich."

Oft hat der Entdecker die gleichen Charakteristika wie sein Familiensystem. Wenn der Entdecker offen oder verschlossen ist, ärgerlich oder gefaßt, abhängig oder freudig, wenn er ehrlich ist oder die Wirklichkeit leugnet, dann findet man in der Regel in seinem Familiensystem die gleichen Eigenheiten. Dies trifft fast immer auf Alkoholiker zu. Ein Alkoholiker weicht der Wirklichkeit aus, und das gleiche tut seine Familie. Ein Grund dafür ist, daß das Kind die Verhaltensregeln in dem Familiensystem lernt, in dem es aufwächst. Ein anderer Grund ist der, daß ein Mensch, der zum Beispiel schmerzhafte Realitäten nicht wahrhaben kann, sich einen Partner mit der gleichen Schwäche sucht, so daß sie sich wechselseitig darin bestärken und diese Verhaltensweise auf ihre Kinder übertragen. Allerdings gibt es auch Ausnahmen. Manchmal fügen sich einzelne Familienmitglieder nicht den Regeln ihres Systems. Jeder Mensch hat die wunderbare Möglichkeit, frei und anders zu sein, auch wenn es sehr schwer sein mag, dem System die Gefolgschaft zu verweigern.

Jeder von uns steht unter der Notwendigkeit, die verschiedenen Teile seiner Persönlichkeit zu integrieren. Die Integration von Gegensätzen wie Verspieltheit und Ernst, Sanftheit und Stärke, Lässigkeit und Verantwortung, Gefühl und Verstand – diese Integration müssen wir alle vollziehen, wenn wir uns weiterentwickeln wollen.

Ich habe folgendes entdeckt: Wenn jemand Schwierigkeiten hat, Gegensätze in sich zu vereinigen, wie zum Beispiel Nachgiebigkeit und Durchsetzungsvermögen, dann haben oft Vater und Mutter diese Pole repräsentiert, ohne sie in ihrer Beziehung zum Ausgleich zu bringen. Der Vater war vielleicht nachgiebig und kompromißbereit, und die Mutter streng und dominant. Dem Vater ist es in der Beziehung nicht gelungen, Durchsetzungsvermögen in sich herauszubilden, und die Mutter hat ihre weiche Seite nicht entwickelt. Jeder verließ sich auf den anderen, um die fehlende Eigenschaft zum Tragen zu bringen. Der Vater: „Ich muß keine Entscheidungen treffen; das tut schon deine Mutter."

Auch wenn die Ehepartner dadurch angezogen werden, daß der andere das hat, was er selbst nicht hat, muß das nicht immer so bleiben. Die Beziehung bietet die Möglichkeit, daß jeder das vom anderen lernt, was ihm selbst fehlt. Wenn das nicht geschieht – Mutter und Vater also während ihrer ganzen Ehe den anderen zur

Ergänzung ihrer Persönlichkeit benutzen – dann wird auch das Kind, das in einem solchen System aufwächst, Schwierigkeiten haben, die Gegensätze in seiner Persönlichkeit zu integrieren – und auch die Ehe ist in Gefahr.

Lernen die Eltern jedoch voneinander und wachsen miteinander in dem Bemühen, ihre Persönlichkeit durch die Integration von Gegensätzen weit zu machen, dann haben die Kinder ein Vorbild, dem sie nacheifern können.

In der Familienrekonstruktion zeigt sich oft, daß Ärger auf einen Elternteil oft in Wirklichkeit dem anderen gilt. Nehmen wir das Beispiel eines Sohnes, der sehr böse auf seinen Vater ist, weil er von ihm hart und grausam behandelt wurde. Der Sohn spürt keinerlei Ärger auf seine Mutter, vielmehr galt ihm die Mutter immer als sicherer Hafen. In der Familienrekonstruktion kommt der Entdecker oft zum ersten Mal mit dem Ärger auf seine Mutter in Berührung, den er jahrelang in sich verdrängt und aufgestaut hat. Er ist böse auf die Mutter, weil sie niemals für ihn eingetreten ist und sich dem grausamen Verhalten des Vaters nicht entgegengestellt hat. Als Kind konnte es der Sohn nicht wagen, gleichzeitig auf beide Eltern böse zu sein. Es ist schlimm genug, durch Auflehnung gegen einen Elternteil zu riskieren, daß man diesen verliert; die Gefahr, beide zu verlieren, kann ein kleines Kind unmöglich eingehen, denn es braucht zumindest einen Elternteil, um zu überleben.

Manchmal werden Wut und Ärger auf ein Geschwisterkind verschoben. Weil es zu gefährlich ist, auf die Eltern direkt wütend zu sein, wird die Wut an einem Bruder oder einer Schwester ausgelassen. Das ist sicherer und führt zur Entladung.

Die Erkenntnis, daß Ärger auf Ersatzobjekte verschoben wird, hilft mir dabei, den Knoten aus Wut und Frust in einem Klienten zu lösen. Wenn sehr viel Energie darauf verwandt wird, Ärger zu verdrängen, dann ist es wichtig, diesen Ärger aus seinem Versteck herauszuholen; es lösen sich dadurch Blockierungen im gegenwärtigen Leben des Klienten.

Am schwersten hat man es in der Familienrekonstruktion mit den Rationalisierern. Bei ihnen beißt man auf Granit. Kein Wunder, daß diejenigen, die mit ihnen zusammenleben, oft die Wände hochgehen. Es erscheint als hoffnungsloses Unterfangen, ein Gefühl aus ihnen herausschlagen zu wollen, insbesondere dann, wenn sie sich bedroht fühlen. Sie schützen sich, indem sie einfach nicht fühlen und kein Gefühl vom anderen an sich heranlassen. Wenn eine ganze Familie so ist, dann ist das System nur sehr schwer zu knacken. Solche Familienrekonstruktionen pflegen tödlich langweilig zu sein, keine Gefühle, kein Leben! Es ist ein Riesenschritt vorwärts, wenn sich in einem Rationalisierer auch nur ein kleines Gefühl regt – eine Erfahrung, die ihn völlig erschöpfen kann, auch wenn er es nicht zeigt.

Ich habe beobachtet, daß Menschen, die sich von einer Alkohol- oder Drogenabhängigkeit erholen, besonders verletzlich sind. Dies liegt nicht daran, daß sie in ihrer Herkunftsfamilie ganz besonders schmerzhaften Erfahrungen ausgesetzt waren – andere haben nicht minder schmerzhafte Erfahrungen gemacht; vielmehr scheint das emotionale Leben während der Drogenabhängigkeit zum Stillstand zu kommen. Drogen betäuben die Sensitivität. Der Drogenabhängige lernt deswegen nicht, mit seinen Gefühlen umzugehen.

Ein Jugendlicher durchlebt normalerweise starke Emotionen: Erwachen der Sexualität, idealistische Schwärmerei, romantische Liebe, Schuld, Heldenverehrung, Verwirrung, Verletztheit, Verrat, Unterlegenheit, Unsicherheit. Der Jugendliche schlägt sich mit diesen Gefühlen herum, reift dabei und wird stärker. Ein Drogenabhängiger muß sich mit diesen Gefühlen nicht auseinandersetzen, weil sein Gefühlssystem desensibilisiert ist. Die emotionale Entwicklung kommt auf diese Weise zum Stillstand. So hat jemand, der von fünfzehn bis fünfundzwanzig alkoholabhängig war, die emotionale Reife eines Fünfzehnjährigen. Aus diesem Grund sind Menschen, die noch bis vor kurzem drogenabhängig waren, ganz besonders verletzbar.

Durch Familienrekonstruktion habe ich gelernt, welche Macht Stereotypen haben. Einmal leitete ich zusammen mit zwei anderen Therapeuten ein Ausbildungsseminar in Familientherapie, das vier Wochen dauerte. Als wir uns am Schluß verabschiedeten, kam eine Teilnehmerin zu mir, und warf mir voller Ärger vor, ich hätte einen meiner Kollegen die ganze Zeit über nicht unterstützt. Wir waren erschrocken, besonders der Kollege, den ich angeblich schlecht behandelt hatte. Der dritte Kollege forderte die Frau auf, ihre Augen zu schließen und zu schauen, ob ich sie an irgend jemand erinnerte. Sie fing sofort schrecklich an zu weinen. Ja, sagte sie, nachdem das ärgste Weinen vorbei war, ich ähnelte ihrem Vater, der ihre Mutter immer allein gelassen habe. Sie war wütend auf ihren Vater. Da ich sie an ihn erinnerte, bekam ich die Wut nun ab. Einen ganzen Monat lang hatte sie mich nicht als eigenständige Person wahrnehmen können.

Um der Verzerrung durch Stereotypen zu begegnen, bitte ich am Anfang eines Seminars die Teilnehmer oft, ihre Augen zu schließen und sich zu fragen, ob ich Ähnlichkeit mit ihnen nahestehenden Personen habe. Ich fordere sie auf, sich die Gefühle zu dieser Person in Erinnerung zu rufen, seien sie positiv oder negativ, und zu überprüfen, ob die Gefühle zu mir davon gefärbt seien. Im Durchschnitt fühlen sich 30 bis 45 Prozent an jemanden erinnert und stellen fest, daß ihre Gefühle zu mir tatsächlich davon beeinflußt sind. Sobald dieser Vorgang einmal bewußt geworden ist, kann man sich auch bewußt darum bemühen, die Identifizierung fallen zu lassen.

Wie oft sieht ein Mann in seiner Frau die Mutter, oder eine Frau in ihrem Mann den Vater! Wenn man es merkt, dann kann man sich mit der realen Person auseinandersetzen anstatt mit dem Stereotyp.

Die Drohung eines Atomkrieges hat der psychologischen Existenz des Menschen eine neue Dimension hinzugefügt. Eine Familie kam zu mir, weil das fünfzehnjährige Mädchen Schwierigkeiten in der Schule hatte. Die gewissenhaften Eltern fürchteten, daß sich hinter dem Schulfrust ein größeres Problem verstecken könnte. Im Laufe der Therapie entdeckten wir einige Störungen in den Beziehungen, die das Mädchen belasteten. Wir fanden eine gute Lösung dafür. Als ich nach mehreren Stunden die Ergebnisse unserer Arbeit zusammenfaßte, sagte das Mädchen, da gäbe es noch etwas, was nicht zur Sprache gekommen sei: Es falle ihr schwer, ihre Zukunft zu planen, und sie bekomme von niemandem Hilfe.

Ein Licht ging mir auf. Mir kamen die Untersuchungen über Kinder und die atomare Bedrohung in den Sinn. Mehr als fünfzig Prozent der Kinder glauben, daß es zum Atomkrieg kommen wird, und sie ihn nicht überleben werden. Ich sagte dem Mädchen, daß ich sie etwas fragen wolle, das keinen direkten Bezug zu unserem Thema habe. Ich bat sie, sich Zeit zu lassen und so ehrlich wie möglich zu antworten. Dann fragte ich: „Dorothy, glaubst du, daß du einen Atomkrieg erleben wirst, noch bevor du erwachsen bist?"

Sie war lange still, dann schaute sie mich an und sagte: „Ja."

„Glaubst du, daß du überleben wirst?"

Sie sagte: „Nein."

„Kein Wunder", antwortete ich, „daß du mit deiner Zukunft Schwierigkeiten hast".

Ich wandte mich den Eltern zu. Die starren Augen des Vaters spiegelten Hoffnungslosigkeit und Verwirrung. Im Gesicht der Mutter stand Angst. Ich fragte sie nach ihrer Reaktion auf das Gehörte. Die Mutter rang nach Luft und sagte, ihre Kehle sei wie zugeschnürt. „Was kann ich da sagen oder tun? Ich kann nichts daran ändern. Ich habe Angst und fühle mich hilflos."

Der Vater sagte mit monotoner Stimme, daß er während der Cubakrise in der Armee war und geglaubt habe, daß er in einem Atomkrieg umkommen würde, aber diese Furcht habe ihn nach ein oder zwei Jahren wieder verlassen. Seine Stimme erstarb beinahe, als er das sagte, womit er deutlich machte, daß er keine Lösung für seine Tochter wußte.

Ich sagte ihnen, daß auch ich diese Ohnmacht fühlte, daß ich aber zwischen Ohnmacht und Verzweiflung und Hoffnung und Handeln hin und her schwanken würde. „Ich weiß nicht, ob Ihnen das eine Hilfe sein wird", sagte ich, „aber ich möchte Ihnen sagen, was mir angesichts dieses überwältigenden Problems hilft. Das wichtigste ist, daß ich trotz der scheinbaren Hoffnungslosigkeit der Situation, die Hoffnung nicht aufgebe. Es gibt nicht sehr viele Gründe für Hoffnung, und doch hoffe ich, daß uns entgegen aller Logik ein solches Ende der Welt erspart bleiben wird. Ich tue das wenige, das ich tun kann: ich unterstütze die Friedensbewegung, ich schreibe Briefe, ich wähle Politiker, die keine Falken sind, ich lese Bücher wie „Der hundertste Affe – Das Plädoyer gegen den Atomwahn" von *Ken Keyes*, oder „Weapons and Hope" von *Freeman Dyson*.

Am meisten hilft mir vielleicht die Überzeugung, daß der wesentliche Punkt gar nicht die Abschaffung von Atomwaffen ist. Was bedroht die Staaten so sehr, daß sie glauben, solche Waffen zu ihrem Schutz zu brauchen? Was immer das Gefühl des Bedrohtseins auslösen mag (Kommunismus, Verlust des eigenen Lebensstils), darunter ist doch immer Angst. Angst ist eine Energie, die es im Universum gibt und in den Körpern der Menschen. Und Liebe ist eine Energie, die Angst auflöst.

Durch die Vergrößerung der Liebe im Universum und in den Menschen wird die Angst besiegt. Ich versuche deswegen, meine eigene Liebesfähigkeit zu erhöhen. Wenn ich euch helfe, eure Familienkriege zu beenden und einander mehr zu lieben, dann tragen wir ein wenig zum Wachstum der Liebe im Universum bei. Je größer die Liebe wird, um so kleiner wird die Angst vor der Bedrohung. Diese Überzeugung stärkt meine Hoffnung und meine Liebesbereitschaft und ist ein zusätzlicher Grund, warum ich Therapie und Familienrekonstruktionen mache. Wenn ihr nach Hause geht, und ich sehe, daß ihr euch wieder liebt, dann habe ich Hoffnung für die Zukunft."

Ich spürte in meiner Praxis eine gewisse Erleichterung, als ich meine kleine Rede beendet hatte. Ich möchte hinzufügen, daß das Schreckgespenst der Vernichtung der ganzen Menschheit durch einen Atomkrieg unendlich viel furchtbarer ist, als die Gewißheit des persönlichen Todes. Tief in unserem kollektiven Unbewußten (oder was immer dem in unserer Psyche entspricht) wissen wir, daß wir zwar sterben, aber doch auf irgendeine Weise weiterleben durch unsere Kinder, unsere guten Taten, Reinkarnation, Unsterblichkeit oder was immer. Das Ende allen Lebens auf diesem Planeten hat eine Endgültigkeit, die der individuelle Tod nicht hat. Aus diesem Grund haben die Atomwaffen der psychologischen Existenz eines jeden Menschen auf dieser Erde eine neue Dimension hinzugefügt.

Die Menschen brauchen einen Lebenszweck, der über sie selbst hinausreicht. Manchmal begegnen mir in der Therapie Menschen, die einfach deswegen unglücklich sind, weil sie außer ihrem privaten Glück kein Lebensziel haben. Die Wurzel ihres Problems ist keine psychische Blockierung, kein Mangel an Fähigkeiten, oder eine Verstrickung mit ihrer Herkunftsfamilie. Sie sind unerfüllt, weil sie sich bei ihrer rastlosen Suche nach Erfüllung sich selbst zum Lebensziel gesetzt haben. Der Teil ihrer Persönlichkeit, der über ihre eigene Individualität hinausgreifen kann, ist unentwickelt.

Was sie brauchen, ist Hingabe an andere Menschen und eine höhere Ebene der Wirklichkeit. Die spirituelle oder religiöse Dimension des Lebens scheint bei ihnen nicht zu existieren. Solch unerfüllten Menschen sage ich, daß ich bezweifle, ob sie je Befriedigung erlangen werden, sofern sie ihre Energie nicht großherzig auf einen übergeordneten Zweck ausrichten. Was sie brauchen ist spirituelles Erwachen, nicht Therapie. Ich kann durchaus nachfühlen, daß viele sich von gewissen starren und doktrinären religiösen Positionen abgeschreckt fühlen; ich kann auch verstehen, daß viele mit den etablierten Kirchen nichts zu tun haben wollen, weil der Geist der Religion durch die Institutionalisierung erstickt wird. Und dennoch glaube ich, daß diese Menschen eine Erfahrung brauchen, die sie für die Hingabe an einen übergeordneten Lebenszweck öffnet.

Die unentwickelte Seite der Persönlichkeit kommt in der Ehe nur schwer zur Entfaltung. Ein sehr subtiler dysfunktionaler Aspekt der Ehe ist die unbewußte Verfestigung von Polaritäten zwischen den Ehepartnern. Das hemmt die volle Entwicklung der Persönlichkeit. Nehmen wir als Beispiel eine Frau, deren Sanftheit und Herzlichkeit ausgeprägt sind, und einen Mann, der durchsetzungsfähig und zielstrebig ist. Eine entwickelte Persönlichkeit braucht beide Seiten, um das Leben zu meistern. Oft fühlt sich ein Mann deswegen zu einer Frau hingezogen, weil er in ihr die Seiten sieht, die ihm selbst fehlen, und umgekehrt. Sie schließen sich also zu einem Paar zusammen. Je mehr sie jedoch in ihre Beziehung hineinwachsen, um so mehr verstärkt sich ihre Polarität, d. h. die Frau wird immer sanfter und nachgiebiger und der Mann immer härter. Äußerlich hat es den Anschein, als würden sie sich gegenseitig ergänzen. Ich glaube jedoch, daß die Polarität aufgrund unbewußter Mechanismen wächst und die Ehe auseinandertreibt.

Vielleicht hat der Ehemann Angst vor seiner Sanftheit; er fürchtet, daß er dann seine Durchsetzungsfähigkeit verlieren könnte. Da er seine Sanftheit nicht oft zum Ausdruck bringt, fühlt er sich damit unbehaglich. In seiner Frau hingegen ist diese Eigenschaft gut ausgebildet: wenn die Situation Sanftheit verlangt, dann kann ihr die Frau schnell und leicht gerecht werden. Der Ehemann hat das Nachsehen. Ein gewisser Neid auf seine Frau kommt in ihm auf und er hat vielleicht ein Gefühl von Versagen. Umgekehrt ist er gleich auf dem Sprung, wenn er sieht, daß die Sanftheit seiner Frau mit etwas Härte gestützt werden muß. Das fällt ihm leicht, denn in Härte und Stärke ist er Profi. Dann fühlt sich die Frau ausgebotet, hat das Gefühl, versagt zu haben und steckt ihre eigene Stärke wieder weg.

All das vollzieht sich auf einer so tiefen Ebene, daß wahrscheinlich keinem die Gefühle von Neid und Versagen bewußt sind. Die beiden Partner beginnen aufeinander böse zu werden, so als hätte ihnen der andere etwas weggenommen. Je mehr sich der Ehemann gehemmt fühlt, seine Sanftheit zum Ausdruck zu bringen, um so mehr wächst sein Groll; er zieht sich auf das zurück, was er am besten kann: er macht den starken Hans. Die Wechselwirkungen schaukeln sich auf, und die Frau wird immer mehr in die Sanftheit hineingetrieben und der Mann immer mehr in die Stärke, bis eine unüberbrückbare Polarität entstanden ist.

Dieses Muster kann gebrochen werden, wenn sich die Ehepartner hinreichend Raum und Zeit geben, um voneinander Abstand zu nehmen. Getrennt von seiner Frau kann der Ehemann wieder seine weiche Seite entdecken und die Frau ihre starke. Ich habe diesen Mechanismus schon oft in Ehen gesehen und bin davon überzeugt, daß es in einer gesunden Ehe immer wieder Zeiten des Getrenntseins geben muß. Allzu oft haben die Partner bei Trennung Schuldgefühle und meinen, daß nur äußere Gründe, wie zum Beispiel eine Geschäftsreise, sie dazu berechtigen. Trennung ist jedoch um ihrer selbst willen notwendig.

Leider verfestigt sich die Polarität oft so sehr, daß nur eine endgültige Trennung den Partnern erlaubt, ihre unentwickelte Seite zu entfalten. Eine derartige Polarität ist für beide Partner eine große Belastung, da keiner im Gleichgewicht ist und ständig vom anderen gerettet werden muß; dabei schreit in Wirklichkeit die unentwickelte Seite nach Erlösung.

Wenn man Menschen helfen will ganz und heil zu werden, dann braucht man zumindest theoretisch nichts anderes zu tun, als ihre Realität zu erweitern. In der Familienrekonstruktion wird der Entdecker ermutigt, sich mit den neuen Bildern und Erfahrungen, die im Psychodrama zu Tage treten, zu identifizieren. Häufige Fragen an den Entdecker sind: „Weißt du darüber irgend etwas?" „Hast du dich schon einmal so gefühlt?" „Hast du schon einmal so etwas getan?" Sobald der Entdecker seine eigenen Erfahrungen in denen von Mutter, Vater oder Geschwistern wiedererkennt, verändert sich die innere Wirklichkeit des Entdeckers. Eine neue Mutter und ein neuer Vater werden den alten Bildern hinzugefügt. In eben diesem Prozeß des Erweiterns der

Realität lösen sich die dysfunktionale Dynamik und die alten Muster auf.

An Anns Beispiel (Kapitel sechs und sieben) sahen wir, wie sich ihre Einstellung zur Mutter veränderte. Ann sah nicht nur, wie orientierungslos ihre Mutter als Kind war und wie unfähig, ihren Platz zu behaupten, sondern sie konnte sich selbst in ihrer Mutter wiederfinden und diese Eigenschaften auch an sich entdecken. Durch diese Identifikation konnte sie ihre Mutter auf neue Weise in sich aufnehmen. Anns Landkarte von der Realität vergrößerte sich, und die Beziehung zu ihrer Mutter wurde transformiert. Die alte Beziehung von Ann zu ihrer Mutter war deswegen dysfunktional, weil ein Teil der Realität ausgeblendet war, und sie deswegen kein Verständnis für die Verwirrung und Hilflosigkeit der Mutter aufbringen konnte.

Je mehr ich darüber nachdenke, um so mehr komme ich zu dem Schluß, daß bei jeder Dysfunktionalität im Verhalten oder in Beziehungen ein Stück der Realität fehlt. Wenn ich depressiv bin, dann lasse ich meine positiven Kräfte außer acht. Wenn ich mich einsam fühle, dann erkenne ich nicht mein eigenes Potential zur Kommunikation und das Bedürfnis der anderen nach Kontakt. Wenn ich jemanden beschuldige, dann nehme ich die Gedanken, Gefühle und Bedürfnisse des anderen nicht wahr. Wenn ich starrsinnig auf meiner Ansicht beharre, dann entgeht mir der Wert der anderen Position.

Wenn das wahr ist, dann löst man dysfunktionale Muster einfach dadurch auf, daß man das Realitätsfeld erweitert. Um anderen zu helfen, braucht man also vielleicht nur das hinzuzufügen, was fehlt. Eben darin besteht die Kunst des Therapeuten oder jedes anderen Helfers.

* * *

Das sind einige der Erkenntnisse, die sich mir im Laufe der Jahre durch die Leitung von Familienrekonstruktionen und Einzeltherapie eingeprägt haben. Wie ich schon sagte, habe ich durch Familienrekonstruktion mehr über das Familiensystem gelernt als irgendwo anders. In der Familienrekonstruktion wird das, was man in der Einzeltherapie bespricht, im Drama lebendig. Die Aufnahme des Neuen ist leichter und die Lektionen prägen sich tiefer ein.

Nachwort

In ihrem Buch „Selbstwert und Kommunikation" beschreibt *Virginia Satir* eine wachstumsfördernde oder funktionale Familie so: „In solchen Familien fällt mir regelmäßig auf: Der Selbstwert ist hoch, die Kommunikation ist direkt, klar, spezifisch und ehrlich, die Regeln sind flexibel, menschlich, realitätsgerecht und wandelbar, und die Verbindung zur Gesellschaft ist von Offenheit und Hoffnung geprägt."

Man kann an einem ganz einfachen Zeichen ablesen, ob ein Familiensystem funktional oder dysfunktional ist, und zwar daran, ob sich die Mitglieder des Systems gut fühlen oder nicht. Wenn sie ein gutes Selbstgefühl haben, sich lebendig fühlen, ihre Gefühle zum Ausdruck bringen, kreativ sind und ein Grundgefühl von Freude, Frieden und Freiheit haben, dann kann man sicher sein, daß sie in einer wachstumsfördernden Familie leben. Ein solches Familiensystem fällt nicht vom Himmel; es ist kein Produkt unserer Instinkte. Ein solches System entsteht, wenn man seine Gesetzmäßigkeiten erkennt und in die Praxis umsetzt. Dafür braucht man Wissen, disziplinierte Anstrengung und Behendigkeit beim Lernen aus den eigenen Fehlern.

Einer der wichtigsten Aspekte eines funktionalen Systems ist der Umgang mit Bedrohung. Die Frage ist mir ein besonderes Anliegen, wie man Bedrohung kongruent begegnen kann, und ich bin mit dem zufrieden, was ich darüber gechrieben habe; ich glaube, daß dies ein Weg ist, die Bedrohung selbst zu mindern. Jede Art von Ausbildung, Lehre, innerer Arbeit, Philosophie, Religion oder Therapie, die Menschen dabei hilft, mit Bedrohung so umzugehen, daß sich diese vermindert, verdient Unterstützung und Verbreitung. Da wir alle in unserer Herkunftsfamilie lernen, wie wir uns gegenüber Bedrohung verhalten, ist die Familienrekonstruktion eine besonders wirksame Methode, um dysfunktionale Mechanismen in kongruente Verhaltensweisen zu verwandeln.

In der Familienrekonstruktion führt der kongruente Umgang mit Bedrohung zur Auflösung von Ärger und Haß, und an ihre Stelle treten Verstehen, Vergebung, Versöhnung und Liebe. Die Teilnehmer an einer Familienrekonstruktion lernen leben und leben lassen; statt andere zur Veränderung zu zwingen, lernen sie, produktiv für sich selbst zu sorgen. Das Ergebnis ist, daß Raum für zwei geschaffen wird, ohne daß einer dem anderen etwas aufzwingt, ihn bedroht oder zu zerstören sucht. Wenn uns das mit jenen Personen gelingt, die die größte Macht über uns haben, nämlich Mutter und Vater, dann haben wir einen Weg gefunden, dies auch mit weniger mächtigen Personen zu tun. Je mehr Menschen lernen, auf Bedrohung nicht mit Drohung zu antworten, sondern sich kongruent zu verhalten, um so größer die Hoffnung, daß sich eine solche Haltung auf Gesellschaft, Politik, Wirtschaft, Kultur und internationale Beziehungen auswirkt. Es tut mir wohl zu wissen, daß dieses Buch und die schöpferische Anwendung der Familienrekonstruktion die Friedenskräfte in unserer Welt stärken.

Anhang

Eine Do-it-yourself-Familienrekonstruktion

Ich bin überzeugt, daß es nichts Wirkungsvolleres gibt, als eine lebendige Familienrekonstruktion, in welcher der Entdecker und eine Gruppe von Rollenspielern von einem Leiter durch den Prozeß hindurchgeführt werden. Der Entdecker erlebt, wie die Mitglieder seiner Familie ihre Gedanken und Gefühle zum Ausdruck bringen, und wie sie – vielleicht zum ersten Mal – offen und ehrlich miteinander kommunizieren. Der Entdecker sieht, wie anders sich die Dinge hätten entwickeln können, wenn die Familienmitglieder den Mut gehabt hätten, ihren Bedürfnissen zu folgen. In der lebendigen Rekonstruktion wird der Entdecker zum Akteur und macht mit den Familienmitgliedern neue Erfahrungen: wie nie zuvor sagt er ehrlich, was er meint, er bricht dysfunktionale Regeln, macht sich neue Sichtweisen zu eigen, drückt Gefühle aus, die bislang verdrängt wurden. Da es jedoch nicht immer möglich ist, eine lebendige Familienrekonstruktion zu machen, habe ich diesen Anhang hinzugefügt.

Ich habe erlebt, wie sehr sich Menschen allein dadurch ändern, daß sie die Arbeit tun, die in Kapitel drei beschrieben ist („Der Entdecker stellt seinen Proviant zusammen"). Ich habe auch gesehen, daß sich Menschen ändern, die nur das Manuskript dieses Buches gelesen haben. Aus diesem Grund habe ich die folgenden Übungen entwickelt und getestet, die Ihnen die Möglichkeit geben sollen, eine Familienrekonstruktion im Do-it-yourself-Verfahren zu machen. Ich bin sicher, daß Sie großen Nutzen aus dieser Erfahrung ziehen werden und der Wunsch nach einer lebendigen Familienrekonstruktion entstehen wird. Selbst wenn Sie gegenwärtig nicht mit einem großen Problem konfrontiert sind, werden diese Übungen Ihr Gefühl von Ganzheit und Wohlbefinden steigern durch einen geheimnisvollen Prozeß, der sich im Verborgenen vollzieht.

Der Vorgang der Familienrekonstruktion bereichert die Wahrnehmung und hebt Dinge ins Bewußtsein, die vorher verborgen waren. Man erkennt die Wurzeln des eigenen Lebens. Die amerikanische

Fernsehserie „Roots" hat deswegen soviele Menschen bewegt, weil sie den seelischen Hunger nach den eigenen Wurzeln angesprochen hat. Familienrekonstruktion tut eben dies. Wir sind mehr als das, was von unserer Haut umschlossen wird. Wir sind Teil eines ganzen Baumes, zu dem die Familien unserer Eltern gehören und – weniger offensichtlich – deren Vorfahren. Sie sind mehr als die Person, die Sie im Spiegel sehen; Sie sind auch die unsichtbaren Menschen, die Sie umgeben, ihre Brüder und Schwestern neben Ihnen, die Eltern, Onkeln und Tanten hinter Ihnen und hinter diesen die Großeltern. Sie sind Teil eines großen Baumes mit tiefen Wurzeln, und wenn Sie sich dieser Wurzeln bewußt werden, dann verwirklichen Sie Ihr ganzes Sein. Selbst wenn ein kranker Teil dieses Baums zum Vorschein kommt (zum Beispiel ein Alkoholiker oder jemand, der Kinder mißhandelt hat), trägt das zur Ganzheit bei.

Ich möchte Sie ermutigen, sich jetzt auf Ihre eigene Entdeckungsreise zu begeben; es ist ein Abenteuer, für das Sie Zeit brauchen und die Bereitschaft, die Übungen Schritt für Schritt zu machen. Am Ende der Reise werden Sie ein Licht entdecken, das bisher verborgen war.

Ich empfehle Ihnen, sich dazu mit einem guten Freund, Verwandten oder mit Ihrem Partner zusammenzutun. Sie haben dann jemanden, mit dem Sie sich austauschen können und werden die Ausdauer leichter aufbringen, die für diese Übungen notwendig ist. Die gemeinsame Arbeit wird Ihre Einsichten stimulieren und Ihnen Gelegenheit geben, die Beziehung zu einem Menschen zu vertiefen, der Ihnen wichtig ist.

1. Erfüllen Sie alle Aufgaben, die in Kapitel drei („Der Entdecker stellt seinen Proviant zusammen") beschrieben sind. Das dauert zehn bis zwanzig Stunden. Versäumen Sie nicht, nach jedem der vier Abschnitte Ihre Gefühle und Reaktionen niederzuschreiben. Bei allen Übungen gilt: Wann immer Ihnen Informationen über die Wirklichkeit fehlen, denken Sie sich einfach aus, wie es gewesen sein könnte. Lassen Sie Ihrer Fantasie freien Lauf.

2. Führen Sie Tagebuch, während Sie die Übungen nacheinander machen. Halten Sie fest, welche Reaktionen diese Arbeit in Ihnen auslöst.

3. Zeichnen Sie die Stammbäume bzw. Genogramme der drei Familien auf drei getrennte große Blätter; es sollte viel Platz frei bleiben, um weitere Daten einzutragen. Schreiben Sie unter jeden Namen alle Eigenschaften,

216

welche diese Person charakterisieren. Dazu gehören positive und negative Züge. Ein Beispiel gibt Abbildung 22.

Abbildung 22.:

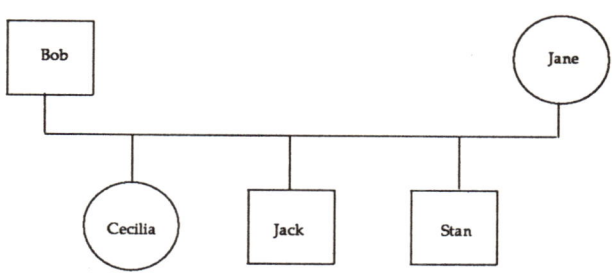

BOB	CECILIA	JACK	STAN	JANE
Gesellig	Bücherwurm	Hart	Locker	Solide
Harter	Gescheit	Halbgebildet	Hilfsbereit	Verantwortlich
Arbeiter	Sieht gut aus	Sehr intelligent	Hat Charakter	Zuverlässig
Zu Späßen	Zu wenig	Minderwertig-	Intelligent	Offen für andere
aufgelegt	Selbstbewußtsein	keitskomplex	Umgänglich	Stark
Fürsorglich	Sexuell und im	Vielfältig begabt	Idealistisch	Verständnisvoll
Kompetent	Ausdruck von	Auf Unabhängig-	Weiten Horizont	Weise
Kreativ	Gefühlen gehemmt	keit bedacht	Kreativ	Religiös (spirituell)
Trinkt manchmal	Immer auf dem	Vorurteile	Hat Angst vor	Sehr großzügig
zu viel	laufenden	Verfolgungs-	Ärger	und gut
Manchmal zu	Schwer an sie	wahn	Hat Angst zu	Zu vollkommen;
streng mit	heranzukommen	Schwer an ihn	verletzen	schwer, es ihr
den Kindern	Verwöhnt ihre	heranzukommen	Impotent	gleichzutun
	Kinder	Hat es nie zu	Ankläger	Hat zu lange
		etwas gebracht	Recht erfolgreich	im Stillen gelitten
				Hat Bob nicht
				genügend Wider-
				stand geleistet

Nachdem Sie alle Eigenschaften aufgeschrieben haben, schauen Sie sich die drei Familien an und fragen sich folgendes:

A. Wer hat mit wem Ähnlichkeit?
B. Wem bin ich ähnlich? Von wem habe ich welche Eigenschaften?
C. Schauen Sie sich die drei Ehebeziehungen an. Was hat die Partner aneinander angezogen?

D. Welche Muster fallen mir auf?

E. Welches Muster wiederhole ich in meinem Leben?

F. Wie gehen die Personen, denen ich ähnlich bin, mit ihren Stärken und Schwächen um? Und wie gehe ich damit um?

G. Wie unterscheide ich mich von jenen, denen ich ähnlich bin?

H. Ähnelt mein Partner irgendwelchen Mitgliedern meiner Familie?

I. Was zieht mich an meinem Partner an, und umgekehrt?

Schreiben Sie Ihre Reaktionen auf, wenn Sie mit der Übung fertig sind.

4. Zeichnen Sie jede Familie auf ein großes Stück Papier mit viel Platz zwischen den Namen, um das Beziehungsrad sichtbar zu machen. Verbinden Sie die einzelnen Personen mit Linien und schreiben Sie dazu, welche Beziehung sie zueinander hatten. Sie können auch Sätze aufschreiben, die die Hauptbotschaft ausdrücken, die einer dem anderen gibt. Dann schreiben Sie unter jeden Namen, welches Grundgefühl die Person in der Familie hatte. Nachdem Sie das Ganze auf sich haben wirken lassen, fragen Sie sich: „Was lerne ich daraus über mich selbst?" Schreiben Sie auf, was Ihnen einfällt. Abbildung 23 gibt ein Beispiel.

Stan, der Entdecker in Abbildung 23, schreibt dazu folgendes:
„Sie taten alle ihr Bestes. Ich wußte gar nicht, daß so viel Schmerz da war. Und doch war Lebensfreude, Lachen und Gesellichkeit im Haus. Mutter war sehr stark und sehnte sich nach nichts so sehr wie zärtlicher Liebe. Aber konnte sie einem anderen auf ihrer Ebene diese Liebe schenken? Ich glaube, daß ihre alte Angst, verlassen zu werden, wieder wach wurde, als Vater zu versagen begann. Ihre einzige Möglichkeit, darauf zu reagieren, war, stark zu sein und die Dinge in die Hand zu nehmen. Ich darf mich nie von Angst ins Boxhorn jagen lassen, so daß ich dann nur noch auf eine Weise reagieren kann. Ich bin dankbar dafür, daß ich von beiden Eltern das Beste in mir habe, seit ich zwanzig Jahre alt bin. Ich muß Jack wieder so annehmen können wie früher, ohne dabei meine eigenen Bedürfnisse zu vernachlässigen."

5a. Schließen Sie Ihre Augen und stellen Sie sich eine Skulptur der Familie Ihres Vater vor, so wie in Kapitel sechs dargestellt. Malen Sie sich mit Ihrer Fantasie alle Einzelheiten aus. Stellen Sie sich die Farbe der Kleider vor, die Möbel im Zimmer, den Gesichtsausdruck und die Tageszeit. Vielleicht hören Sie jetzt einen Familienstreit, oder Sie hören die Familie singen, dann tauchen vielleicht Bilder auf. Es kann hilfreich sein, den Familienstammbaum des Vaters vor sich hinzulegen. Wenn Sie die Skulptur klar vor Augen haben, dann treten Sie in der Fantasie an die Stelle

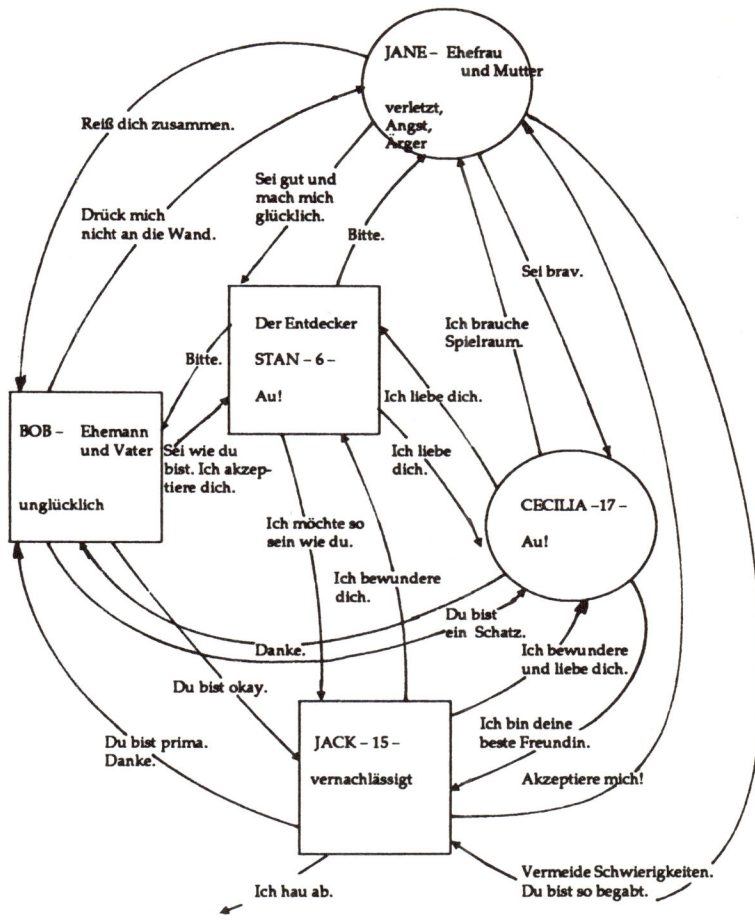

Ihres Vaters; lassen Sie nun seine Gefühle und Gedanken in Ihnen aufsteigen. Nehmen Sie genau die gleiche Körperhaltung ein, die Sie Ihrem
Vater in der Fantasie gegeben haben. Bringen Sie als Ihr Vater den Familienmitgliedern gegenüber Ihre Gedanken und Gefühle zum Ausdruck
und lassen Sie jene in der Fantasie antworten. Schreiben Sie am Schluß
auf, was bei der Übung in Ihnen vorgegangen ist.

b. Machen Sie die gleiche Übung mit der Familie Ihrer Mutter.

c. Machen Sie die gleiche Übung mit Ihrer Herkunftsfamilie. Stellen Sie sich vor, daß Sie Ihr Vater sind, dann Ihre Mutter, dann Sie selbst. Schreiben Sie danach auf, was Sie erlebt haben, und fragen Sie sich, was Sie über sich selbst erfahren haben.

6. Legen Sie das Blatt mit Ihrer Herkunftsfamilie vor sich hin. Schreiben Sie auf, welche geheimen Gedanken Ihre Eltern gehabt haben könnten, die sie einander nie mitgeteilt haben. Schreiben Sie auch die geheimen Gedanken auf, die Ihre Eltern Ihnen gegenüber nie ausgesprochen haben, weil es für sie zu bedrohlich war.

7. Suchen Sie nach Fotografien wichtiger Familienmitglieder, die diese in verschiedenen Altersstufen darstellen. Schauen Sie sich jedes Bild sorgfältig an. Vielleicht entdecken Sie etwas, das Ihnen vorher nie aufgefallen ist. Wenn ja, dann schreiben Sie Ihre Entdeckungen auf.

8a. Lesen Sie Ihre Aufzeichnungen nach etwa einem Tag noch einmal durch und lassen Sie die Bilder und Fantasien wach werden, die Ihnen dabei gekommen sind. Legen Sie ein Bild Ihrer Mutter vor sich hin und schreiben Sie ihr einen Brief, in dem Sie ihr vorbehaltlos alles sagen, was es zu sagen gibt. Dieser Brief ist nicht dazu gedacht, daß er ihr tatsächlich geschickt wird. Vielleicht haben Sie später das Bedürfnis, einen neuen Brief zu schreiben, den Sie ihr wirklich schicken.

b. Tun Sie das gleiche mit Ihrem Vater.

c. Lesen Sie erst weiter, wenn Sie die zwei Briefe geschrieben haben... Schlüpfen Sie nun in die Haut Ihres Vaters und antworten Sie auf Ihren Brief. Tun Sie das gleiche mit Ihrer Mutter.

9. Schauen Sie auf Ihr Leben zurück und fragen Sie sich, in welchen Phasen Sie sich am lebendigsten gefühlt haben. (Vielleicht war es Ihr erstes Jahr weg von zu Hause an der Universität, oder Ihre erste Schwangerschaft.) Bei welchen zwei oder drei Ereignissen haben Sie sich am lebendigsten gefühlt? (Vielleicht, als Sie Ihren höchsten Berggipfel bezwungen haben, bei der Geburt Ihres ersten Kindes oder bei einem fantastischen Geschäftsabschluß.)

Wenn Sie zwei oder drei Lebensphasen und zwei oder drei Ereignisse gefunden haben, dann analysieren Sie, was Ihnen jeweils dieses Gefühl voller Lebendigkeit verschafft hat.

Mit diesen Informationen überlegen Sie nun, was Sie im nächsten Jahr tun können, um wieder dieses Gefühl voller Lebendigkeit zu erfahren. Stellen Sie es sich für die nächsten fünf Jahre vor.

10. Schreiben Sie Ihre hervorstechenden fünf oder sechs positiven Eigenschaften auf ein Blatt Papier und einige ihrer besonders negativen Züge.

Schreiben Sie jeweils die gegensätzliche Eigenschaft, die als Same darin enthalten ist, an den anderen Rand. In diesen Samen liegt die Kraft zur Transformation. Zum Beispiel:

Positive Eigenschaften		*Samen, die das Gegenteil enthalten*
Gesellig	→	langweilig
Stark	→	dominant
Sensibel	→	zu verletzlich →Angst vor Nähe
Intelligent	→	arrogant
Ordentlich und effektiv	→	starr

Negative Eigenschaften		Samen, die das Gegenteil enthalten
Anklagend	→	fähig, die eigenen Bedürfnisse zu spüren und zu verfolgen
Faul	→	entspannt, leben und leben lassen
Zerstreut	→	völlige Konzentration

Wenn Sie die positiven Samen in negativen Zügen zum Keimen bringen wollen, dann schauen Sie sich jede dieser Eigenschaften an und schreiben Sie auf, was Sie tun müssen, damit der Same aufgeht.

Bibliographie

In der Familienrekonstruktion verbinden sich Gestalt, Hypnotherapie, Fantasiereise, Kommunikation, Körpersprache, das Unbewußte und die Theorie des Familiensystems zu einem wunderbaren Ganzen. Die folgenden Bücher gaben mir in der Praxis der Familienrekonstruktion Orientierung.

Familiensysteme

Napier, Augustus, Y., Whitaker, Carl, The Familiy Crucible: An Intensive Experience in Familiy Therapy, Harper & Row, New York 1978; dt. Die Bergers – Beispiel einer erfolgreichen Familientherapie, Rowohlt, Reinbeck 1982.
Satir, Virginia, Conjoint Familiy Therapy, 3.Aufl., Science and Behavior Books, Palo Alto 1972; dt. Familienbehandlung, Lambertus, Freiburg 1973.
—, Peoplemaking, Science and Behavior Books, Palo Alto 1972; dt. Selbstwert und Kommunikation, Pfeiffer, München 1975.

Entwicklungspsychologie

Jersild, A.T., Child Psychology, Prentice Hall, Englewood Cliffs, N.J. 1960.
—, The Psychology of Adolescence, Macmillan, New York 1963.
Maslow, A.H., Toward a Psychology of Being, Van Nostrand, Princeton 1968; dt. Psychologie des Seins, München 1973.

Gestalt

Perls, Fritz, Gestalt Therapy Verbatim, Real People Press, Moab 1969; dt. Gestalt-Therapie in Aktion, Klett, Stuttgart 1974.
–, The Gestalt Approach and Eye Witness to Therapy, 3.Aufl., Science and Behavior Books, Palo Alto 1983; dt. Grundlagen der Gestalttherapie, Pfeiffer, München 1976.

Sonstiges

Jersild, A.T., When Teachers Face Themselves, Bureau of Publications, Teachers College, Columbia Unversity, New York 1955.
Goffman, Erving, Asylums, Anchor Books, New York 1961, dt. Asyle, Über die soziale Situation psychiatrischer Patienten und anderer Insassen, Suhrkamp, Frankfurt a.M. 1974.

Drei weitere Bücher, die sich in den obigen Kategorien nicht recht unterbringen lassen, haben meine Sichtweise und meine Praxis der Familienrekonstruktion beeinflußt. Das erste ist das Neue Testament, das zweite die gesammelten Schriften von Martin Luther King und das dritte ist der Mensch. Einmal fragte ich einen weisen Professor, der in der internationalen Diplomatie tätig war, welche Bücher für ihn am wichtigsten wären. Er antwortete: „Der Mensch ist das wichtigste Buch, das ich je gelesen habe." Viel später ging mir auf, daß ich das, was der Professor gesagt hatte, im Grunde schon als Kind von meinem Vater gelernt hatte, denn ihn interessierte nichts so sehr wie ein anderer Mensch.